运动解剖学实验指南

刘 晔 编著

北京体育大学出版社

策划编辑：佟　晖
责任编辑：佟　晖
责任校对：潘海英
版式设计：李沙沙

图书在版编目（CIP）数据

运动解剖学实验指南 / 刘晔编著. -- 北京 : 北京体育大学出版社, 2021.4（2024.7重印）
ISBN 978-7-5644-3202-7

Ⅰ. ①运… Ⅱ. ①刘… Ⅲ. ①运动解剖－实验－指南 Ⅳ. ①G804.4-33

中国版本图书馆CIP数据核字(2019)第158239号

运动解剖学实验指南
YUNDONG JIEPOUXUE SHIYAN ZHINAN
刘晔　编著

出版发行：北京体育大学出版社
地　　址：北京海淀区农大南路1号院2号楼2层办公B-212
邮　　编：100084
网　　址：http://cbs.bsu.edu.cn
发 行 部：010-62989320
邮 购 部：北京体育大学出版社读者服务部 010-62989432
印　　刷：三河市龙大印装有限公司
开　　本：787mm × 1092mm　1/16
成品尺寸：185mm × 260mm
印　　张：14.25
字　　数：365千字
版　　次：2021年4月第1版
印　　次：2024年7月第3次印刷
定　　价：40.00元

前　言

运动解剖学课程主要由理论教学与实验教学两部分组成。理论教学主要是通过课堂讲授等教学方法把理论知识传授给学生；实验教学则是培养学生的实际操作能力，验证已学过的理论知识，掌握基本的科学研究方法，提高理论联系实际的能力。因而，实验能力的培养对学生学习运动解剖学理论以及在今后工作中对运动解剖学知识和方法的应用具有重要意义。

我国的运动解剖学教学工作，自20世纪50年代以来，一直沿用医学院校和苏联体育院校的教学模式，教学大多以课堂讲授为主，实验课教学时数较少，并且实验课内容多结合临床实际，与体育运动实践结合较少。目前，我国运动解剖学实验教学的现状落后于飞速发展的高等教育改革的形势，存在的突出问题是：教学观念落后，教学方法和教学模式单一；学生处于被动地位，不利于学生能动性的发挥和个性的发展，束缚了学生的创新意识和创造能力；实验内容过分强调基本知识的巩固和验证，联系体育运动实践不够，造成理论与实践的脱节。

针对上述问题，本书进行了一定的改革尝试。结合运动解剖学学科的发展，力图改进传统的实验模式，筛选实验内容，并选用了一些新的实验内容，希望将以往的单向实验教学方式向学生自学讨论、自主设计实验方案、自主操作结合教师总结点评的双向式实验教学方式推进一步，以使开设的实验课程能更符合时代发展的需要。在实验安排上，本书努力结合体育运动实践，并且在每一次实验后均设计具有启发性、利于培养学生创造性的练习题，以增强学生的学习效果。

本书是为体育院校体育教育专业、民族传统体育专业、运动训练专业、运动人体科学专业和康复保健专业本科学生编写的，在教材体系、突出体育专业特色、基础理论与应用技能的结合等方面，力求较现有教材有一定的改进和提高，主要表现在：

（1）实用性。本书力求密切联系体育运动实际，力争通过对实验内容的筛选安排，达到既以基础理论解释运动实践中的现象，又以运动实践中的现象佐证理论的效果；同时通过实验提供一些有实用价值的测量方法和评价标准，这样不仅对培养学生实际应用知识的能力有益，而且对从事体育教学和运动训练的体育教师和教练员有较高的实用价值。

（2）适应性。本书力求适应新的课程体系的要求，紧紧围绕培养目标选择实验内容，如运动训练专业培养的学生将来主要从事教练员工作，本书即针对此特点重点编写与人体运动特征密切相关的解剖学实验，突出解剖学在运动实践中的应用，而非机械地照搬医学院系的实验内容；适应体育院校教学改革的深入开展，注重对学生知识、能力和素质的综合培养，如在安排运动器官基本结构的演示观察后，着重强调学生自主设计实验方案，观察讨论骨、关节和肌肉在人体运动中的相互关系，以培养学生将所学的知识在实践中综合应用的能力；切合培养不同层次人才的需求，本书既重视实践性、应用性实验的安排，同时又不忽视基本理论实验的安排，因而无论是师资型、科研型还是指导型人才均能在本书中各取所需。

（3）创新性。本书以人体运动为核心，创新地将人体运动的执行、保障和调节结构有机地结合起来；增加与体育运动实践密切相关的运动解剖学应用技能的实验内容，如身体不同部位技术动作的运动解剖学分析、身体形态的测量实验、运动员不同体型特征的评价实验、身体成分的评价实验等，重点阐述人体形态结构与体育运动的相互影响，力求突破现有教材的框架体系，为建构新的运动解剖学实验教学体系提供支持。

本书由刘晔主编，书稿的第一章至第五章和第六章的实验二十五至实验二十八、实验三十五和实验三十六由刘晔撰写，第六章的实验二十九至实验三十四由徐刚撰写。

由于本书是由运动解剖学微观、宏观及理论、应用等多层面知识的有关实验整合而成，涉及运动解剖学多个分支方向的知识，因此某些实验的安排、设计和编写可能不妥，甚至有错误之处，恳请使用本书的读者提出宝贵意见，以便修订。

目录 CONTENTS

第四章　人体运动保障系统的实验

第五章　人体运动调节系统的实验

第六章　运动解剖学应用技能的实验

参考文献

第一章　运动解剖学实验简介

一、运动解剖学实验的任务和方法

运动解剖学是在正常人体解剖学基础上研究体育运动对人体形态结构产生的影响和发展规律，探索人体机械运动与体育动作关系的科学。运动解剖学实验是运动解剖学教学过程中一个重要的环节。在科学技术飞速发展的今天，许多现代科技成果已引入教学领域，走进课堂。这对运动解剖学实验教学提出了更新、更高层次的要求。因此，在教学过程中，不仅要对学生进行系统、规范的实验技能训练，而且更要注重学生创新能力的培养，给学生提供一个学以致用、学用结合、大胆创新的空间。只有这样，才能适应现代体育科学高度综合发展的需要。

运动解剖学实验课包括实习、示教、声像和多媒体教学等部分。

1. 运动解剖学实验课的任务

运动解剖学属于形态学的范畴。形态学的教学过程主要包括理论教学和实验两方面。运动解剖学实验课应运用局部和整体的观点、进化发展的观点、形态与功能相统一的观点、理论联系实际的观点来指导整个教学活动。

运动解剖学实验课的任务是，使学生在教师指导下通过对人体形态结构进行独立观察、寻认、分析、对比、描述、记忆、归纳总结，从而获得比较全面、系统的运动解剖学知识；并使学生了解运动解剖学的基本研究方法，初步掌握运动解剖学实验的基本操作技能，熟悉运动解剖学实验设计的基本原理与方法，以培养学生科学研究的基本素质（严谨的科学作风、严肃的科学态度、严密的科学方法），从而提高学生客观地对事物进行观察、比较、分析、独立思考及解决实际问题的能力，运用所学的知识和技能进行科学研究的能力。

2. 运动解剖学实验的方法和要求

根据运动解剖学有着形态学课程的特点，运动解剖学实验课包括由教师进行简短的课前讲解和示教，然后由学生独立进行标本观察，最后再由教师作课后小结（包括答疑、引导学生归纳小结，以及进一步明确目的、要求、内容等）三个环节，其中第二个环节占绝大部分时间，学生应认真严谨地进行。为此，学生应当从以下几个方面严格地锻炼和要求自己。

①尽快地学会配合使用教材、实验指导、图谱与直观教具（包括模型和标本），独立地进行标本观察。

②熟练地掌握运动解剖学的常用方位术语及各个系统的常用术语，熟悉运动解剖学一般的描述方法及各个系统的特点。

③善于利用各种直观教具（包括各种图谱、挂图、标本、模型），帮助自己理解教材中的文字描述和寻认各种结构，并找出辨认的根据。

④要十分注意教师的课前讲解、提问、示教及小结，不仅要掌握学习内容，更重要的是从中学习观点和方法，培养自己独立观察、独立分析的学习能力。

⑤要集中注意力，使自己的思维活动始终处于积极的状态，争取做到勤动脑（多分析、多思考）、勤动手（多接触标本、多画图、细做笔记、勤小结）、勤动口（勤读、善问、互相讨论）。

同时，学生还要自觉遵守实验室规则，爱惜教具（特别是标本和模型），这对保证实验课的顺利进行、培养科学态度和良好学风是非常重要的。

二、运动解剖学实验的组织和要求

1. 学生如何进行实验

（1）实验前

①仔细阅读实验指导，了解实验的基本内容，包括目的、原理、步骤、观察项目、操作程序和注意事项。

②结合本次实验内容，复习相关理论知识。事先充分理解，并应用已知的理论知识对实验各个步骤可能出现的结果做出预测。

③预测实验中可能出现的问题，确定解决和纠正的方法。

（2）实验中

①严格遵守实验室规则。实验器材的安放力求整齐、清洁。

②认真听取实验指导教师的讲解，特别注意指导教师对实验步骤的示教操作以及注意事项的讲解。严格按照实验步骤进行操作，不得擅自进行与实验内容无关的活动。

③仔细观察实验现象，如实记录实验结果，对各种结果的产生原因，要联系理论积极分析和思考。对没有达到预期结果的项目，要及时分析原因，并重复该部分实验。

④严格按照实验指导进行操作。实验的主要目的之一在于培养学生的独立操作能力，因此每名学生在实验中要做到尽量不依赖别人，遇到疑难时，应自行设法解决，只有当自己经过努力仍解决不了时才可请指导教师帮助。

⑤实验过程中，爱护实验器材，正确使用标本、模型和仪器，若标本、模型和仪器出

现问题，应立即向指导教师报告，以保证实验顺利进行。

⑥团结互助，组内分工合作均等。

（3）实验后

①实验完毕后，将实验用具整理就绪，清点并擦洗所有用具，按指导教师指定的地点集中存放并请指导教师验收。

②实验用具如有损坏应进行登记或按规定赔偿。

③值日生应做好实验室的清洁卫生工作，离开前应关好水、电、门、窗。

④整理实验记录，认真撰写实验报告，按时上交，由指导教师批阅。

2. 实验室管理规则

①学生应按规定时间进入实验室。保持实验室安静和良好的秩序，不得进行与实验无关的活动。除必要的书籍、文具外，其他物品不要带入实验室。

②实验室内任何物品（用具、标本、模型）不得乱拿乱放，擅自带出实验室。实验用具在使用前应核对清楚，实验后应整理干净，查点清楚，原样放回。

③标本只能放在标本盒、搪瓷盘等容器内，不得直接放在桌上或其他地方，以确保其不沾灰尘和颜色，封瓶标本不准任意取出。

④贵重、精致的标本、模型使用时由教师掌握或指导使用。

⑤爱护实验室的一切物品，避免损坏或浪费。在使用中标本模型损坏，应主动向教师报告，根据损坏情况进行赔偿。

⑥保持室内清洁整齐，每次下课后值日生打扫干净，离开实验室前须将门、窗、水、电关好。

3. 实验报告的撰写

实验报告是综合评定实验课成绩的重要依据之一，应以科学的态度严肃、认真地撰写，为将来撰写科研论文打下良好的基础。实验报告的撰写要求文笔简练、语句通顺、书写清楚整洁、条理清晰、观点明确。实验报告一般包括如下内容。

（1）一般情况

包括实验人员的姓名、年级、专业、班次、组别、实验日期、实验室的温度和湿度。

（2）实验题目

即每次的实验名称。

（3）实验目的

要求尽可能简单明了。

（4）实验材料

不同的实验选择对应的实验材料。

（5）实验方法和步骤

在实验指导中有详细介绍，只需简明扼要、条框式写明主要实验方法、实验步骤和实验技术路线。

(6) 实验结果与分析

这是实验报告的核心部分。实验结果应根据实验过程中所观察到的真实记录（原始资料），不要按主观想象或过后的回忆去报告和描述，否则容易发生错误或遗漏，使结果失去可靠性。

实验结果的分析推理要有依据，实事求是，符合逻辑，提出自己的见解和认识，如通过实验结果提出进一步研究的依据和必要性，而不是用现成的理论对实验结果做一般性的解释。切忌盲目抄袭书本或别人的实验报告。

如果在实验中出现非预期结果，应该分析其可能的原因。实验结果的分析是一项富有创造性的工作，能帮助学生提高独立思考和分析问题的能力，但要强调的是切忌毫无根据地胡乱推断，要严谨、合理、综合地运用专业知识，紧扣实验结果和现象进行分析和讨论。

在分析和讨论时，引用的参考文献应注明出处。

(7) 结论

实验结论是在分析实验结果的基础上得出的概括性判断或理论的简明总结，应简明扼要、切合实际，并与本实验目的相呼应。结论中不要罗列出具体的结果，实验结果中没有充分证据的理论分析不应写入结论。

第二章　人体微观结构的实验

实验一　细胞的实验观察

一、实验内容

①光学显微镜的使用方法。
②观察细胞类型、形态结构。

二、实验目的

①了解光学显微镜的结构和使用方法。
②了解细胞类型，理解不同形态细胞与其功能的关系。
③掌握细胞的基本形态结构。

三、实验材料与器具

光学显微镜、细胞结构模型、细胞膜结构模型、细胞组织切片或幻灯片、幻灯机或投影仪。

四、实验方法与步骤

（一）光学显微镜的构造与使用方法

1. 显微镜的基本构造

显微镜是精密的光学仪器，是进行细胞、组织研究和实验的重要仪器之一。只有在了解和掌握显微镜的基本构造之后，才能正确地使用。这不仅使我们在使用时能知道如何保养，更重要的是可以充分发挥显微镜的性能，尽可能地减小误差，提高工作的质量。

实验室常用的是复式显微镜，它的光学放大系统基本上由两组透镜组成，先由物镜造成实像，再通过目镜观察到物体的虚像。

复式显微镜的结构可以分为两部分。光学部分包括放大系统和集光系统。放大系统由物镜、目镜和镜筒组成，用以放大物像；集光系统由聚光器和反光镜组成，反光镜将光线按光轴的方向反射，聚光器将反光镜反射过来的光线集中照射在被观察的物体上。机械部分包括镜头转换器、粗细调节器、载物台、执手、倾斜关节和镜座。光学显微镜结构的各部分如图2－1所示。

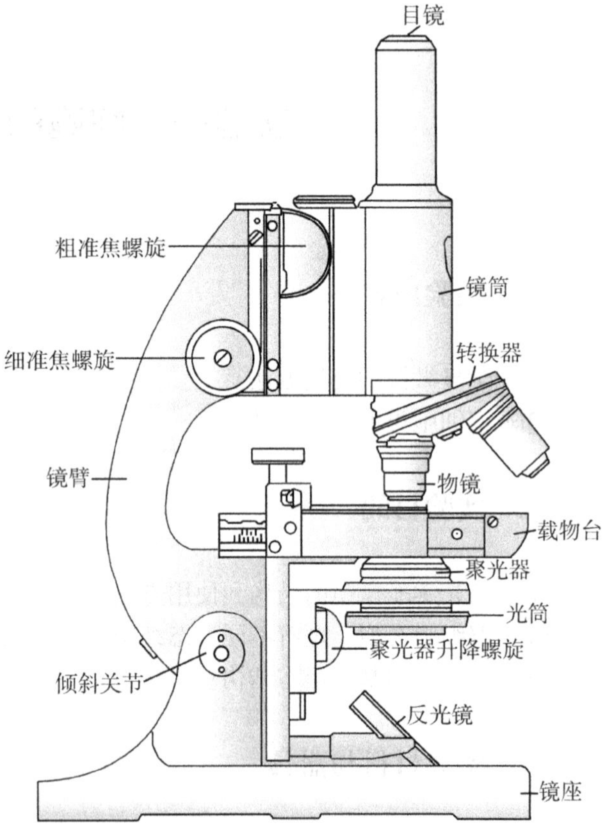

图2－1　光学显微镜的结构

①目镜：嵌于镜筒之顶端，刻有5×、10×、15×等字样，表示该目镜的放大倍数。

②镜筒：装接目镜。

③转换器：又称旋转盘，接于镜筒下方，嵌装物镜，可以旋转，以更换物镜。

④物镜：嵌于旋转盘下，分低倍、高倍和油镜3种，上面均刻有放大倍数，如10×、40×、100×等。低倍镜放大约10倍，镜头较短。高倍镜放大约40倍，镜头较长。油镜放大90～100倍，镜头最长，有红线或黑线作标记，用时在镜头与玻片之间要加香柏油。

⑤载物台：放置载玻片的平台，中央有一圆孔，光线可通过此孔，两侧装有压片夹或推进器。

⑥聚光器：由几片透镜组成，用以聚集光线，可上下移动，以调节光度。

⑦光筒：位于聚光器上方，可任意开闭，以调节光线强弱。

⑧聚光器升降螺旋：转动时可使副镜台上下移动，以调节亮度。

⑨反光镜：为聚光器下方的圆镜，有平凹两面，凹面镜有聚光作用，光线弱时使用，平面镜只有反射作用，光线强时使用。此镜片可向各方向转动，收集光源。

⑩镜座：在最下部，作支撑用。

⑪镜臂：位于中部，呈弓形，作支持和握取用。

⑫细准焦螺旋：位于粗调节器下方，调节轮较小，旋转一圈可升降镜筒 0.1 毫米。

⑬粗准焦螺旋：位于镜筒两侧，调节轮较大，旋转一圈可升降镜筒 10 毫米。

2. 显微镜的使用方法

(1) 显微镜拿取

一手握住镜臂，另一手托住镜座，从柜里轻轻取出，置于工作台偏左侧。镜台向前，镜臂向后。

(2) 保 护

使用时，勿使灰尘、湿气、水滴、药品等沾污显微镜的任何部位；禁用口吹或手抹目镜、物镜上的灰尘或污物，要用擦镜纸或绸布拭净，以免损坏透镜；严禁拆卸、调换和玩弄目镜、物镜；使用调节器时动作要轻，以免损坏；离座位时，须将显微镜扶直，并推至实验台中央，以免撞翻。

(3) 对 光

转动旋转盘，使低倍镜置于镜筒正下方；放大光圈；适当下降聚光器；两眼睁开，用左眼在目镜上观察（注意两眼睁开，勿用右眼）；转动反光镜，至镜内视野完全明亮为止。目前，有底光源的显微镜无须对光，只须打开电源开关即可。

(4) 放置标本

将所要观察的标本由切片盒内取出，按顺序摆放在切片盒盖上的左侧。取一张切片，先肉眼观察组织切片的外形、大小、颜色及盖片有无破损，然后用粗准焦螺旋升高镜筒，将切片平置于载物台上（盖玻片必须朝上）；移动切片，使需观察的部分移至圆孔中央，并用压片夹固定（如有推进器时，可先将切片固定，再将标本移至圆孔中央）。

(5) 低倍镜观察

向前转动粗准焦螺旋，应从镜侧密切注视，使镜筒慢慢下降至距离玻片约 3 毫米时为止。然后，左眼注视目镜，向后转动粗准焦螺旋，使镜筒缓慢上升至见到物像。再转动细准焦螺旋，将物像调节到最清晰时为止。用低倍镜观察视野广，能看见较多结构，宜多下功夫观察标本的全貌，不要急于使用高倍镜。

(6) 高倍镜观察

在低倍镜下将需观察的结构移至视野中央，再把高倍镜转至镜筒正下方，通常只需转动细准焦螺旋调节焦距即可得到清晰的物像，如光线太弱，可开大光圈，升高聚光器。在使用非原配镜头的显微镜时，则应先用粗准焦螺旋升高镜筒，再调换高倍镜，按使用低倍镜的步骤进行调节。

(7) 使用油镜

在使用油镜之前须将油镜头和玻片用二甲苯或 1∶1 乙醚纯酒精拭净，将在高倍镜下已找到的结构移至视野中央。接着，将镜头升高约 1 厘米，将油镜头转至镜筒正下方，滴香柏油一滴于切片上欲观察处（注意滴油时切勿产生气泡）。从侧面注视镜头，并使之慢降至浸入油滴，约与玻片相隔 0.5 毫米，然后用左眼注视目镜，转动细准焦螺旋使物像至最清晰为止。使用油镜时，需要更强的光线，用后须用擦镜纸擦净镜头和玻片上的油迹，再用 1∶1 乙醚纯酒精拭净。

(8) 观察后的处理

将切片标本取下，按编号放回盒内，移开物镜镜头，下降载物台，套上防尘罩，把显微镜放回柜中；在登记本上填写使用情况。

（二） 观察细胞的不同形态和基本结构

1. 观察细胞的形态

放映各种细胞模式图，观察圆形、椭圆形、方形、纤维状或有突起等形态的细胞（图 2-2）。思考呈纤维状的肌细胞和有突起的神经细胞与其功能的关系。

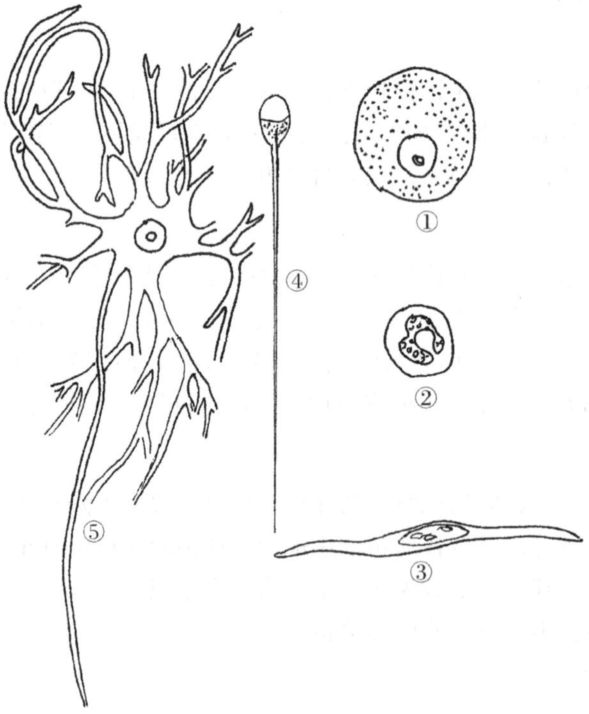

①—卵细胞；②—中性粒细胞；③—平滑肌细胞；④—精子；⑤—神经细胞。

图 2-2 动物细胞的各种形态

2. 观察细胞的结构

①取细胞切面模型，观察细胞结构，包括细胞膜、细胞质和细胞核 3 部分。在模型断面上辨认细胞膜的 3 层结构，辨认细胞质中均匀分布的基质和悬浮在基质中的线粒体、高尔基复合体、内质网、中心体等细胞器（图 2－3），分别观察它们的形态结构，思考它们的功能。

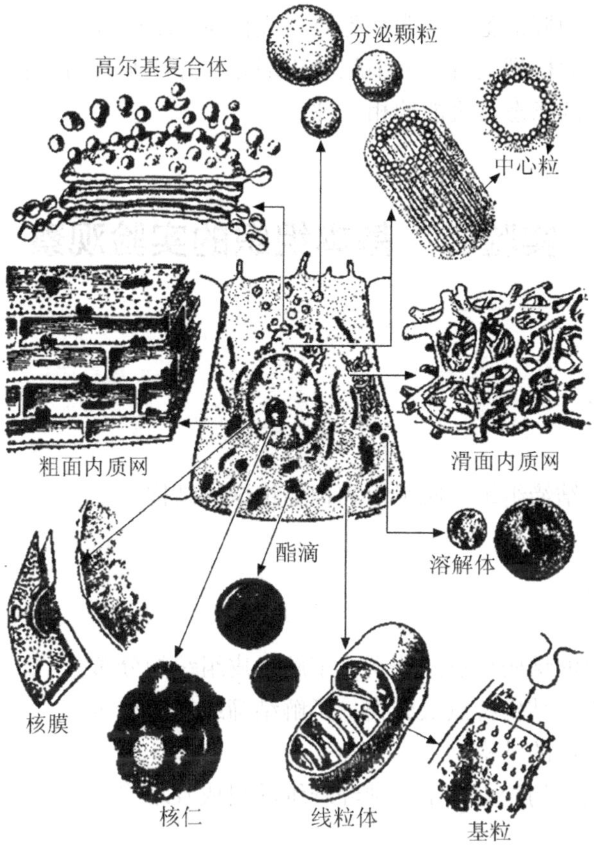

图 2－3　细胞结构（量微和超微）

②取细胞膜切面模型，结合教材中细胞膜分子结构模式图，观察构成细胞膜的脂质分子和蛋白质分子的结构，着重观察脂质分子的层次、排列，每个脂质分子头部和尾部的方向，其与蛋白质的位置关系和嵌入蛋白质分子的所在位置。

③取细胞切面模型，观察细胞核的核膜、染色质、核仁和核液，着重观察核膜由单位膜构成，并有核孔的特点，以及染色质的分布、核仁结构的特点。思考核孔、染色质和核仁的功能。

④取大鼠肝（或其他动物的肝）组织切片（铁苏木精染色），置于显微镜镜台上，先用低倍镜观察（亦可用切片的幻灯片观察），可见在肝实质部分肝细胞数量很多；再用高倍镜观察，可见肝细胞的细胞质染成天蓝色，在其背景上分布着染成蓝黑色的线粒体，分

布疏密不一，形态大小不尽相同；有的呈细颗粒状，有的呈弯曲线条状或短棒状，表面光滑，轮廓清晰；内部结构用幻灯片观察，辨认外膜、内膜、嵴、膜内空间、嵴间空间、ATP（三磷酸腺苷）酶复合体及其排列结构。

五、实验练习题

①绘制几个相邻的肝细胞，注明细胞质、线粒体和细胞核。
②绘制在细胞切面模型上看到的细胞结构部分，并注明其结构名称。
③举例说明细胞的形态与机能的相关性。

实验二　基本组织的实验观察

一、实验内容

观察上皮组织、结缔组织、肌组织和神经组织的结构。

二、实验目的

①掌握上皮组织的结构特点及分类，了解上皮组织的分布。
②掌握结缔组织的结构特点及分类，了解结缔组织的分布。
③掌握骨骼肌组织的结构。
④掌握神经元的结构特点，了解神经纤维的组成及结构。

三、实验材料与器具

光学显微镜，动物肠系膜铺片、小肠切片、气管横切片、食管横切片、膀胱收缩状态和扩张状态的切片、胃切片、肌腱切片、气管软骨切片的低倍镜幻灯片、会厌软骨切片的幻灯片、半月板切片的幻灯片、骨组织放大模型、长骨骨体横断面骨磨片、骨骼肌切片、脊髓横切片、神经纵切片，幻灯机或投影仪。

四、实验方法与步骤

（一）上皮组织的观察

1. 单层扁平上皮的观察

取动物肠系膜铺片（镀银法染色）或幻灯片，观察单层扁平上皮结构（图2－4）。

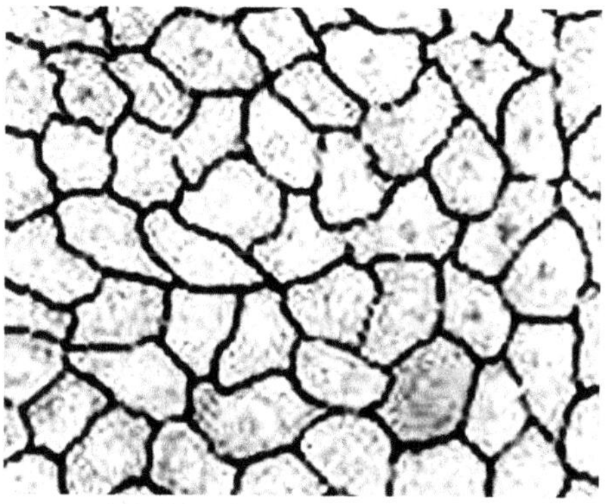

图2－4　单层扁平上皮

①低倍镜观察。可见细胞多且排列紧密，细胞间质很少，细胞间连接紧密。

②高倍镜观察。见上皮细胞形态为多边形，边缘多呈锯齿状紧密嵌合，细胞间质很少，无血管，细胞核圆形或扁圆形，位于中央。

③幻灯片示教。正面观察可见高倍显微镜下所观察到的结构。侧面观察可见上皮细胞扁平，核呈扁椭圆形，并可清晰见到上皮细胞的游离面和基底面。

2. 单层柱状上皮的观察

取动物小肠切片，用苏木精（hematoxylin）和伊红（eosin）染色（以下简称 HE 染色），或幻灯片，观察单层柱状上皮结构（图2－5）。

①肉眼观察。可见小肠切片切面的一边表面平整光滑，为基底面；另一边高低不平，突起部分为小肠皱襞。

②低倍镜观察。可见小肠皱襞上有指状形突起，即小肠绒毛，绒毛表面有一层整齐排列的柱状上皮细胞。选择结构清楚的一个部位移至视野中央，换高倍镜观察。

③高倍镜观察。上皮细胞呈高柱状，排列紧密，一端游离，另一端与深部的组织接触。细胞核呈椭圆形，染成深蓝色，核椭圆形位于基底部，且所有细胞的细胞核基本都位于同一平面上。在柱状上皮细胞之间有小泡状的杯状细胞。

④幻灯片示教。可观察到高倍镜下见到的单层柱状上皮结构。

3. 假复层柱状纤毛上皮的观察

取动物气管横切片（HE 染色）或幻灯片，观察假复层柱状纤毛上皮的结构（图2－6）。

①肉眼观察。切片呈环形，环的内层染成紫蓝色的部分为气管的上皮。

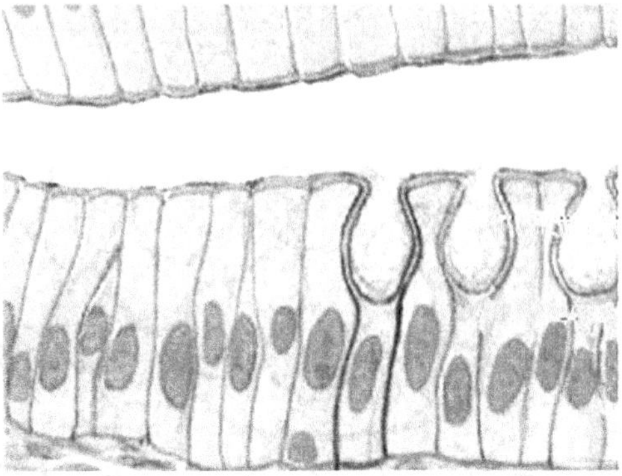

图 2－5　单层柱状上皮

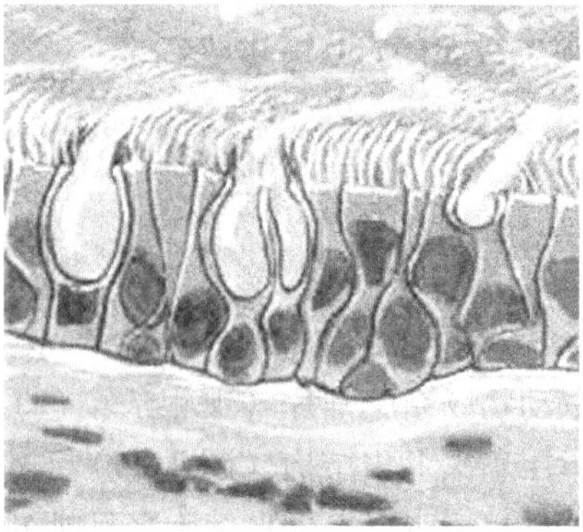

图 2－6　假复层柱状纤毛上皮

②低倍镜观察。气管腔面是一层排列紧密的上皮细胞，即假复层纤毛柱状上皮，选取一段较完整的上皮，移至视野中央，换高倍镜观察。

③高倍镜观察。可见有 4 种形状的上皮细胞，即锥形、梭形、柱状、杯状，胞核位置高低不等，似由几层细胞组成，但各类细胞基底部均附着于基膜，故称假复层。其中柱状细胞游离面上有细丝状的纤毛。

④幻灯片示教。可观察到高倍镜下见到的假复层柱状纤毛上皮结构。

4. 复层扁平上皮的观察

取动物食管横切片（HE 染色）或幻灯片，观察复层扁平上皮的结构（图 2－7）。

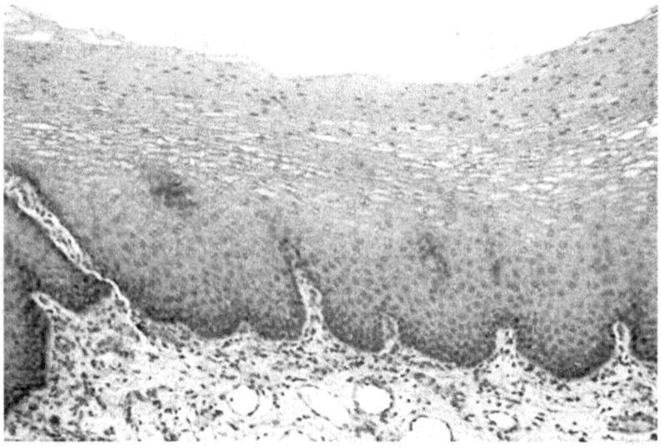

图 2－7　复层扁平上皮

①肉眼观察。切片呈环形。靠近管腔面染成紫蓝色的部分即为食管的上皮。

②低倍镜观察。可见上皮由多层细胞构成，排列紧密。上皮的基底面借一层很薄的基膜与深层的结缔组织相连。选择上皮比较完整、细胞界线比较清晰的部分，换高倍镜观察。

③高倍镜观察。从基底面向游离面逐层观察：基底层细胞呈正方形或矮柱状，核大多为椭圆形，染色较深；中层细胞呈多边形，核大多为圆形或椭圆形；表层细胞呈扁平形，细胞核为扁圆形。

④幻灯片示教。可见高倍镜下所观察到的复层扁平上皮结构。

5. 变移上皮的观察

取动物膀胱收缩状态和扩张状态的切片（HE染色）或幻灯片，观察变移上皮结构（图2－8）。

①镜下显示收缩状态切片的上皮细胞排列层次较多，整个上皮较厚，表层细胞较大，深层细胞较小。

②镜下显示扩张状态切片的上皮细胞排列层次减少，厚度变薄。

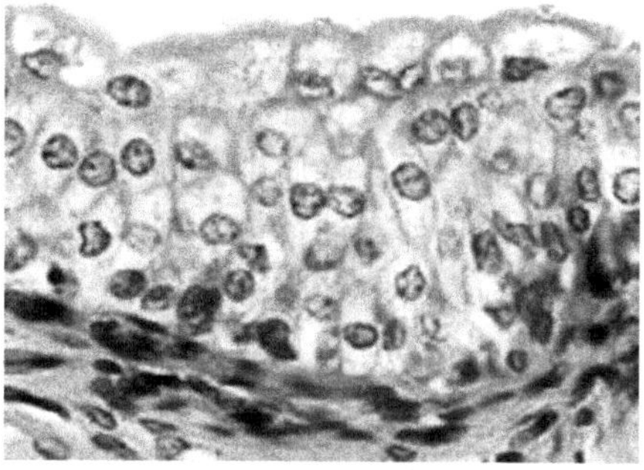

图2－8 变移上皮

（二） 结缔组织的观察

1. 疏松结缔组织的观察

取动物胃切片（HE染色）或幻灯片，观察疏松结缔组织结构（图2－9）。

①肉眼观察。胃壁可见染色深浅不同的3层，紫色的为黏膜层，深红的为肌层，两层之间染色较浅的区域即为疏松结缔组织。

②低倍镜观察。此处纤维都已被切成纵、横、斜各种断面，走向不一，组织结构松散，纤维之间的空白即为基质，所占空间较多。

③高倍镜观察。可见疏松结缔组织中细胞很少，纤维被切成各种断面，且排列疏松，交织成网，在HE染色切片中所看到的绝大部分是胶原纤维，其他纤维夹杂其间。纤维之间的细胞核呈圆形或椭圆形，多数是成纤维细胞。

④幻灯片示教。可见到细胞间质多，悬浮在基质中的成纤维细胞、巨噬细胞、浆细胞、肥大细胞、脂肪细胞、淋巴细胞等，以及染成粉红色较粗的胶原纤维、染色深而细的弹性纤维，还可观察到疏松结缔组织中含有的毛细血管以及血管内的红细胞。

2. 致密结缔组织的观察

取动物肌腱切片（HE染色）或幻灯片，观察致密结缔组织结构（图2－10）。

镜下可见大量呈平行排列的胶原纤维束，粗大，染成红色。束间可见紫蓝色杆状及扁圆形的是成纤维细胞的胞核。基质很少。

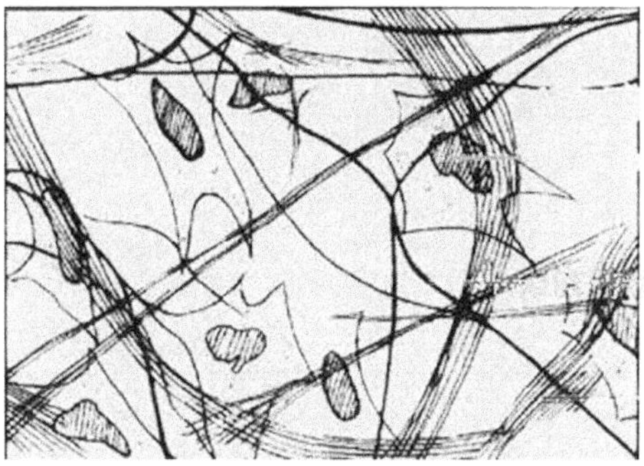

图2－9 疏松结缔组织

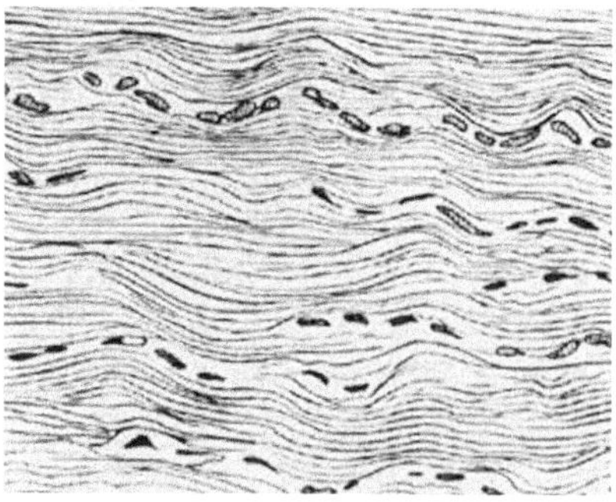

图2－10 致密结缔组织

3. 软骨组织的观察

①气管软骨切片（HE 染色）的低倍镜幻灯片示教（图 2－11）。可见透明软骨组织均匀分布的基质，基质中有许多大小不等的软骨陷窝，每个软骨陷窝中埋有一至数个软骨细胞。在软骨外表面还可见到一些细纤维沿表面平行排列，即软骨膜。软骨组织中无血管，故见不到血管。

②会厌软骨切片的幻灯片示教（图 2－12）。可见弹性软骨组织的基质中有许多染色深且交织成网状的弹性纤维。

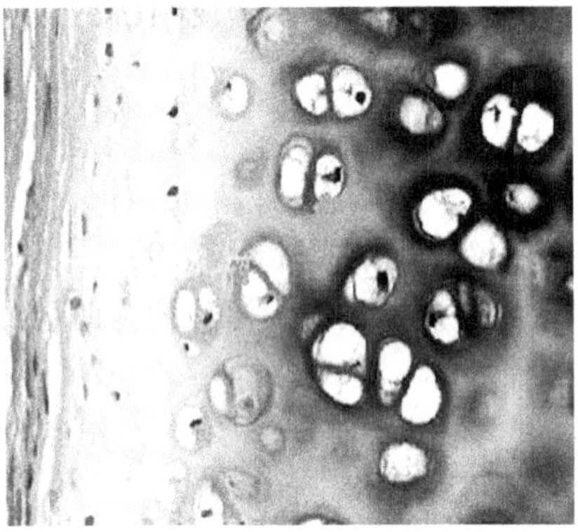

图 2－11　透明软骨组织

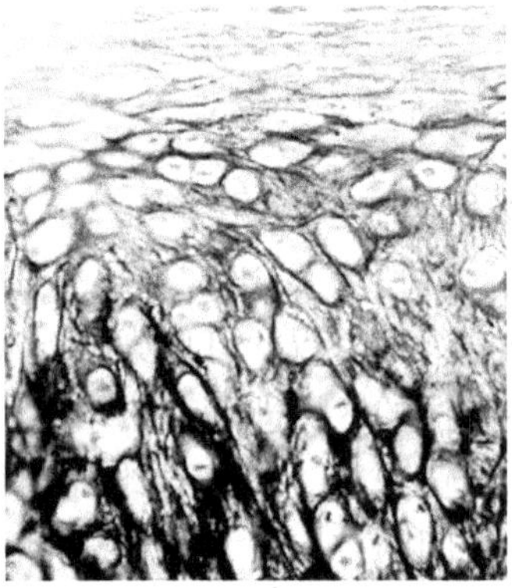

图 2－12　弹性软骨组织

③半月板切片的幻灯片示教（图 2－13）。可见纤维软骨组织的基质中有许多染成粉红色的胶原纤维。

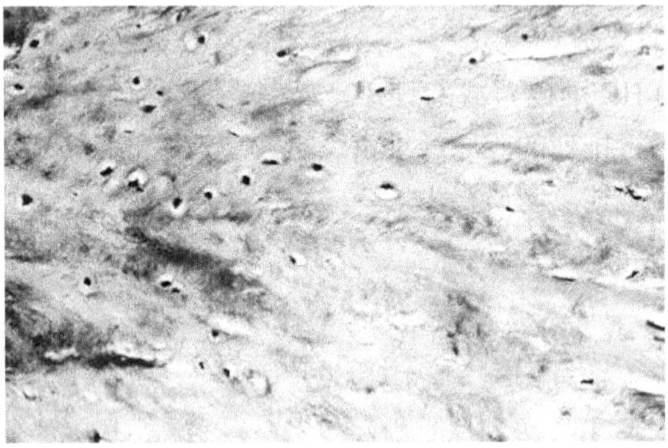

图 2－13　纤维软骨组织

4. 骨组织的观察

①骨组织放大模型观察。在其横断面上可见层次清晰的外环骨板，在模型上显示出橙黄色一圈即为内环骨板，由于骨髓腔表面不平滑，故内环骨板层次不够清晰。在横断面上还可见红色的点为哈佛氏管，以及围绕哈佛氏管呈同心圆排列的哈佛氏骨板构成的哈佛氏系统，哈佛氏系统之间蓝色、呈不规则排列的为间骨板。

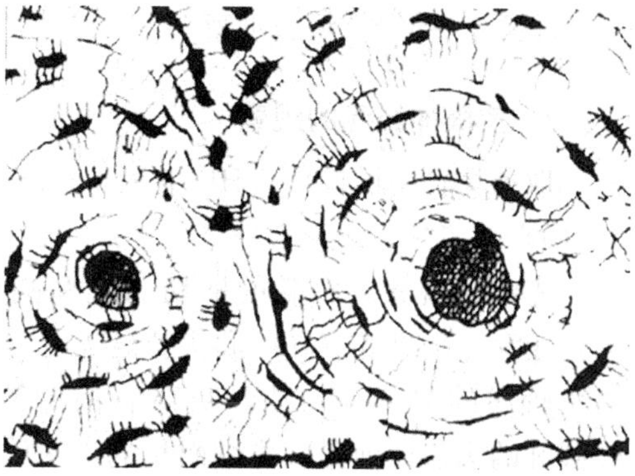

图2－14　骨组织

②取长骨骨体横断面骨磨片（大丽紫染色）观察骨组织结构（图2－14）。

低倍镜观察。因骨磨片中的软组织和细胞均已分解，仅留下空腔和管道，由于光线折射的关系，可见到这些空腔和管道均显现为黑色。同时可见哈佛氏管、哈佛氏骨板和间骨板，内、外环骨板由于制片时不能同时保留，故不能清晰辨出。

高倍镜观察。可见骨板间有许多呈黑色的卵圆形小腔，即骨陷窝，骨陷窝向四周发出许多细小的黑色小支，即骨小管。还可见相邻骨陷窝之间的骨小管彼此连通，靠近哈佛氏管的骨小管则和哈佛氏管相连通。

（三）骨骼肌组织的观察

取动物骨骼肌切片（HE 染色，横切、纵切）或幻灯片，观察骨骼肌组织结构（图2－15）。

1. 肉眼观察

可见长条形的纵切面和多边形的横切面。

2. 低倍镜观察

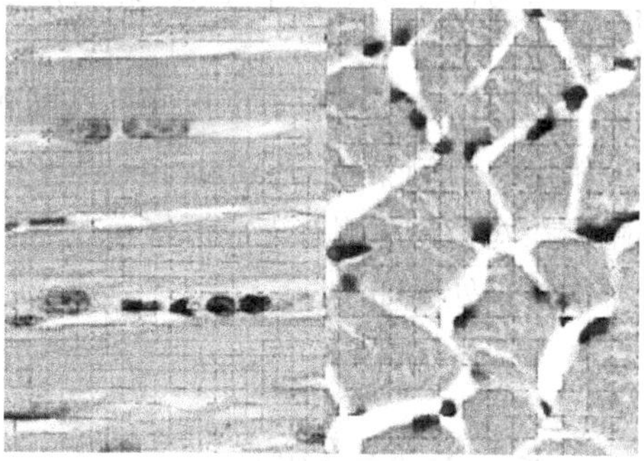

图2－15　骨骼肌组织纵、横切片

纵切面的骨骼肌纤维呈带状，在光镜下可见多条平行排列的肌纤维（又称肌细胞），有不甚明显的明暗相间的横纹，肌纤维间有少量染色较浅的结缔组织。注意辨认每条肌纤维的界线。横切面为许多大小不等的多边形块状结构，每块内含许多条肌纤维。选择轮廓清晰的肌纤维，移至视野中央，换高倍镜观察。

3. 高倍镜观察

①纵切面。单个骨骼肌纤维呈较长的圆柱状，其内含有许多平行排列的线条状结构，即肌原纤维。在肌膜内面见有许多纵行排列的扁椭圆形细胞核。缩小光圈，使视野不致过亮，可见到每个肌纤维上呈现出明暗相间的横纹，即明带和暗带。在染色较好的切片上可见到在明带中部有一条着色较深的Z线。

②横切面。肌纤维呈多边形或不规则圆形，边缘为肌膜。在肌膜内面有一至数个细胞核，肌原纤维呈红色小点状。

（四） 神经组织的观察

1. 多极神经元的观察

取动物脊髓横切片（HE 染色）进行观察（图 2－16）。

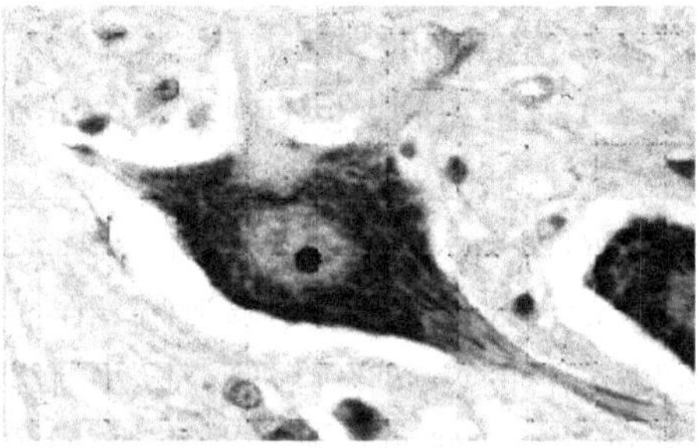

图 2－16 脊髓前角运动神经元微细结构

①肉眼观察。脊髓的横切面呈扁圆形，中部染色较深，呈蝴蝶（H）形状的是灰质，灰质周围染色较浅的部分是白质。灰质有前后两对突起，较圆钝的为灰质前角，尖细而长的为灰质后角。多极神经元的胞体多分布于前角中。

②低倍镜观察。将灰质的前角移入镜下观察，可见到一些成群或单个分布的含有突起的神经元，即多极神经元，在切片制作上，由于突起在离开胞体不远处被切断，故看不到与胞体相连的树突和轴突。选择一较清晰的神经元，换高倍镜观察。

③高倍镜观察。可见胞体呈多角形，胞核大而圆，核中央的核仁较明显。在细胞质内可见到许多不规则的染成紫蓝色的小块，即尼氏体。

2. 有髓神经纤维的观察

取动物神经纵切片（HE 染色）进行观察（图 2－17）。

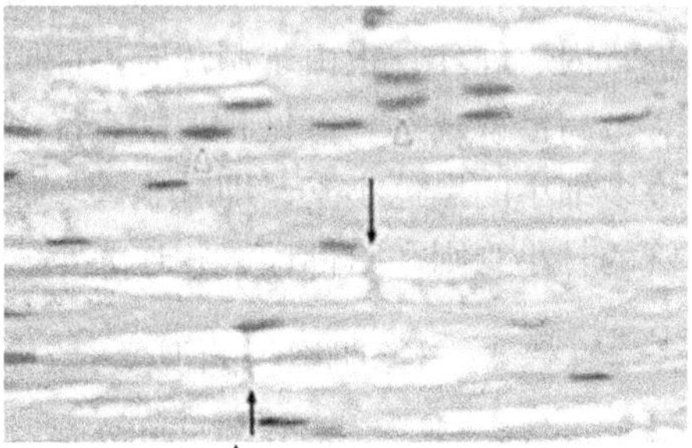

图 2－17 有髓神经纤维

在神经纤维的中央染成紫红色的粗线是神经元的轴突，两侧染色较浅呈网状或透亮的空隙为髓鞘，在髓鞘的两侧有染成深红色的神经膜。神经纤维的狭窄处为郎飞结。

五、实验练习题

①说明上皮组织的类型，各种上皮组织在结构上有何异同。
②说明假复层柱状纤毛上皮和变移上皮的结构与功能意义。
③说明上皮组织与结缔组织在结构及分布上有何不同。
④根据实验观察，联系各自的功能比较疏松与致密结缔组织的异同。
⑤绘制骨结构模式图，并标注各结构名称。
⑥绘制一根肌原纤维结构图，并标注明带、暗带、H 带、Z 线和肌节。
⑦根据实验观察，阐明神经元和神经纤维的结构特点。

第三章　人体运动执行系统的实验

实验三　骨总论

一、实验内容

①观察长骨、短骨、扁骨、不规则骨的形态特点和分布。

②观察骨密质和骨松质的配布和形态，辨认与重力传导有关的骨小梁。

③观察骨膜的性状和被覆的部位、关节软骨的位置、骨髓的类型和分布。

④观察煅烧骨、脱钙骨的外形并比较其物理特性，理解骨的化学成分与物理特性的关系。

二、实验目的

掌握骨的构造，熟悉骨的形态；了解骨的理化特性，理解其功能。

三、实验材料与器具

长骨、短骨、扁骨和不规则骨标本及其剖面标本，示骨膜、骨髓腔、骨髓塑化标本或湿标本，脱钙肋骨和煅烧骨，成人和儿童胫骨 X 线片。

四、实验方法与步骤

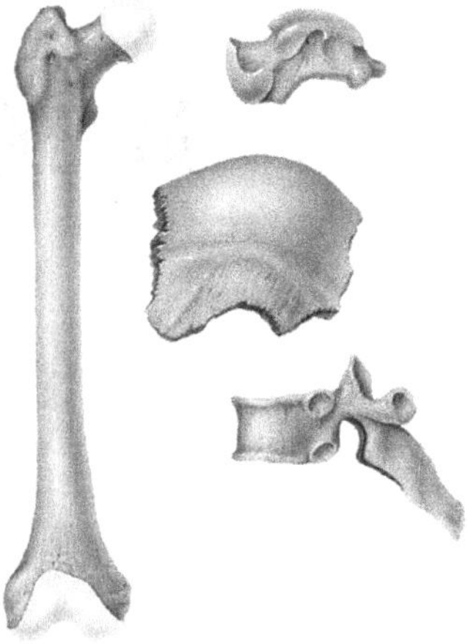

图 3－1　不同形态特点的骨

（一） 骨的不同形态特点的观察

取长骨、短骨、扁骨和不规则骨标本各一块，根据长骨、短骨、扁骨和不规则骨的形态特征，能区别上述各骨属何形态的骨（图 3－1）。注意观察长骨两端（骺端）游离面较为圆滑的关节面。结合观察 4 种形态骨剖面标本，注意 4 种形态骨的骨密质与骨松质的分布情况。

（二） 骨构造的观察

1. 骨膜、骨质和骨髓的观察（图 3－2）

取一长骨塑化标本或湿标本，可见在骨的外表包有一层纤维性膜，这就是骨膜。再取一纵剖的长骨标本观察，在骨中央有一腔称骨髓腔，其周围的壁外层色白而致密，称骨密质；内部的结构疏松，称骨松质。骨密质在骨干处最厚，而趋向两端渐薄。骨松质由骨小梁组成，在骨干处甚少，愈趋两端则愈明显。仔细观察骺端的骨小梁的排列特点，辨认出压力线和张力线。思考压力线、张力线的功能。

再观察塑化骨标本或骨的湿标本，可见在骨髓腔及两端骨松质中充填着骨髓。

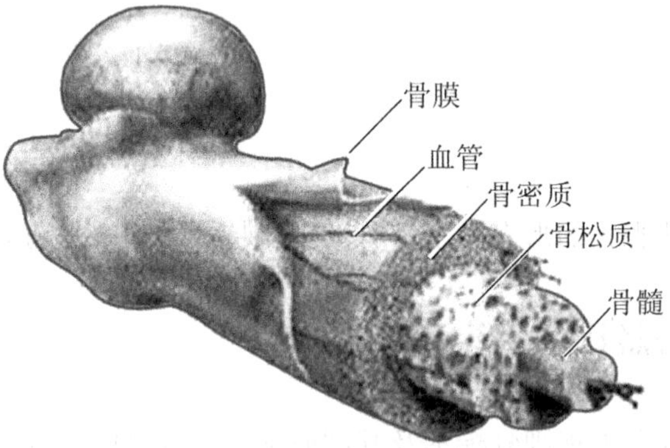

图 3－2　长骨的构造

2. X 线片观察（示教）

在 X 线片上按上述部位观察，可见上述骨密质、骨松质、骨髓腔。

在小儿胫骨上端（或下端），可见有不显影的带状或线状部分，称骺软骨，与成人胫骨对照，可见成人胫骨上端（或下端）有一均匀一致的白线条，称骺线。思考骺软骨与骨生长的关系。

（三） 骨的化学成分及物理特性的观察（图 3－3）

取经过稀盐酸浸泡后的脱钙肋骨，可见骨中无机盐类已被脱去，仅含有机物。虽保持肋骨外形，但变得柔软而富有弹性，可将其弯曲、扭转，甚至可将其打结。

取经过煅烧的跟骨骨炭，可见骨中有机物煅烧后完全被去除，仅含无机盐类，骨虽保持原有外形，但变得异常酥脆、易碎，用手指碾压即成粉末状。

思考：骨的化学成分中有机物和无机物的特性与骨的弹性、硬度的关系。

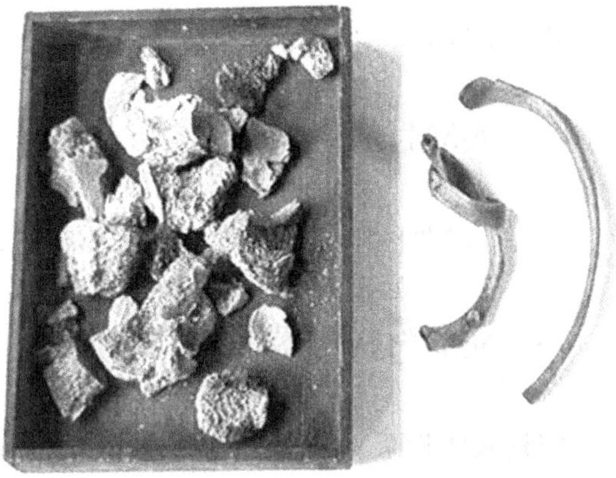

图 3－3　煅烧骨与脱钙骨

五、实验练习题

①以长骨为例说明骨的构造及其理化特性。
②骨髓存在于何处？说明其随年龄的增长而发生的变化及功能。

实验四　上肢骨的观察

一、实验内容

观察上肢骨。

二、实验目的

掌握上肢骨的组成、各骨形态特征和主要的表面结构，了解上肢骨的主要体表标志。

三、实验材料与器具

完整人体骨架、全套分离的上肢骨。

四、实验方法与步骤

（一）上肢骨整体的观察

在人体骨架标本上辨认上肢骨，掌握上肢骨的组成及各骨的名称。

上肢骨由上肢带骨和自由上肢骨两部分组成，左右对称，每侧 32 块，两侧共 64 块（图 3－4）。现以一侧为例：

- 上肢骨
  - 上肢带骨
    - 锁骨（1）
    - 肩胛骨（1）
  - 自由上肢骨
    - 上臂骨——肱骨（1）
    - 前臂骨
      - 尺骨（1）
      - 桡骨（1）
    - 手骨
      - 腕骨（8）
        - 近侧列：手舟骨、月骨、三角骨、豌豆骨
        - 远侧列：大多角骨、小多角骨、头状骨、钩骨
      - 掌骨（5）
      - 指骨（14）

辨认每块上肢骨后，再在自己身上扪触辨认。

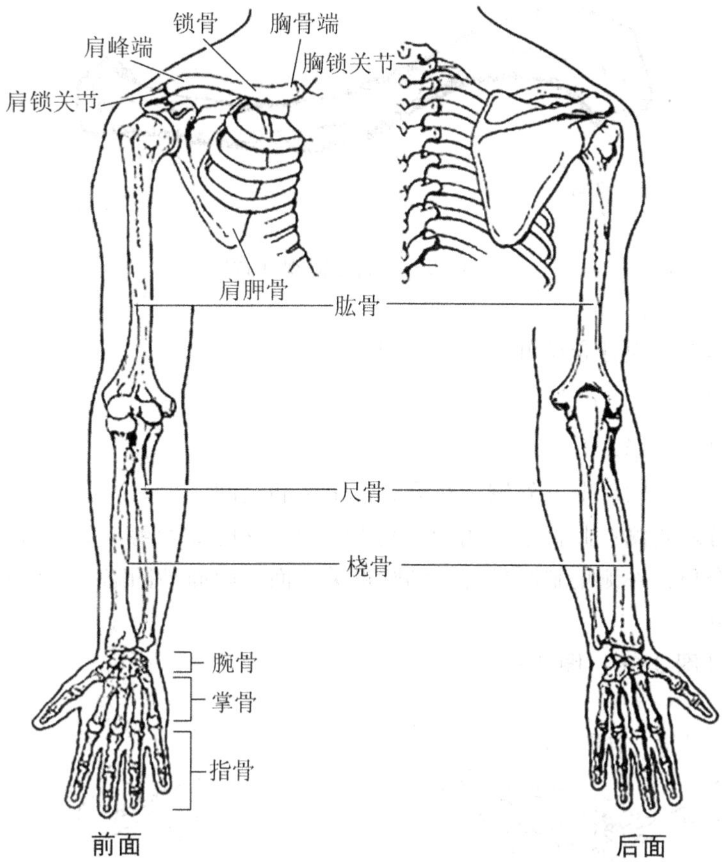

图3－4　上肢骨（右）

（二）分离上肢骨的观察

1. 上肢带骨

（1）锁　骨

属长骨，呈横“S”形。

位　置：近似水平位于胸廓的上部两侧，胸骨和肩胛骨之间。

定位和区分左右侧：上面光滑，下面粗糙；内侧端粗圆，外侧端扁平；骨体内侧凸向前，外侧凸向后。

表面结构（图3－5）：

内侧端（胸骨端）——胸骨关节面、肋粗隆。

外侧端（肩峰端）——肩峰关节面、三角肌粗隆、喙突粗隆。

中部（锁骨体）。

图 3－5　锁骨上面观（右）

主要体表标志： 锁骨全长可在皮下摸到。

（2）肩胛骨

属扁骨，呈三角形。

位　置： 位于胸廓后上方外侧，在第 2 至第 7 肋之间。

定位和区分左右侧： 此骨呈三角形，可分为 3 个角、3 个缘、2 个面。底向上、尖向下；上面有 2 个角，外侧角肥厚且有一椭圆形关节面；前面稍凹陷，后面被一山岗样结构分成上下两部分。

表面结构（图 3－6、图 3－7）：

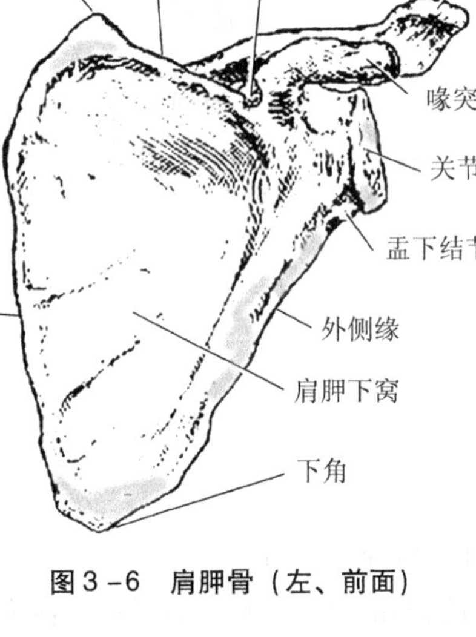

图 3－6　肩胛骨（左、前面）

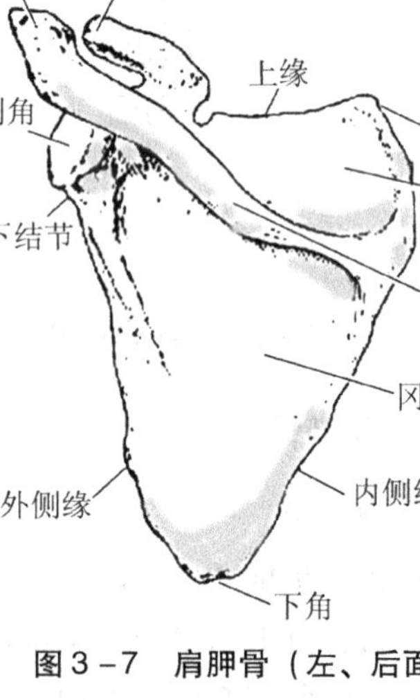

图 3－7　肩胛骨（左、后面）

三个角：
- 上角——在三角形底的内侧，平对第 2 肋。
- 下角——为三角形的尖，平对第 7 肋。
- 外侧角——肥大，有一个椭圆形的关节面，即关节盂。在关节盂的上方有盂上结节，下方有盂下结节。

三个缘：
- 内侧缘——在上角与下角之间。
- 外侧缘——在外侧角与下角之间。
- 上缘——在外侧角与上角之间。在上缘的外侧端有一屈指状突起称喙突。在喙突根部内侧上缘的一个小切迹称肩胛切迹。

两个面：
- 前面——凹陷，称肩胛下窝。
- 后面——有一条横行隆起，称肩胛冈。肩胛冈上方的凹窝称冈上窝，下方的凹窝称冈下窝。肩胛冈外侧端膨大的游离部分称肩峰，其前内有一个扁平的肩峰关节面。

主要体表标志：

肩胛冈——肩胛骨背面的长形隆起。

肩峰——肩胛冈的外侧端突出部分。

内侧缘——上臂后伸并内旋时明显显出。

上角——沿内侧缘向上，平对第 2 肋。

下角——沿内侧缘向下，平对第 7 肋。

喙突——将食指放在锁骨下窝处，向外侧紧压即可摸到。

2. 自由上肢骨

(1) 上臂骨

即肱骨，属长骨。

位　置：位于上臂。

定位和区分左右侧：上端向内侧有一个半球形凸起；下端扁平，前面有两个小窝，后面有一个深窝。

表面结构（图 3－8）：

上端——半球形的隆起称肱骨头，其前方的隆起称小结节，外侧的隆起称大结节，两结节下方分别为小结节嵴和大结节嵴。两结节间有一浅沟，为结节间沟。大小结节与肱骨头之间的环状沟，称解剖颈。肱骨上端与骨体之间稍细的部分为外科颈，此处较易发生骨折。

骨体——肱骨体中部外侧面，有一个呈

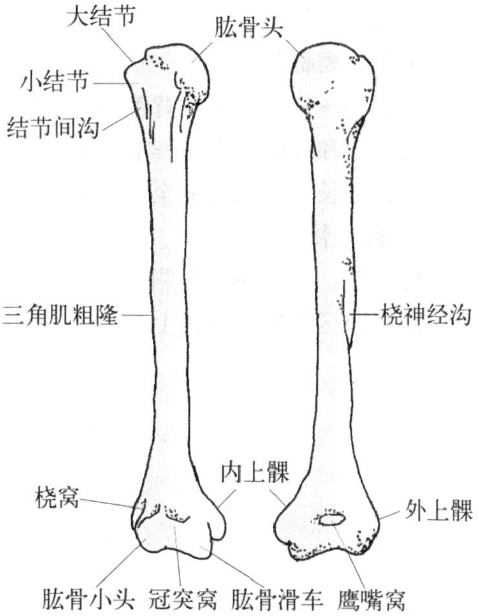

图 3－8　肱骨（右、前后面）

“V”字形的粗糙隆起称三角肌粗隆。后面有一条由上内向下外斜行的浅沟，称桡神经沟。骨体的内侧缘近中点处有开口向上的滋养孔，为血管穿过的小孔。

下端——肱骨下端较扁，向两侧膨出的突起为内上髁和外上髁。下端的后面，有一个深窝称鹰嘴窝；前面有两个窝，内侧的较大的为冠突窝，外侧的较小的为桡窝。在冠突窝下方，有一个滑车形的关节面，称肱骨滑车。在桡窝的下方，有一个球形关节面，称肱骨小头。

主要体表标志：

大结节——肱骨上端外侧突起，为肩部最外的骨点。

内上髁——肱骨下端内侧突起。

外上髁——肱骨下端外侧突起。

（2）前臂骨

包括尺骨和桡骨，共两块，均属长骨。

◆ 尺　骨

位　置：位于前臂内侧。

定位和区分左右侧：上端大，下端小；上端的半月形凹陷朝前，下端的小突起在内侧。

表面结构（图3－9）：

上端——朝前的半月形凹陷，称滑车切迹。切迹后上方的突起称鹰嘴。前下方的突起称冠突。冠突外侧面凹陷的关节面称桡切迹。冠突前下方的粗糙隆起称尺骨粗隆。

骨体——呈三棱柱形。有前、内、后3个面，前、后、外3个缘。其中，外侧缘比较锐利，称骨间缘。

下端——细小圆柱形结构，称尺骨头，其前、外、后3面有环状关节面，称尺骨头环状关节面。尺骨头后内侧向下的小突起，称尺骨茎突。

主要体表标志：

鹰嘴——位于肘关节背侧皮下，屈肘时呈一明显的隆凸，易摸到。

尺骨头和尺骨茎突——前臂在肘关节做半旋内时，在尺骨下端可摸到。

尺骨全长——从鹰嘴至茎突全长在前臂后面皮下可摸到。

◆ 桡　骨

位　置：位于前臂外侧。

定位和区分左右侧：上端小，下端大；下端前面光滑，后面粗糙，外侧有一小突起。

表面结构（图3-9）：

上端——稍膨大，呈圆柱形，称桡骨头；头上面的凹陷，称桡骨头关节凹；头周围的环状关节面，称桡骨头环状关节面。头下方略细，称桡骨颈，颈下内侧有一个粗糙隆起，称桡骨粗隆。

骨体——呈三棱柱形，有 3 个面和 3 个缘。其中，内侧缘较锐利，称骨间缘。

下端——前面凹，后面凸，外侧向下的小突起称桡骨茎突，下端的内侧面有一凹陷的关节面，称尺切迹。下端的下面有一关节面，称腕关节面。

主要体表标志：

桡骨头——前臂做旋转，在肘的后外方，肱骨外上髁下两横指处，可摸到桡骨头及其旋动。

桡骨体——其下部可以摸到。

桡骨茎突——在桡骨下端外侧下方可摸到。

(3) 手　骨

包括腕骨、掌骨和指骨 3 部分，共 27 块（图 3-10）。除腕骨属短骨，其他均属长骨。

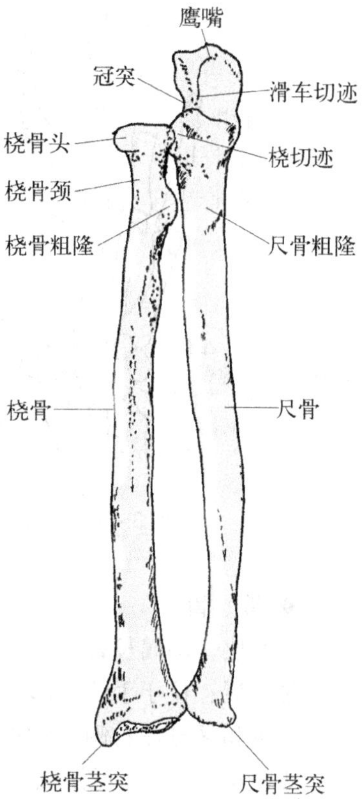

图3-9　桡骨和尺骨前面观（右）

◆ **腕　骨**

共 8 块，均属短骨。

位　置：位于手的腕部。

定位和区分左右侧：8 块腕骨排成近、远侧两列，但不完全在一平面上（图 3-11）。背侧面隆凸，而掌侧面凹陷。由桡侧向尺侧依次为：近侧列为手舟骨、月骨、三角骨、豌豆骨，远侧列为大多角骨、小多角骨、头状骨、钩骨。

表面结构（图3-10、图3-11）：

腕骨沟——8 块腕骨不在一个平面上排列，背侧面隆凸，掌侧面凹陷，称腕骨沟。

桡侧隆起——位于腕骨沟的外侧，由手舟骨和大多角骨共同合成的隆起。

尺侧隆起——位于腕骨沟的内侧，由豌豆骨和钩骨共同合成的隆起。

主要体表标志：

腕骨背面——在手腕部背侧面皮下可触摸到。

豌豆骨和钩骨——在小鱼际（手掌小指侧的隆起）的近侧皮下可摸到。

手舟骨和大多角骨——在鱼际（手掌拇指侧的隆起）的近侧皮下可摸到。

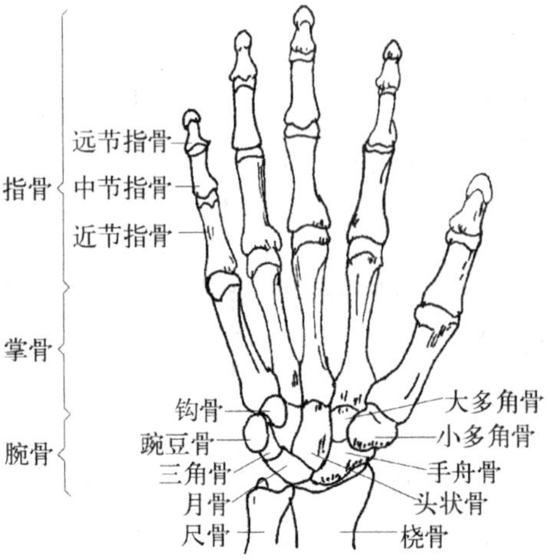

图3－10　手骨（右）

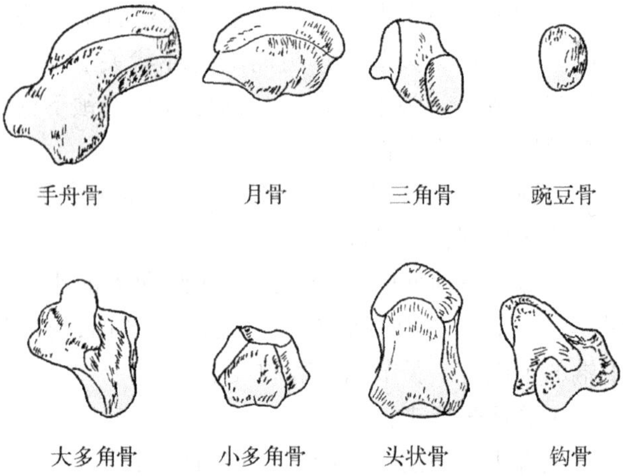

图3－11　腕骨

◆ 掌　骨

共5块，均属长骨。

位　置： 位于手的掌部。

定位和区分左右侧： 5块掌骨由桡侧向尺侧，分别称为第1～5掌骨。每块掌骨均分为底（近侧端）、头（远侧端）、体（头与底之间的部分）。背侧面隆凸，掌侧面凹陷。第一掌骨最粗、最短。

表面结构（图3－10）：

掌骨头——均呈球状，有球状关节面与第一指骨底相连结。

掌骨体——头与底之间部分。背侧面隆凸，掌侧面凹陷。

掌骨底——第一掌骨底的关节面呈鞍状关节面，其余4个掌骨底的关节面扁平。

主要体表标志：

掌骨背面——在手的掌部背侧面皮下可触摸到。

掌骨头——在握拳时，可看出或摸到。

◆ 指　骨

共14块，均属于长骨。

位　置： 位于手的指部。

定位和区分左右侧： 除拇指分为近节和远节两节指骨以外，其余4指均分为近节、中节和远节3节指骨。每节指骨都分为体、底（近侧端）和头（远侧端）3部分。背侧面稍隆凸，掌侧面凹陷。近节指骨的底有卵圆形凹陷的关节面，中节指骨的底有2个凹陷的关节面，远节指骨的远侧端掌面粗糙，称远节指骨粗隆或甲粗隆。

表面结构（图3－10）：

近节指骨——最长。底有卵圆形凹陷的关节面。体的掌侧面平坦，边缘粗糙，背侧面光滑而圆隆。头的滑车中部凹陷，两侧凸隆。

中节指骨——较近节指骨短。底有 2 个凹陷的关节面。体掌侧面的两侧微凹。头有滑车形关节面。

远节指骨——最小。底呈不规则形。头的掌面粗糙称指骨粗隆。

主要体表标志：

指骨背面——在手的指部背侧面皮下可触摸到。

五、实验练习题

①如何辨别锁骨、肩胛骨、肱骨、桡骨及尺骨？它们各自有哪些主要结构？
②上肢骨有哪些主要体表标志？

实验五　下肢骨的观察

一、实验内容

观察下肢骨。

二、实验目的

掌握下肢骨的组成、各骨形态特征和主要的表面结构，了解下肢骨的主要体表标志。

三、实验材料与器具

完整人体骨架、全套分离的下肢骨。

四、实验方法与步骤

（一）下肢骨整体的观察

在人体骨架标本上辨认下肢骨，掌握下肢骨的组成及各骨的名称。

下肢骨由下肢带骨和自由下肢骨两部分组成，左右对称，每侧 31 块，两侧共 62 块（图 3－12）。现以一侧为例：

- 下肢骨
  - 下肢带骨——髋骨（1）
  - 自由下肢骨
    - 大腿骨——股骨（1）
    - 膝盖骨——髌骨（1）
    - 小腿骨
      - 胫骨（1）
      - 腓骨（1）
    - 足骨
      - 跗骨（7）：跟骨、距骨、足舟骨、骰骨和3块楔骨
      - 跖骨（5）
      - 趾骨（14）

辨认每块下肢骨后，再在自己身上扪触辨认。

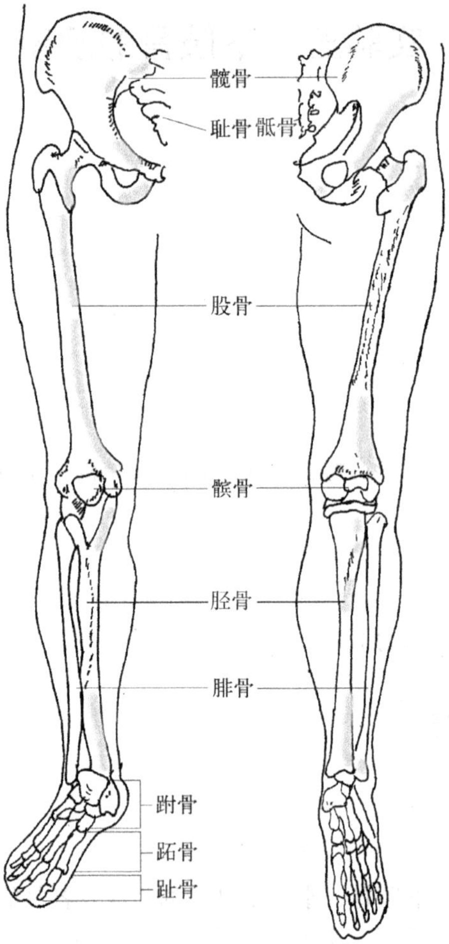

图3－12　下肢骨

（二） 分离下肢骨的观察

1. 下肢带骨

即髋骨，属不规则骨。

位 置：位于躯干下端的两侧。每侧髋骨都由髂骨、耻骨和坐骨 3 个部分组成。幼年时它们借软骨连结在一起，成年后在髋臼处相互融合成一块髋骨。

定位和区分左右侧：扁宽骨板（髂骨翼）在上，有卵圆孔部分（闭孔）在下；深窝（髋臼）朝外；有耳形关节面部分朝后。

表面结构（图 3－13、图 3－14）：

辨认髋骨 3 个部分，在深窝髋臼处作“Y”形划分，其上部为髂骨，前部为耻骨，后部为坐骨。

(1) 髂 骨

位于髋骨的上部，可分为髂骨体和髂骨翼。

髂骨体——肥厚而不规则，位于髂骨的下部，构成髋臼的上半部。

髂骨翼——为髂骨上部宽扁的骨板。

髂骨翼上缘为髂嵴。

髂嵴的前端和后端稍突出的部分为髂前上棘和髂后上棘。它们的下方各有一个髂前下棘和髂后下棘。

髂骨翼内面光滑凹陷，称为髂窝，它的下方有一条弧形线，称弓状线。髂骨翼内侧面后部粗糙不平，有粗糙的耳状关节面，称耳状面。耳状面后上方有一粗面，称髂粗隆。

髂骨翼的外面，称臀面，有前、下、后 3 条粗线，均为臀肌附着部。

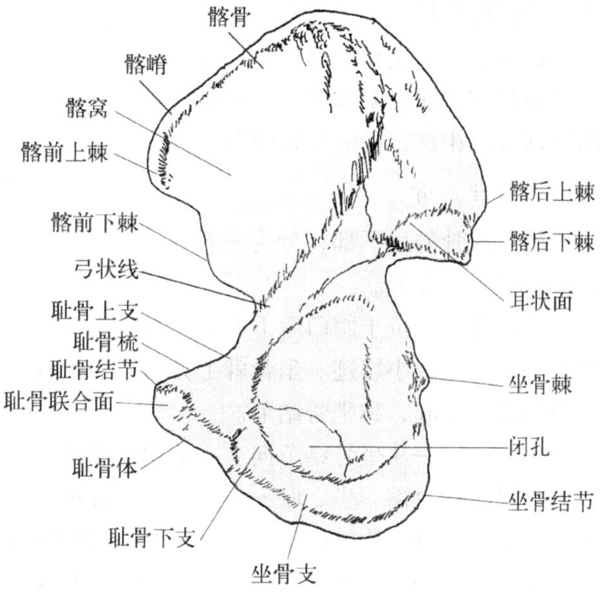

图 3－13 髋骨内侧面（右）

(2) 耻　骨

位于髋骨的前下部，可分为耻骨体、耻骨上支及耻骨下支。

耻骨体——构成髋臼的前下部，与髂骨体结合处的上面有粗糙隆起，称髂耻隆起。

耻骨上支——耻骨体伸向前、内下方的骨支。其上面有一条较锐利的骨嵴，称耻骨梳，其前端的小结节，称耻骨结节。

耻骨下支——耻骨上支的末端以锐角转折移行为耻骨下支。

耻骨上、下支相互移行处内侧的椭圆形粗糙面，称耻骨联合面，两侧联合面相接，构成耻骨联合。

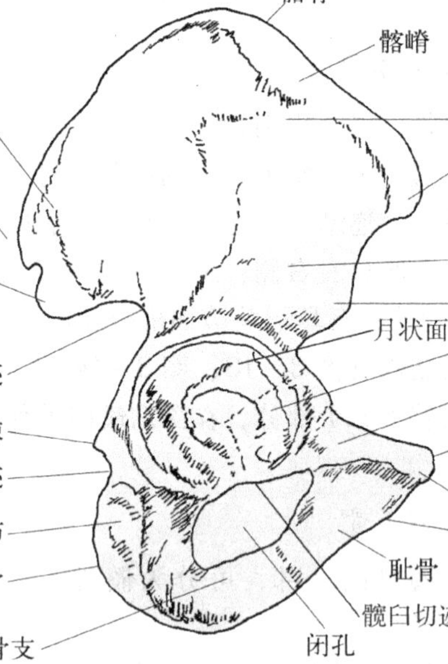

图 3－14　髋骨外侧面（右）

(3) 坐　骨

位于髋骨的后下部，分为坐骨体和坐骨支两部分。

坐骨体——位于髋臼后下方的粗大骨支。体后缘有尖形突起，称坐骨棘。坐骨棘下方的切迹，称坐骨小切迹。坐骨棘上方与髂后下棘之间的切迹，称坐骨大切迹。坐骨体下端后方的粗大隆起，称坐骨结节。

坐骨支——从坐骨结节向上、前内伸出的细骨板，其末端与耻骨下支结合。

髋臼——由髂、坐、耻三骨体合成。窝内半月形的关节面，称月状面。窝的中央未形成关节面的部分，称髋臼窝。髋臼边缘下部的缺口，称髋臼切迹。

耻骨上下支、坐骨支、坐骨体、髋臼下缘共同围成一孔，称闭孔，活体有闭孔膜封闭。

主要体表标志：

髂嵴全长——在髋骨上缘可扪触到髂嵴全长，其最高点约平第四腰椎。

髂前上棘——沿着髂嵴往前摸到突出部分，即为髂前上棘。

坐骨结节——在屈大腿时，在臀部容易摸到。

2. 自由下肢骨

(1) 大腿骨

即股骨，属长骨。

位　置：位于大腿，是人体最长的骨，可分为一体两端。

定位和区分左右侧：上端圆，圆球形结构朝向内；下端扁，后面有一个深窝。

表面结构（图3－15）：

上端——膨大呈圆球形结构，称股骨头。头的中央稍靠下侧有一个小窝，称为股骨头凹。股骨头下外侧的狭细部称股骨颈。颈与体连接处上外侧的方形隆起，称大转子；内下方的隆起，称小转子。大、小转子之间，在前面有转子间线，在后面有转子间嵴。大转子内侧面的深窝，称转子窝。

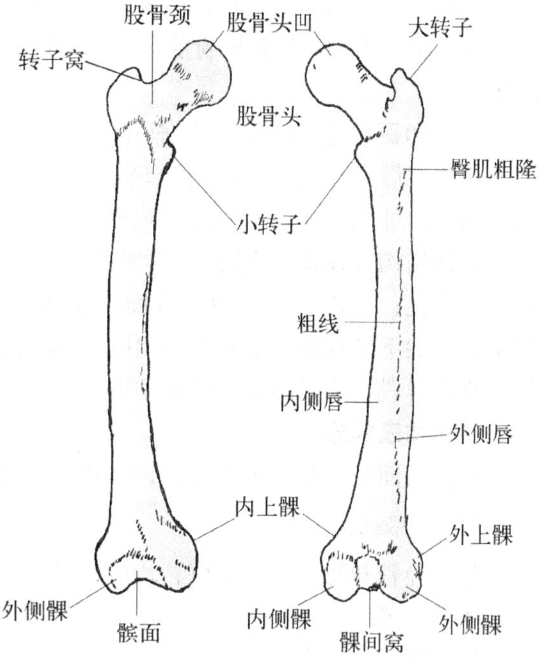

图3－15　股骨（右）

骨体——稍向前弓隆，上段呈圆柱形，中段呈三棱柱形，下段前后略扁。体后面有一纵行骨嵴，称为粗线。此线上端分叉，向上外延续于粗糙的臀肌粗隆，向上内则延续为股骨粗线。粗线下端也分为内、外两线，分别称为内侧唇和外侧唇。两唇间形成一个三角形平面，称为腘平面。在粗线中点附近，有开口朝下的滋养孔。

下端——有两个向后下方突出的膨大，分别称为内侧髁和外侧髁。两髁前方有一关节面，称髌面。两髁后面之间的深窝称髁间窝。两髁侧面最突起处，分别称为内上髁和外上髁。内上髁上方的小突起，称收肌结节。

主要体表标志：

大转子——为髋部最外的骨点，用拇指摸到髂嵴最高处后，食指伸直垂直往下摸到的骨突，当大腿旋转时，可摸出其在皮下转动。

内侧髁和外侧髁——在股骨下端，可摸到内外侧各有一向后突出的椭圆形骨突。

（2）膝盖骨

即髌骨，为人体最大籽骨。外形似板栗。

位　置： 位于股骨下端前面，股四头肌肌腱中。

定位和区分左右侧： 髌底朝上，髌尖朝下。前面粗糙，后面光滑有一纵行钝嵴，将此面分为内外两部，外侧部宽阔，内侧部狭窄。

表面结构（图3－16）： 前面粗糙而凸隆，有许多血管孔；后面光滑，为关节面。底朝上，尖朝下，髌尖下部粗糙，有髌韧带附着。髌骨的内外二缘均薄锐，为股四头肌肌腱附着部。

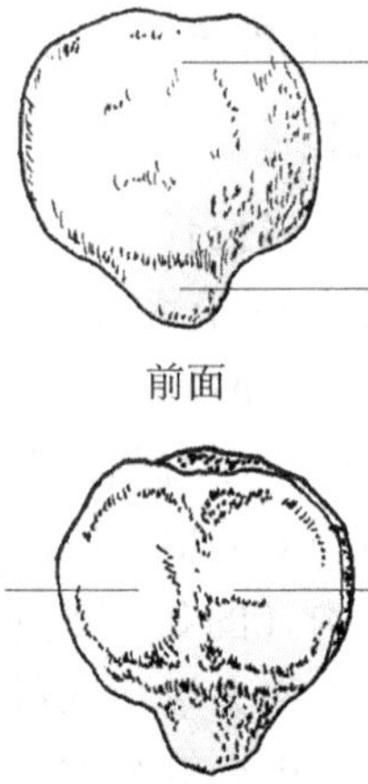

图3－16　髌骨（右）

主要体表标志：

髌骨前面——在膝关节前方，可摸到髌骨的前面，松弛股四头肌，可使髌骨移动。

（3）小腿骨

包括胫骨和腓骨，共2块，均属长骨。

◆ **胫　骨**

位　置： 位于小腿内侧。

定位和区分左右侧： 上端大、下端小。上端前面有粗糙隆起，下端内侧有一向下突起。

表面结构（图3－17）：

上端——膨大，内外两侧突出，称为内侧髁与外侧髁，内侧髁较大，外侧髁较突出，其后下方有一个小光滑关节面，称腓关节面。两髁上面均有凹陷的卵圆形关节面，称为上关节面。两上关节面之间，有粗糙小隆起，称髁间隆起。髁间隆起的前后各有一窝，称为髁间前窝和髁间后窝。胫骨上端与骨体相接处的前面，有三角形粗隆，称胫骨粗隆。

骨体——呈三棱柱形，有内、外、后3个面，前、内、外3个缘。外侧缘尖锐，称骨间缘。体上、中1/3交界处的附近，有开口向上的滋养孔。

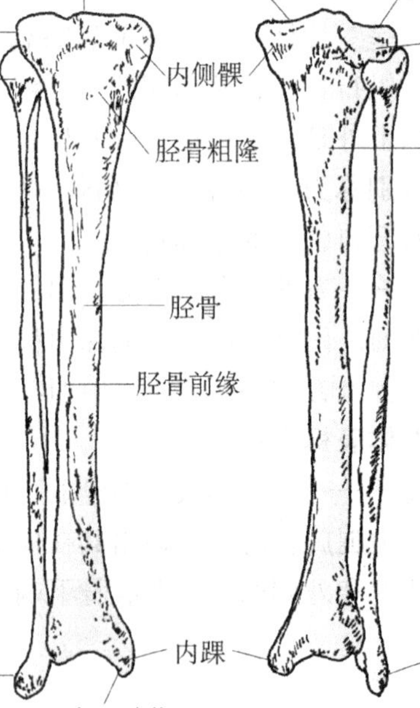

图3－17　胫骨、腓骨（右）

下端——稍膨大。其内侧向下有一突起，称内踝。内踝的外侧面光滑，称内踝关节面。下端的下面有关节面，称下关节面。下端的外侧面有一切迹，称腓切迹。

主要体表标志：

内侧髁和外侧髁——胫骨上端内外侧的突起，在皮下可触摸到。

胫骨粗隆——胫骨上端前面的隆起，皮下可触摸到。

胫骨前缘——沿胫骨粗隆向下较锐利的缘，在皮下可触摸到。

胫骨内侧面——在小腿内侧皮下可触摸到。

内踝——胫骨下端内侧隆凸易在皮下触摸到。

◆ **腓　骨**

位　置：位于小腿外侧。

定位和区分左右侧：上端略膨大，下端呈锥形，末端较尖。上端的内上方有一光滑的关节面，下端的后面有一条沟。

表面结构（图3－17）：

上端——上端肥大，称腓骨头。头的内上方有一光滑的关节面，称腓骨头关节面。头下方较细，称腓骨颈。

骨体——呈三棱柱形，有内、外、后3个面，前、内、外3个缘。内侧缘锐利，称骨间缘。体内侧近中点处，有开口向上的滋养孔。

下端——呈锥形向下的尖突，称外踝。外踝的内侧面有微凹的三角形关节面，称外踝关节面。外踝的后缘有一沟，称外踝沟。

主要体表标志：

腓骨头——在小腿外侧上端皮下摸到的膨大部分。

外踝——腓骨下端外侧隆凸易在皮下摸到。

（4）足　骨

包括跗骨、跖骨和趾骨3部分，共26块（图3－18）。除跗骨属短骨外，其他均属长骨。

◆ **跗　骨**

共7块，均属短骨。

位　置：位于足的后半部。

定位和区分左右侧：7块跗骨，分近侧和远侧二列：近侧列由后向前为跟骨、距骨、足舟骨；远侧列由内向外为内侧楔骨、中间楔骨、外侧楔骨和骰骨。

表面结构（图3－18）：

距骨——位于胫、腓骨与跟骨之间，可分为头、颈、体3部分。前端呈圆形的部分，称距骨头。距骨体上面有前宽后窄的滑

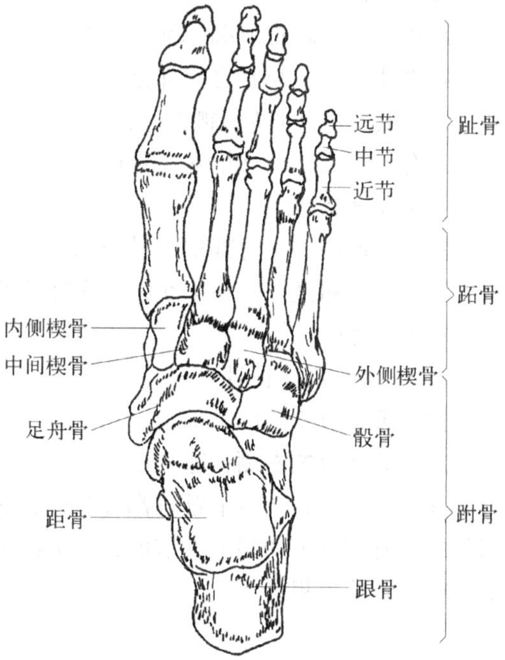

图3－18　趾骨、跖骨、跗骨（上面）

车形关节面，称距骨滑车。体两侧的关节面，分别称为内踝关节面和外踝关节面。体下面的关节面，称距骨下关节面。距骨体向后发出的骨突，称距骨后突。介于头与体之间的狭细部分，称距骨颈。

跟骨——位于距骨的下方。根据跟骨上面有一骨沟，前面有关节面，内侧面有一较大的骨突等形态特点，可区分左、右跟骨。跟骨上面、前面均有关节面，称为前、中、后关节面和骰关节面。跟骨后端粗糙并稍隆起，称跟结节。跟骨内侧面的内突承托距骨，故称载距突。

足舟骨——介于距骨头与3块楔骨之间，呈舟形。

楔骨——共3块，位于足舟骨与第1～3跖骨之间，呈楔形。

骰骨——位于足的外侧，呈不规则的立方形。

主要体表标志：

跟结节——跟骨后部皮下易触摸到。

载距突——在足后部内侧的突起，内踝下方皮下易触摸到。

跗骨背面——除跟骨与距骨外，皮下易触摸到足舟骨、3块楔骨和骰骨的背面。

◆ 跖　骨

共5块，均属长骨。

位　置：位于跗骨与趾骨之间。

定位和区分左右侧：5块跖骨由内侧向外侧，分别称为第1～5跖骨。每块跖骨均分为底（近侧端）、头（远侧端）、体（头与底之间的部分）。第1跖骨短而粗。

表面结构（图3－18）：

跖骨头——跖骨前端，称为小头，有凸隆的关节面与第1趾骨底相连结。

跖骨体——头与底之间部分。

跖骨底——跖骨后端略膨大，呈楔形，称为底。底的后面与跗骨相连结。第5跖骨底的外侧有一骨突起，称第5跖骨粗隆。

主要体表标志：

跖骨背面——足背部皮下易摸到跖骨背面。

第5跖骨粗隆——在第5跖骨底外侧的骨突起，在皮下易触摸到。

◆ 趾　骨

共14块，均属长骨。

位　置：位于足的趾部。

定位和区分左右侧：除踇趾分为近节和远节二节趾骨以外，其余4趾均分为近节、中节和远节3节趾骨。每节趾骨都分为体、底（近侧端）和头（远侧端）3部分。近节趾骨底的后面有卵圆形凹陷的关节面，中节趾骨的底有2个凹陷的关节面，远节趾骨的远侧端下面粗糙，称甲粗隆。

表面结构（图3－18）：

近节趾骨——最长。底的后面有卵圆形凹陷的关节面。体扁细，上面凸隆，下面凹陷。头有滑车状的关节面。

中节趾骨——短小。底有2个凹陷的关节面，头有滑车形的关节面。

远节趾骨——最小。底较宽，前端下面粗糙，称甲粗隆。

主要体表标志：

趾骨背面——在足的趾骨背侧面皮下可触摸到。

五、实验练习题

①如何辨别左、右髋骨、股骨、胫骨和腓骨？它们各自有哪些主要结构？

②下肢骨有哪些主要体表标志？

③联系功能比较上、下肢骨的主要区别。

实验六　躯干骨的观察

一、实验内容

观察躯干骨。

二、实验目的

掌握躯干骨的组成、各骨形态特征和主要的表面结构，了解躯干骨的主要体表标志。

三、实验材料与器具

完整人体骨架、全套分离的躯干骨标本、串连的人体脊柱标本。

四、实验方法与步骤

（一）躯干骨整体的观察

在人体骨架标本上辨认躯干骨，掌握躯干骨的组成及各骨的名称。

躯干骨包括 24 块椎骨、1 块骶骨（由 5 块骶椎愈合而成）、1 块尾骨（由 4 块尾椎愈合而成）、1 块胸骨和 12 对肋，共 51 块（图 3－19）。

- 躯干骨
  - 椎骨（24）
    - 颈椎（7）
    - 胸椎（12）
    - 腰椎（5）
  - 骶骨（1）
  - 尾骨（1）
  - 胸骨（1）
  - 肋（24）
    - 肋骨
    - 肋软骨

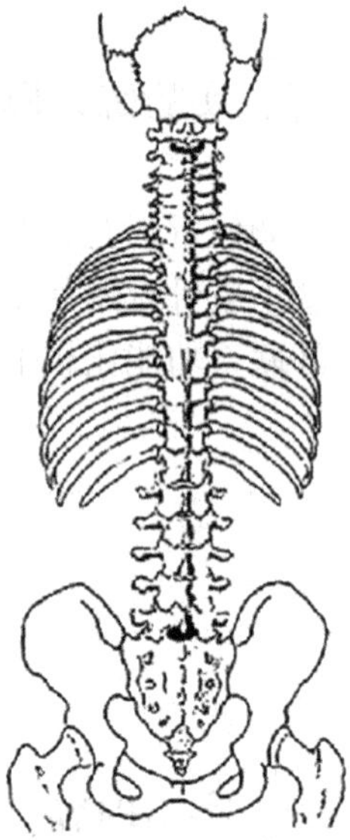

图 3－19　躯干骨（后面观）

辨认每块躯干骨后，再在自己身上扪触辨认。

（二）分离躯干骨的观察

1. 椎　骨

属不规则骨。

位　置：位于脊柱。

定　位：短圆柱形的结构朝向前，称椎体；弓形上有突起的结构朝向后，称椎弓；椎体和椎弓的连结部分较细，称椎弓根，根上方凹陷浅，下方的凹陷深。

椎骨一般形态的观察：

取一胸椎标本辨认以下结构（图 3－20）：

椎体——在前方，呈短圆柱形，主要由骨松质构成，表面有薄层骨密质。

椎弓——呈弓形，连于椎体后面两侧。

椎弓根——为椎弓与椎体连结部分，细而短。

椎骨上切迹和下切迹——在椎弓根上缘和下缘的凹陷。

椎间孔——上位椎骨下切迹和下位椎骨上切迹围成的孔。可在串连的脊柱上观察。椎间孔中有脊神经通过。

椎弓板——为椎弓后部呈板状的骨板部分。

棘突——位于椎弓正中后方或后下方的一个突起。

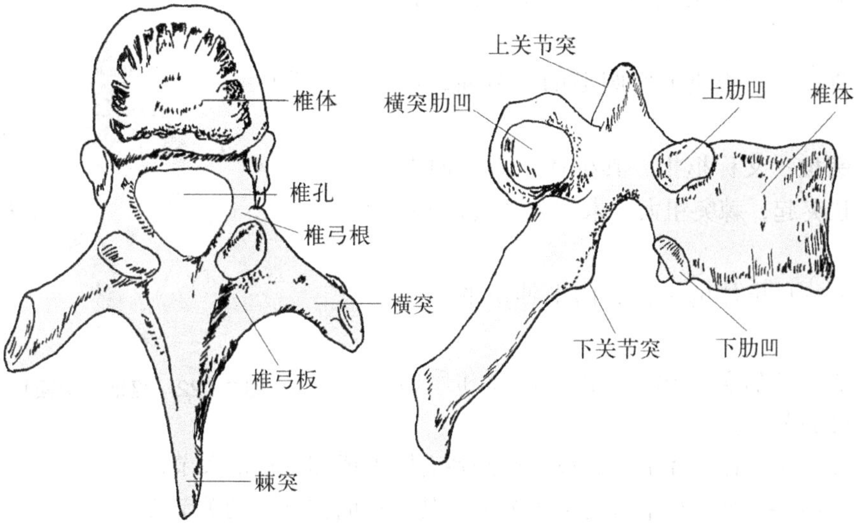

图 3－20　胸椎

横突——自椎弓根与椎板连接处向两侧发出的一对突起。

上关节突——自椎弓根与椎板连接处向上发出的一对突起，其上有光滑的上关节面。

下关节突——自椎弓根与椎板连接处向下发出的一对突起，其上有光滑的下关节面。

椎孔——椎体和椎弓围成的孔。

椎管——全部椎骨的椎孔连结起来形成的管，其内容脊髓。

各部椎骨的区分：

颈椎——横突上有横突孔。

胸椎——椎体侧面和横突末端前面有肋凹。

腰椎——椎体粗大，棘突呈板状，水平伸向后方。

各部椎骨主要的表面结构：

◆ 颈　椎

共 7 块。

第 1 颈椎：又名寰椎，无椎体、无棘突、无关节突，呈环状，又名寰椎。由前弓、后弓、侧块组成（图 3－21）。

前弓——在前方，较短。

后弓——在后方，较长。

侧块——位于两侧，连结前弓和后弓。

齿状凹——位于前弓后面正中的一个小关节面，又称齿凹。

横突孔——横突上的孔。

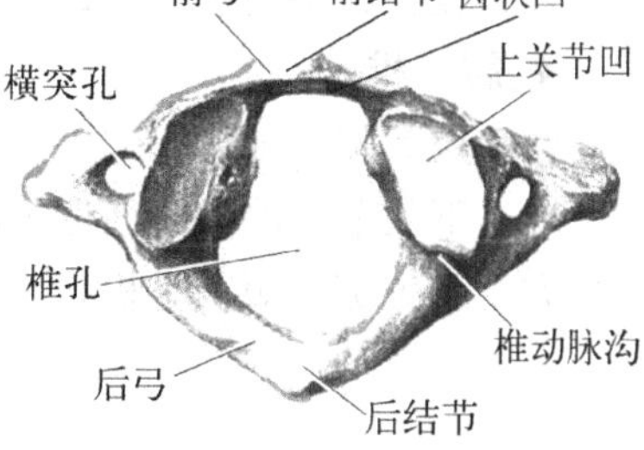

图 3－21　寰椎（上面）

上关节凹——侧块上面椭圆形的关节面，左右各一。

下关节面——侧块下面圆形的关节面，左右各一。

第2颈椎：又称枢椎。其椎体上有一向上伸出的指状突起，棘突粗大，末端分叉（图3-22）。

齿突——自椎体的上面，向上伸出的一个指状突起。

前关节面和后关节面——齿突前面和后面上的卵圆形关节面。

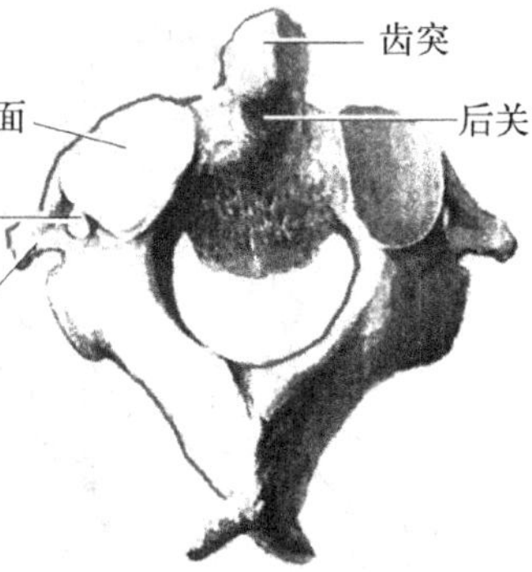

图3-22　枢椎（上面）

上关节面——在椎体上面，齿突两侧各有圆形或卵圆形的关节面。

下关节面——椎弓根下方有下关节突，其上有向前下方的关节面。

第3~6颈椎：椎体一般较小，呈椭圆形；椎弓根较细，椎孔较大，呈三角形；横突上有横突孔；关节突呈短柱状，关节面呈卵圆形，上关节突的关节面向后上方，下关节突的关节面向前下方；棘突末端分成叉状（图3-23）。

第7颈椎：又名隆椎。棘突特长，末端不分叉，近似水平位。其他表面结构同第3~6颈椎。

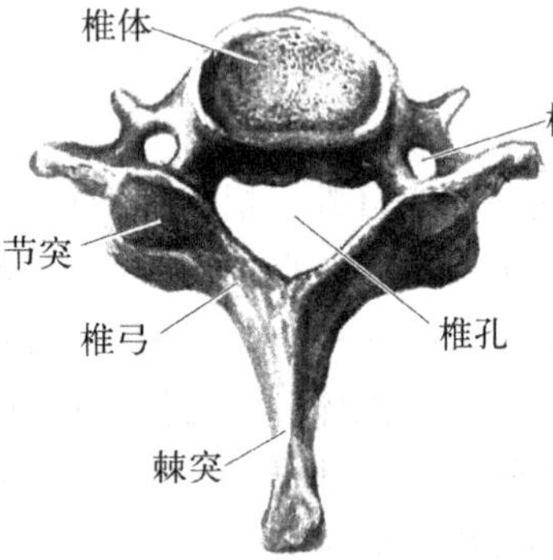

图3-23　颈椎（上面）

◆ 胸　椎

共12块。

椎体侧面后部的上缘和下缘各有一半圆形的浅凹，称椎体肋凹（第1胸椎体有一圆形的上肋凹和一半圆形的下肋凹；第2~8胸椎体均有半圆形的上肋凹和下肋凹；第9、第10胸椎体常有一上肋凹，无下肋凹；第11、第12胸椎体只有一圆形的全肋凹）。

横突末端前面有圆形的浅凹，称横突肋凹（第11、第12胸椎无横突肋凹）。

上下关节突的关节面几乎呈冠状位，上关节突的关节面向后外方，下关节突的关节面向前内下方。

棘突较长，斜向后下方；互相重叠，呈叠瓦状。

◆ 腰　椎

共5块。腰椎椎体粗大。

上、下关节突的关节面近矢状位，上关节突的关节面向后内方，下关节突的关节面向前外方。棘突宽而短，呈板状，几乎水平地伸向后（图3-24）。

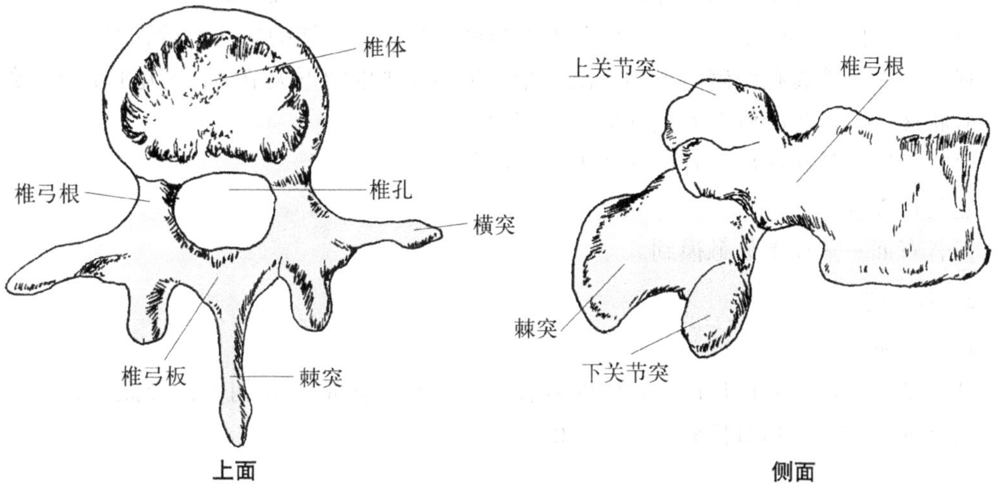

图 3－24　腰椎

椎骨的主要体表标志：

第 2 颈椎棘突——粗大，是枕骨下最先能触及的棘突，仰头时易触摸。

第 7 颈椎棘突——明显隆起，最长，低头时最明显，在皮下易摸到。

第 7 颈椎以下的全部椎骨的棘突可在皮下触摸到，常以第 7 颈椎棘突为确定椎骨序数的标志。

第 11 胸椎棘突定位——手指沿第 12 肋骨向中线触摸，终点即是。

椎骨与其他体表标志之间的关系：

立位上肢下垂时，连接两侧肩胛冈内侧端的横线，平第 3 胸椎棘突。

肩胛下角相当于第 7 胸椎棘突高度。

胸骨角相当于第 4 胸椎高度，胸骨体与剑突交接处相当于第 9 胸椎高度。

第 10 肋骨的最低点与第 2 腰椎相平。

髂嵴最高点连线与第 4 腰椎棘突相平。

2. 骶　骨

属不规则骨。

位　置： 位于盆腔后上部，两侧与髋骨相连结。

定　位： 成人的骶骨由 5 块骶椎融合而成，呈三角形。底朝上，尖朝下；前面光滑凹陷，后面粗糙隆凸。

表面结构（图 3－25）：

岬——骶骨底前缘向前凸部分。

横线——各骶椎体融合的痕迹，共有 4 条横线。

骶前孔——在骶骨前面，横线两端，共 4 对。有骶神经前支和血管通过。

骶正中嵴——骶骨背面，沿正中线上骶椎棘突融合后而形成的纵行隆起。

骶后孔——骶骨正中侧的外侧的孔，共4对。有骶神经后支和血管通过。

骶管——由骶椎的椎孔连结而成。上端与椎管续连，下端的裂孔称骶管裂孔。

骶角——骶管裂孔两侧向下的突出，相当于第5骶椎的下关节突，与尾骨角相连结。

耳状面——骶骨两侧上方呈耳形的关节面。

骶粗隆——耳状面后方骨面凹凸不平的部分。

主要体表标志：

骶骨背面——皮下易触摸到。

3. 尾　骨

属不规则骨。

成人的尾骨由3～4块退化的尾椎融合而成。呈三角形，底朝上，接骶骨，尖朝下。尾骨的背面，在皮下易触摸到（图3－25）。

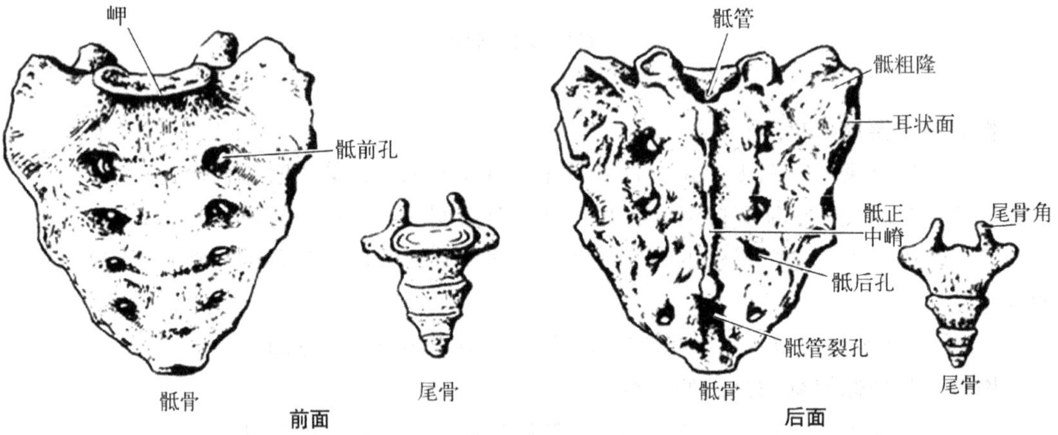

图3－25　骶骨、尾骨

4. 胸　骨

属扁骨。

位　置：位于胸前壁正中皮下。从上向下依次分为胸骨柄、胸骨体和剑突3部分（图3－26）。

定　位：

胸骨柄——上部宽厚，下端稍薄窄。前面平滑隆凸，后面粗糙而凹陷。近似三角形。

胸骨体——为薄而狭长的长方形骨板。前面微凸，后面微凹。上缘有一卵圆形粗面，下缘较短。外侧缘各有6个凹陷的切迹。

剑突——薄而细长，上接胸骨体，下端游离。下端有的呈尖状或者分叉状，有的还出现穿孔等。

表面结构（图3－26）：

颈静脉切迹——胸骨柄上缘中部的切迹。

锁切迹——颈静脉切迹两侧的切迹，左右各一。

胸骨角——胸骨柄与胸骨体连接处，微凸向前形成的角。

肋切迹——胸骨柄下缘、胸骨体两侧缘与肋软骨相连的凹陷部分，共有 7 对肋切迹。

主要体表标志：

胸骨前面——在皮下易触摸到。

颈静脉切迹——胸骨柄上缘的中部凹陷，皮下易触摸到。

胸骨角——胸骨柄下缘和胸骨体连接处微向前凸，皮下易摸到。此角两侧平对第 2 肋，是计数肋的重要标志。

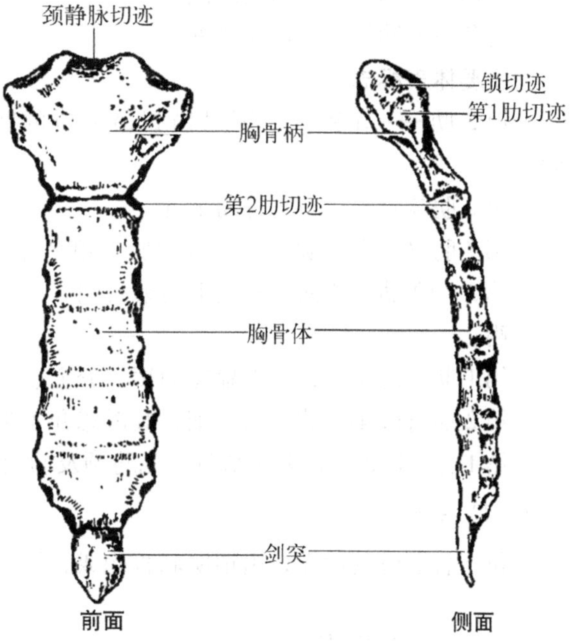

图 3－26　胸骨

5. 肋

肋由肋骨和肋软骨构成，左右对称，共 12 对。

第 1～7 对肋的前端与胸骨相连称真肋。

第 8～10 对肋的前端与胸骨不直接相连，称假肋。肋软骨与上位的肋软骨连结形成肋弓。

第 11～12 对肋的前端游离于腹壁肌层中，称浮肋。

(1) 肋　骨

属扁骨。

位　置：位于胸廓。

定　位：每一肋骨均可分为前端、后端及肋体 3 部分，前端有凹陷，后端粗大。外面凸，内面凹。上缘钝圆，下缘较尖锐。

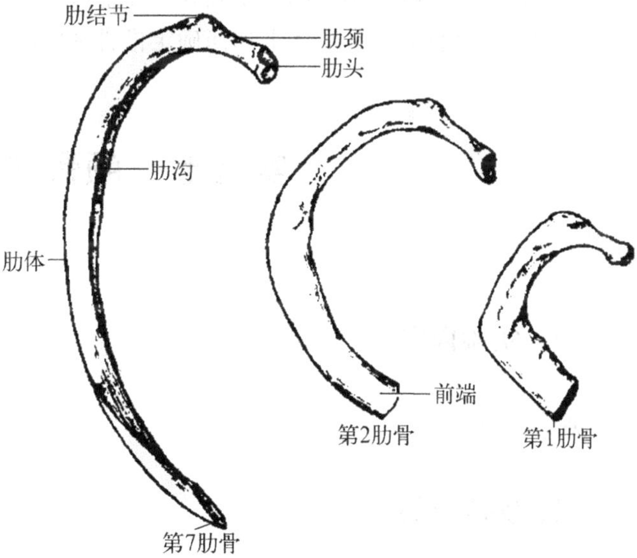

图 3－27　肋骨

表面结构（图 3－27）：

肋头——肋骨后端的膨大部分。

肋头关节面——肋头上的关节面。

肋颈——肋头外侧较细的部分。

肋结节——肋颈与肋体交界处的一个粗糙隆起。

肋结节关节面——肋结节上的关节面。

肋沟——肋体下缘内面的浅沟。

肋角——肋体弯曲最大之处。

主要体表标志：

第2肋——在锁骨下可以摸到最上位的肋，即第2肋。由此可依次摸到第3～12肋骨。

第2肋软骨——与胸骨角平齐。

第7肋（或肋间隙）——与肩胛下角平齐。

第2～12肋外侧面——皮下易触摸到。

附：

第1肋骨的特征，上下扁宽而短，分上、下面和内、外缘，无肋角和肋沟。

第2肋骨较第1肋骨长而细，其形态介于第1肋骨与典型肋骨之间。

第11、第12肋骨无肋结节、无肋颈及肋角。

（2）肋软骨

位于各肋骨的前端，由透明软骨构成，终生不骨化。

五、实验练习题

①在许多分离椎骨中，如何正确并迅速地区分各部椎骨？

②根据骨性标志，在活体上如何确定椎骨和肋的序数？

实验七　颅骨的观察

一、实验内容

观察颅骨。

二、实验目的

掌握颅骨的组成、各骨形态特征和主要的表面结构，了解颅骨的主要体表标志。

三、实验材料与器具

完整颅骨标本，颅骨分离标本，去顶盖颅骨、矢状切面半边颅骨和婴儿颅标本。

四、实验方法与步骤

（一）辨认颅骨的组成、名称和数目

颅骨共有 29 块（图 3－28、图 3－29）。其中，脑颅骨 8 块，面颅骨 15 块，听小骨 6 块。

- 颅骨
  - 脑颅骨
    - 成对的
      - 顶骨（2）
      - 颞骨（2）
    - 不成对的
      - 额骨（1）
      - 枕骨（1）
      - 蝶骨（1）
      - 筛骨（1）
  - 面颅骨
    - 成对的
      - 上颌骨（2）
      - 颧骨（2）
      - 鼻骨（2）
      - 泪骨（2）
      - 下鼻甲骨（2）
      - 腭骨（2）
    - 不成对的
      - 犁骨（1）
      - 下颌骨（1）
      - 舌骨（1）
  - 听小骨（3×2）（左右对称）
    - 锤骨（1）
    - 砧骨（1）
    - 镫骨（1）

辨认每块颅骨，了解颅骨的形态特点，然后再在自己身上扪触辨认。

（二）区分脑颅骨和面颅骨

颅的后上部诸骨围成颅腔，容纳脑，故称脑颅。前下部为面部支架，故称面颅。通常以经过眶上缘和外耳门上缘的连线为其分界线。线以上为脑颅，线以下为面颅。

（三）观察各颅骨的形态特征

1. 颅骨的形态分类

脑颅骨主要属扁骨，面颅骨多属不规则骨，听小骨在中耳鼓室内也属不规则骨。

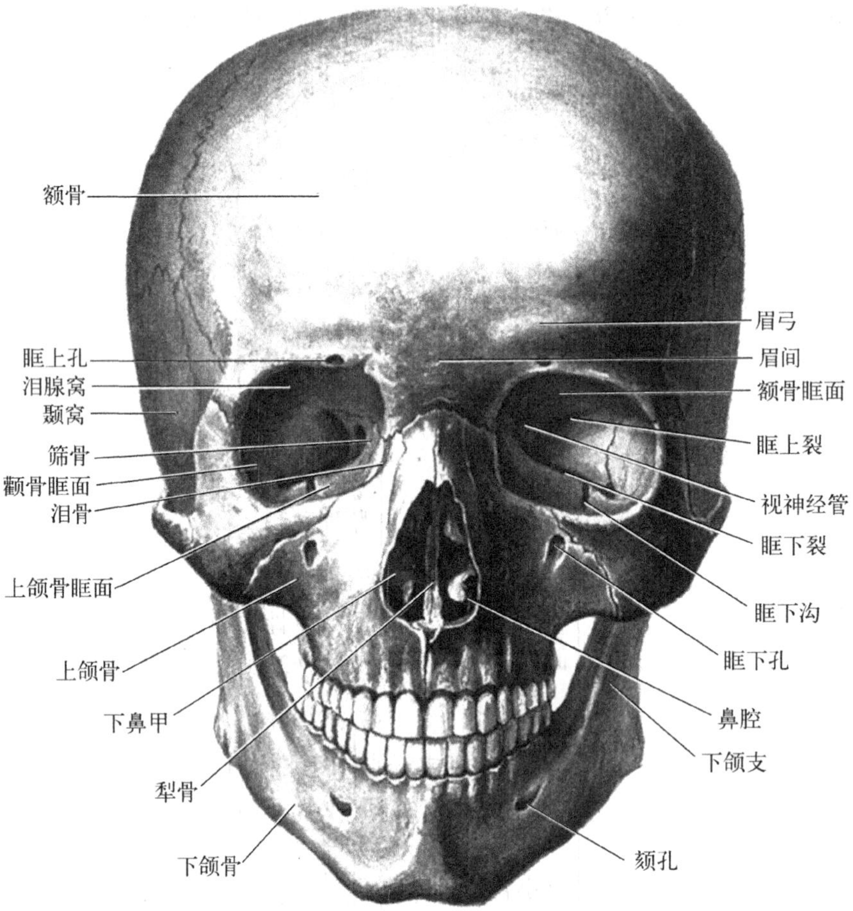

图3－28　颅骨（前面）

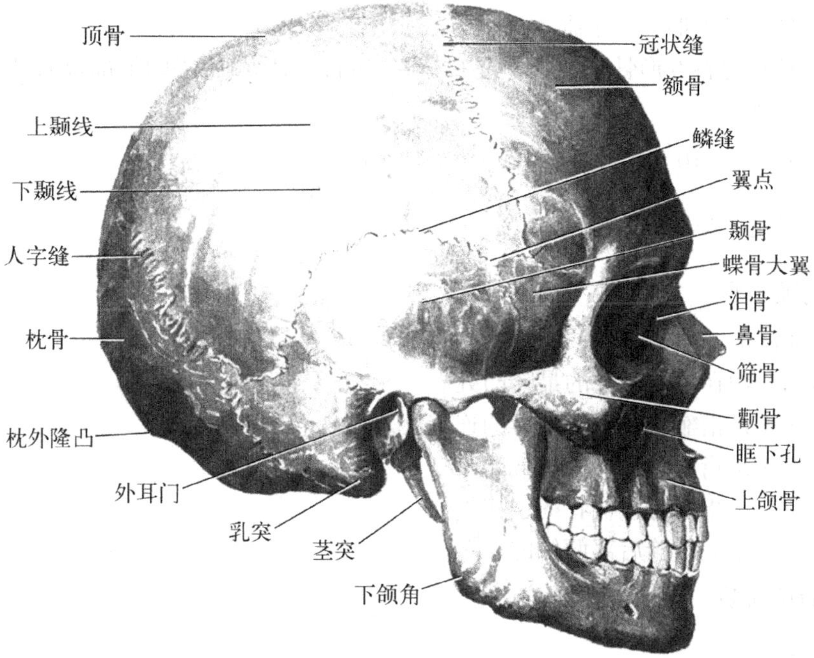

图3－29　颅骨（侧面）

2. 各颅骨的形态特点

（1）脑颅骨

① 额　骨：位于颅的前上部，分为额鳞、眶部和鼻部3部分。

② 筛　骨：位于两眶之间，构成鼻腔的上部和外侧部，为最脆弱的含气骨。

③ 蝶　骨：位于颅底中央，形似蝴蝶。

④ 颞　骨：介于蝶骨、顶骨和枕骨之间，参与构成颅底和颅腔的侧壁。其表面结构有外耳门、下颌窝、岩部、乳突、内耳门等。

⑤ 枕　骨：位于颅的后下部，呈勺状。其表面结构有枕骨大孔、枕髁等。

⑥ 顶　骨：位于颅顶中部，为外隆内凹的四边形扁部。

（2）面颅骨

① 下颌骨：呈马蹄形，为面颅骨中最大的一块。其表面结构有冠突、髁突下颌头等。

② 舌　骨：位于下颌骨下后方，呈马蹄铁形，以韧带与颞骨茎突相连。

③ 上颌骨：构成颜面的中央部，几乎与全部面颅骨都有关系。此骨骨体内空腔称上颌窦。

④ 腭　骨：呈L形，位于上颌骨的内侧面。

⑤ 鼻　骨：为成对的长条形的骨板，上窄下宽，构成鼻背的基础。

⑥ 泪　骨：为成对的薄而呈方形的骨板，位于眶内侧壁的前部。

⑦ 下鼻甲骨：为薄而卷曲的骨板，位于鼻腔的外侧壁。
⑧ 颧　骨：呈菱形，位于眶的外下方。
⑨ 犁　骨：为斜方形骨板，位于左右鼻腔之间，构成鼻中隔的下部及后部。

(3) 听小骨

位于中耳的鼓室内，有锤骨、砧骨和镫骨3块骨。

（四）颅的整体观观察

1. 颅的顶面观

颅顶呈卵圆形，前窄后宽，光滑隆凸。
顶结节——约在顶骨中央的最隆凸处。
冠状缝——是指额骨与两侧顶骨的连接处。
矢状缝——是指两侧顶骨的连接处。
人字缝——是指顶骨与枕骨的连接处。
顶孔——是指矢状缝后部两侧的小孔。

2. 颅的后面观

可见人字缝。
枕外隆凸——枕骨大孔后方即枕鳞中央最突出的部分。
上项线——是指枕外隆凸向两侧，呈弓形的骨嵴。

3. 颅的前面观

可见额骨和面颅骨。由上向下分为额区、眶、骨性鼻腔和骨性口腔。
额区——为眶以上部分，由额鳞组成。
眶——为一对深陷的四面锥体形腔，底（眶口）朝前外，尖向后内，内容纳眼球及附属结构。
鼻腔——位于面颅中央，介于两眶和上颌骨之间。
口腔——骨性口腔由上颌骨、腭骨及下颌骨围成。

4. 颅的侧面观

由额骨、蝶骨、顶骨、颞骨及枕骨构成，另外还可见到属于面颅骨的颧骨、上颌骨、下颌骨。
外耳门——位于侧面中部。
颞骨乳突——位于外耳门后下方的圆形隆起。
颧弓——位于外耳门前方，由颧骨颞突和颞骨颧突构成的弓形板。

5. 颅底的外面观

颅底外面高低不平，有很多神经、血管通过的裂孔。由上颌骨、腭骨、颧骨、颞骨、犁骨、蝶骨和枕骨构成，可分前、中、后3部。在后部可清楚地看到枕骨大孔、枕髁等。

6. 颅底的内面观

凹凸不平，由额骨、筛骨、蝶骨、颞骨及枕骨构成。可分为颅前窝、颅中窝和颅后窝

3 个窝。

（五） 颅的主要体表标志

主要有眶上缘、眶下缘、眉弓、眉间、枕外隆凸、上项线、颞骨乳突、颧弓、下颌角等。

五、实验练习题

①试述脑颅和面颅各包括哪些骨。
②试述颅的主要体表标志。

实验八　上肢骨连结及其运动的观察

一、实验内容

观察上肢带连结和自由上肢骨连结的组成、结构及运动。

二、实验目的

①掌握上肢带连结和自由上肢骨连结的组成。
②观察胸锁关节和肩锁关节标本，了解其组成、结构特点，理解上肢带运动对整个上肢运动的重要意义。
③观察肩关节、肘关节、桡腕关节标本，掌握其组成、结构特点，熟悉各关节的运动。
④了解手关节的名称和组成。

三、实验材料与器具

人体骨架、上肢骨标本，胸锁关节、肩关节、肘关节和桡腕关节塑化标本或湿标本（切开和未切开关节囊两种）。

四、实验方法与步骤

（一）上肢带连结的观察

在骨架上观察和辨认上肢带连结包括的胸锁关节和肩锁关节。思考胸锁关节在整个上肢与躯干连结的作用。

1. 胸锁关节的观察

取锁骨与胸骨标本，将锁骨的胸骨端关节面与胸骨的锁切迹相连结，了解该关节的组成及关节面的形状，思考其具备几个运动轴。

取胸锁关节（图3－30）标本，在保留完整关节囊一侧的标本上观察和辨认前方的胸锁前韧带、后方的胸锁后韧带、下方的肋锁韧带和上方两侧锁骨间的韧带。思考这些韧带对该关节的作用。

在胸锁关节标本冠状切一侧，观察和辨认关节盘。思考它们对该关节的作用。

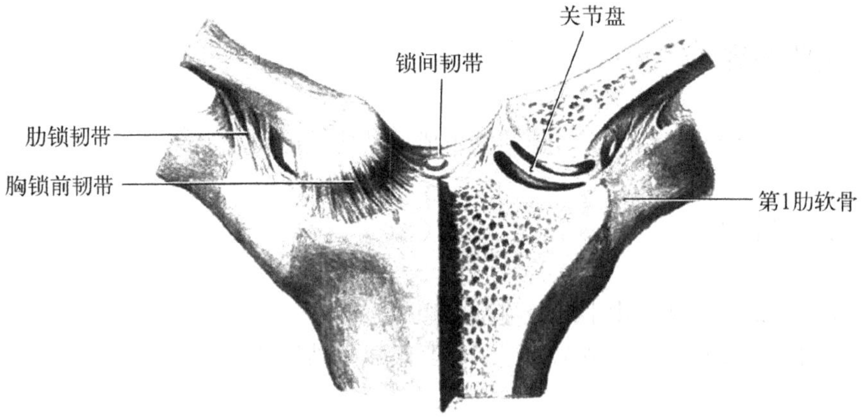

图3－30　胸锁关节（前面）

2. 肩锁关节的观察

取锁骨和肩胛骨，将锁骨的肩峰端关节面与肩胛骨的肩峰关节面相连结，了解该关节面的形状。

（二） 自由上肢骨连结的观察

1. 肩关节的观察

取肩胛骨和肱骨，将肩胛骨关节盂和肱骨的肱骨头相连结，了解该关节的组成。

取有关节囊的肩关节（图 3－31）标本，视关节囊较松而薄，辨认加强关节囊前上方的喙肱韧带和前方的盂肱韧带，同时观察喙肩韧带。

取肩关节冠状切标本，视肱二头肌长头腱的走向，思考其作用。

取去肱骨头的肩关节标本，辨认关节盂唇，思考关节盂唇的作用。

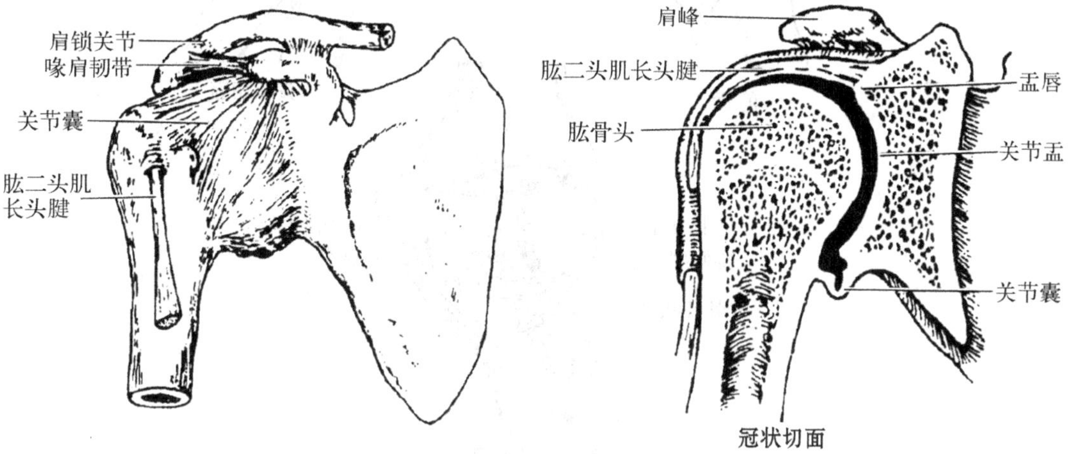

图 3－31　肩关节（前面）

2. 肘关节的观察

取肱骨、尺骨和桡骨标本，将肱骨滑车和肱骨小头分别与尺骨的滑车切迹、桡骨头凹相连结，并将尺骨的桡切迹与桡骨头环状关节面相连结，了解构成肘关节的 3 个关节（肱尺、肱桡和桡尺近侧关节）的组成。

取有关节囊的肘关节（图 3－32）标本，视构成肘关节的 3 个关节只有一个关节囊。将关节做被动屈、伸，可观察到关节囊前后较松弛。

取去关节囊的肘关节标本，辨认尺侧副韧带、桡侧副韧带和桡骨环状韧带。

取去关节囊并去桡骨头的肘关节标本，观察由尺骨的桡切迹与环状韧带共同构成的关节窝，其将桡骨头包绕，可防止桡骨头脱位。

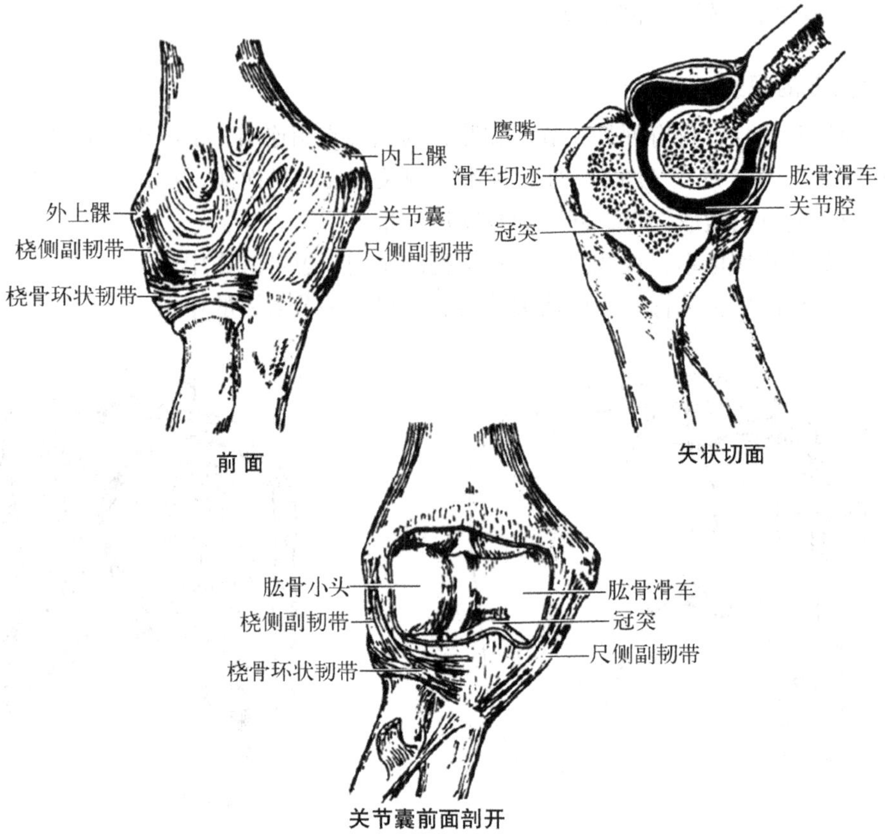

图3－32　肘关节

3. 桡腕关节的观察

取桡骨和手骨标本，将桡骨的腕关节面与近侧列腕骨的手舟骨、月骨、三角骨近侧面共同构成的椭圆形凸起相连结，了解桡腕关节的组成。观察腕骨间关节、腕掌关节、掌指关节和指间关节的组成和关节面形状。了解手关节的组成。

取腕部冠状切的手关节（图3－33）标本，观察桡腕关节的组成，着重观察桡骨腕关节面与关节盘（三角软骨）共同构成的椭圆形关节窝。

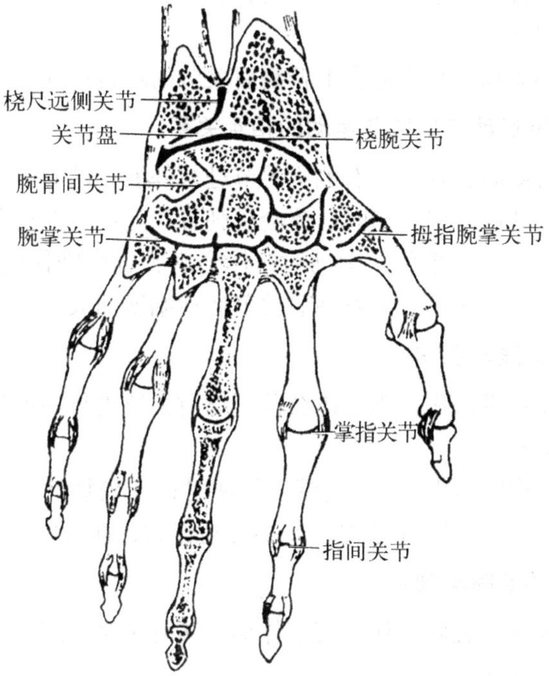

图 3－33　手关节

（三） 上肢各关节运动的实践与观察

1. 上肢带连结的整体运动实践与观察

令学生左手于背侧触摸右侧肩胛骨下角，观察体会做耸肩运动时肩胛骨上提动作，还原时肩胛骨下降动作。

令学生左手触摸右侧肩胛骨内侧缘，观察体会做含胸动作时，肩胛骨做前伸运动，扩胸时肩胛骨则做后缩运动。

令学生左手触摸右侧肩胛骨下角，观察体会右臂外展至 180 度时，肩胛骨的上回旋运动；观察体会右臂由外展上举位至内收运动时肩胛骨的下回旋运动。

2. 肩关节运动的实践与观察

令学生站立进行两臂前、后摆动（或跑步的前、后摆臂）动作，观察体会上臂绕肩关节的屈伸运动。

令学生由正常解剖学位置进行两臂向侧举至上举位动作，观察体会上臂绕肩关节的外展运动，还原动作则为上臂绕肩关节的内收运动。

令学生做两臂向前向内旋动（或乒乓球正手拉弧圈球动作），观察体会上臂绕肩关节的旋内运动，令学生做两臂向后向外旋动（或乒乓球反手拉弧圈球动作），观察体会上臂绕肩关节的旋外运动。

令学生做两臂由侧平举至前平举（或掷铁饼出手动作），观察体会上臂绕肩关节的水平屈运动。令学生做两臂由前平举至侧平举的扩胸动作（或掷铁饼预摆动作），观察体会上臂绕肩关节的水平伸运动。

令学生做直臂绕环运动，观察体会上臂绕肩关节的环转运动。

3. 观察体会上肢带运动与肩关节运动的相互关系

令学生左手扪触右侧肩胛骨，当右侧肩关节进行外展运动时，观察体会肩胛骨伴随产生上回旋运动；当肩关节进行屈运动时，体会肩胛骨伴随产生前伸及上回旋运动；当肩关节旋内、旋外（或水平屈、水平伸）运动时，体会肩胛骨分别伴随产生前伸和后缩运动。当肩胛骨伴随运动的幅度加大时，可发现肩关节运动幅度加大。

4. 肘关节运动的实践与观察

令学生手持物体做弯举动作，观察体会前臂绕肘关节进行屈的运动，还原动作则为前臂绕肘关节进行伸的运动。

令学生屈肘90度（以右侧为例）前臂进行逆时针（松螺丝）旋转动作，观察体会前臂的旋内运动；前臂进行顺时针（紧螺丝）旋转动作时，观察体会前臂的旋外运动。

5. 桡腕关节运动的实践与观察

令学生手持笔做屈腕和翻腕动作，观察体会屈腕时手绕桡腕关节进行屈的运动，翻腕时手绕桡腕关节进行伸的运动。

令学生进行立掌动作，观察体会手绕桡腕关节进行的外展运动。劈掌时则为手绕桡腕关节进行的内收运动。手做绕环运动（或跳绳时的摇绳动作）时，即为手绕桡腕关节进行的环转运动。

五、实验练习题

①以肩关节为例说明关节的构造与运动方式。

②试述胸锁关节位置的重要性以及整个上肢带运动以肩胛骨运动表示的原因。此运动主要绕何关节进行？

③肘关节为什么不能进行外展、内收运动？为什么前臂的旋内、旋外运动必须是桡尺近侧关节和远侧关节的联合运动？

实验九　下肢骨连结及其运动的观察

一、实验内容

观察下肢带连结和自由下肢骨连结的组成、结构及运动。

二、实验目的

①掌握下肢带连结和自由下肢骨连结的组成。

②观察骨盆标本或模型，了解其组成、结构特点，理解骨盆运动对整个下肢运动的重要意义。

③观察髋关节、膝关节和踝关节标本，掌握其组成、结构特点，熟悉各关节的运动。

④了解足关节的组成。

三、实验材料与器具

人体骨架，下肢骨标本，骨盆标本，髋关节、骶髂关节、膝关节和踝关节的塑化标本或湿标本（切开和未切开关节囊两种）。

四、实验方法与步骤

（一）下肢带连结的观察

在骨架上观察和辨认下肢带连结（图 3－34）包括的骶髂关节和耻骨联合。思考骶髂关节在整个上肢与躯干连结的作用。

取骶骨与两侧髋骨，并将骶骨与髋骨的耳状面相连结，了解下肢带连结的骶髂关节的组成连结。将两侧髋骨的耻骨联合面相连结，观察耻骨联合的组成。

取骨盆标本，上面观可见骨盆由左右髋骨、骶骨、尾骨借关节、软骨和韧带连结而成。注意观察大、小骨盆的分界线及其拱形结构，并思考其功能。分辨男、女骨盆的上口、下口、耻骨角（弓）、耻骨联合等形态上的差异。

取骶髂关节标本，可见该关节囊紧厚，其后上方的骶髂骨间韧带和前下方的骶棘韧带与骶结节韧带（图 3－35），对防止骶骨在重力作用下向前下滑动或转动起重要作用。

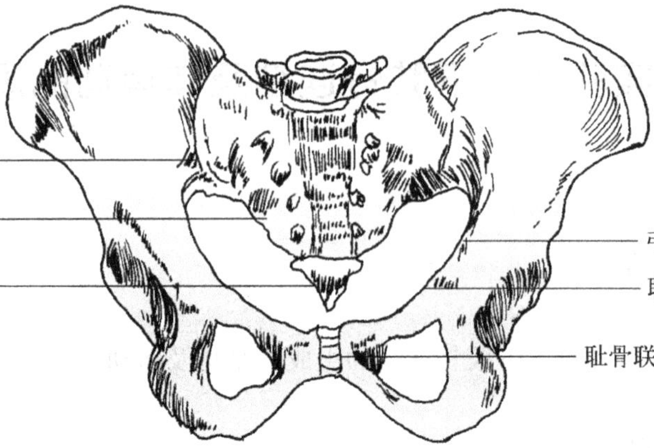

图 3－34　下肢带的连结

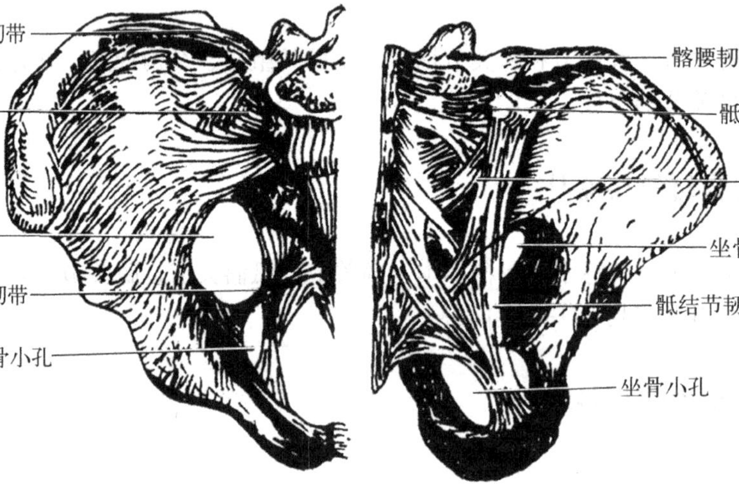

图 3－35　骨盆的韧带

（二）自由下肢骨连结的观察

1. 髋关节的观察

取股骨和髋骨，将股骨头和髋骨髋臼相连结了解髋关节的组成。

取髋关节（图 3－36）去关节囊标本，观察髋臼唇加深关节窝，并观察附于股骨头凹至髋臼横韧带的股骨头韧带。

取髋关节标本，观察关节囊坚韧情况及前方的髂股韧带、内侧的耻股韧带和后上方的坐股韧带。根据上述 3 条韧带位置，思考其对髋关节运动方向及幅度的限制情况。

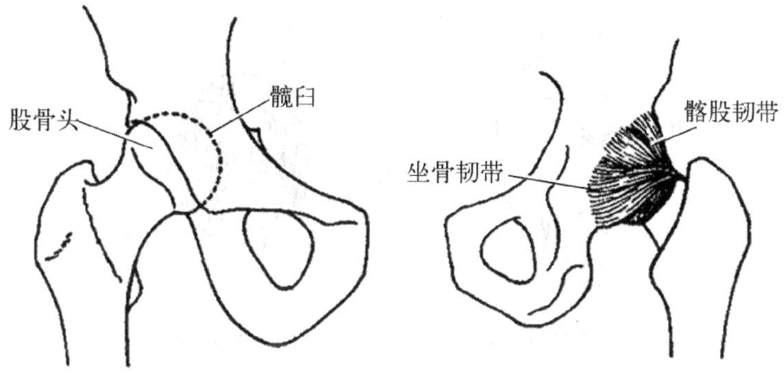

髋关节的构成　　髋关节后面观

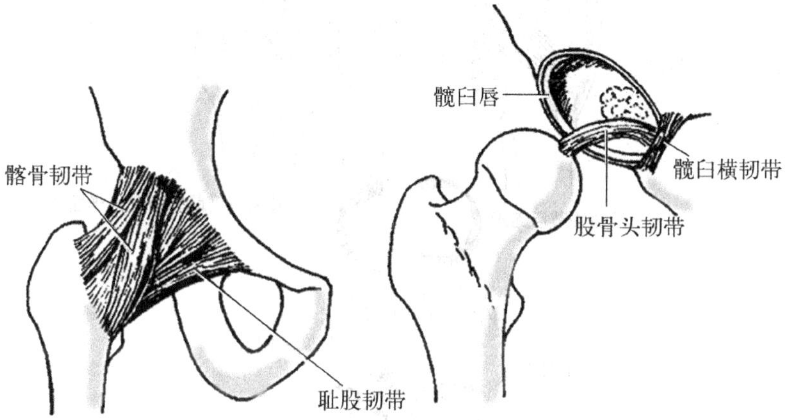

图3－36　髋关节

2. 膝关节的观察

取股骨、胫骨和髌骨，对照骨架的膝关节部分，将3骨连结起来，了解膝关节的组成。

取有关节囊的膝关节标本，观察该关节囊宽阔而松弛。

取膝关节矢状切标本，视滑膜襞。

取去关节囊的膝关节（图3－37）标本，观察内侧的胫侧副韧带、外侧的腓侧副韧带、前方的髌韧带及关节腔内的前后交叉韧带。观察内、外侧半月板的形态（在去股骨的膝关节标本上观察更为清楚），及胫侧副韧带与关节囊、内侧半月板相附着的情况。

将膝关节标本被动的进行屈、伸动作，观察胫、腓侧副韧带及前后交叉韧带的松、紧情况，并观察内、外侧半月板在关节屈、伸活动中的移动情况。

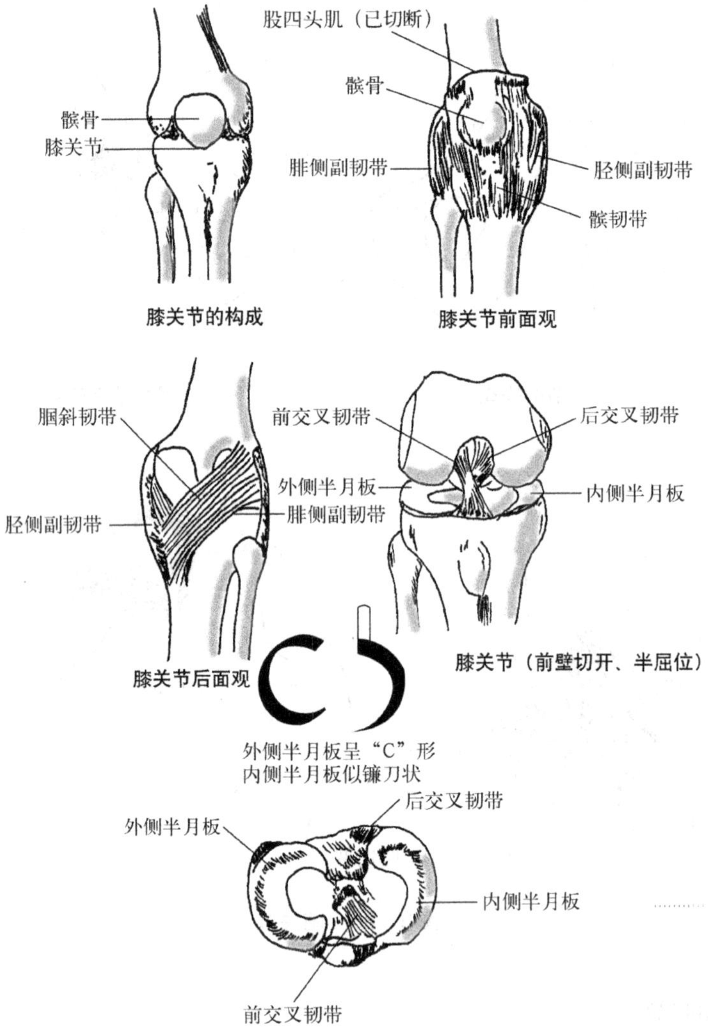

图3－37　膝关节

3. 踝关节的观察

取胫骨、腓骨和足骨标本，对照骨架足部，将小腿骨与足骨连结起来，了解踝关节（距小腿关节）的组成。

取踝关节（图3－38）标本，观察内侧的三角韧带，外侧的距腓前韧带、跟腓韧带、距腓后韧带。比较内、外侧韧带的强弱。比较内、外踝高低。思考为什么踝关节扭伤多伤及体侧韧带。

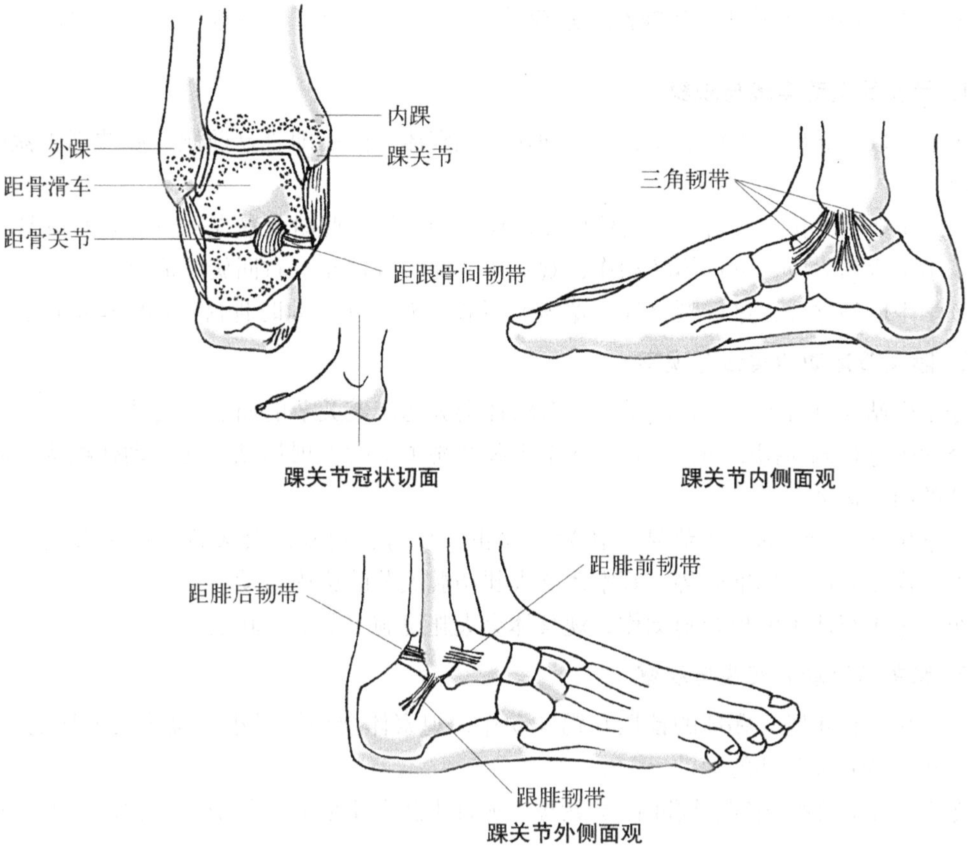

图 3－38　踝关节

在足骨和踝关节标本上，观察足的内、外侧纵弓和横弓的组成（图 3－39），思考足弓的作用。

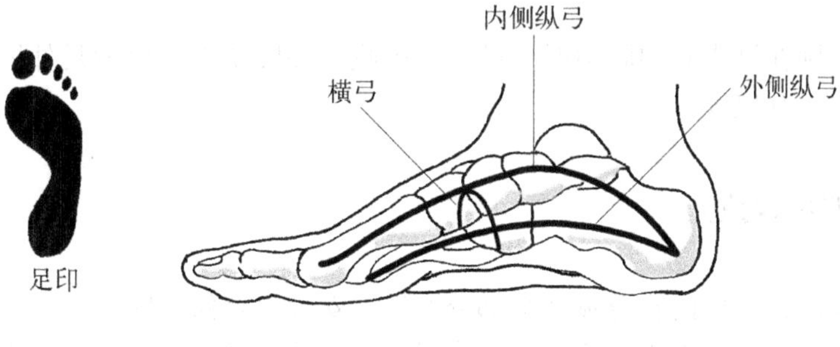

图 3－39　足弓与足印

（三）下肢各关节运动的实践与观察

1. 骨盆的运动实践与观察

令学生取站立位，进行前屈、后伸动作，观察体会前屈即骨盆前倾、后伸则骨盆后倾的情况。

令学生取站立位，进行左、右体侧屈动作，观察体会此时骨盆左、右侧倾的情况。

令学生取站立位，进行体转动作，观察体会此时骨盆左、右回旋的情况。

令学生取站立位，进行腰绕环（涮腰）动作，观察体会此时骨盆的环转运动情况。

2. 髋关节运动的实践与观察

令学生站立进行前、后摆腿动作，观察体会大腿绕髋关节的屈、伸运动。

令学生进行侧向摆腿动作，观察体会大腿绕髋关节的外展运动，还原动作则为大腿绕髋关节的内收运动。

令学生从解剖学标准姿势站立转为“立正”姿势，观察体会大腿绕髋关节的旋外运动，然后恢复解剖学标准姿势，观察体会大腿绕髋关节的旋内运动。

令学生进行武术的里合腿动作，观察体会大腿绕髋关节的环转运动。

3. 膝关节运动的实践与观察

令学生进行正脚背踢球的预摆和踢球动作，观察体会预摆时小腿绕膝关节屈的运动，踢球时小腿绕膝关节伸的运动。

令学生分别做外脚背踢球和内脚背踢球，观察体会前者为膝关节屈位的旋内，而后者则为旋外。

4. 足关节运动的实践与观察

令学生进行绷脚和勾脚动作，观察体会前者为足屈（跖屈）的运动，后者为足伸（背屈）的运动。

令学生进行内、外脚背踢球预备姿势，观察体会前者为足外翻的运动，后者为足内翻的运动。

令学生分别在绷脚和勾脚情况下进行足内收、外展动作，比较足外展、内收动作的幅度差异，并思考其原因。

五、实验练习题

①骨盆是怎样组成的？分哪几个部分？男、女骨盆有何不同？

②试述能防止骶骨在重力作用下向前滑动或转动的韧带的名称和位置。

③试以肩关节和髋关节的结构为例比较上、下肢关节的灵活性和稳固性的特点。

④试述半月板的结构特点及功能。

⑤足部运动的损伤，为何多伤及踝关节外侧韧带？

实验十 躯干骨、颅骨的连结及其运动的观察

一、实验内容

①观察脊柱、胸廓的位置和组成。

②观察椎间盘的形态、结构，观察前、后纵韧带的位置，棘上韧带、棘间韧带、黄韧带的附着部位及其韧带间的连结关系，观察关节突关节的位置和组成。

③观察胸廓各骨的位置以及各肋前、后端连结的关系。

④观察颅骨的连结，观察颞下颌关节面的形态和关节盘。

二、实验目的

①掌握脊柱的位置、组成、连结和形态特征，体会并掌握脊柱的运动。

②掌握胸廓的组成和形态特征。

③了解颞下颌关节的组成和构造特点。

三、实验材料与器具

人体骨架，脊柱标本，胸廓标本，椎骨连结、颅骨连结的塑化标本或湿标本。

四、实验方法与步骤

（一）椎骨连结结构及其运动实践的观察

1. 椎骨连结的观察

取椎骨连结（图3－40）的纵切和横切塑化标本或湿标本，观察位于上、下两椎体间的椎间盘，辨认其周围部分的纤维软骨环和中央部分的髓核；辨认椎体前面的前纵韧带和后面的后纵韧带。

取椎骨连结完整标本和矢状切标本，辨认椎弓板间的黄韧带、上下横突之间的横突间韧带、上下棘突之间的棘间韧带和位于棘突尖的棘上韧带。

取相邻上、下位椎骨，观察上位椎骨的下关节面与下位椎骨上关节面，并将其连结，构成椎间关节。

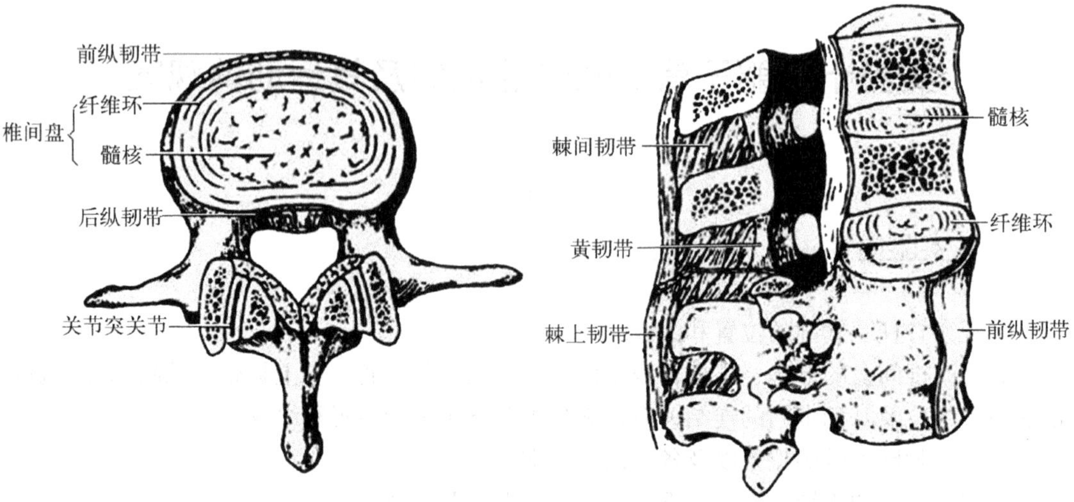

图 3－40　椎骨连结

2. 脊柱整体的观察

取骨架和串联的脊柱标本，观察脊柱的组成及其形态（图 3－41）。

在脊柱标本上可观察到脊柱由 7 块颈椎、12 块胸椎、5 块腰椎、1 块骶骨和 1 块尾骨及 23 个椎间盘借助韧带、关节连结而成。前面观，自第 2 颈椎至第 2 骶椎，椎体逐渐增大，第 3 骶椎向下逐渐窄小；椎间盘胸段最薄，腰段最厚。侧面观，可见到 23 对椎间孔。上面观，全部椎骨的椎孔串联构成椎管，内容纳脊髓。

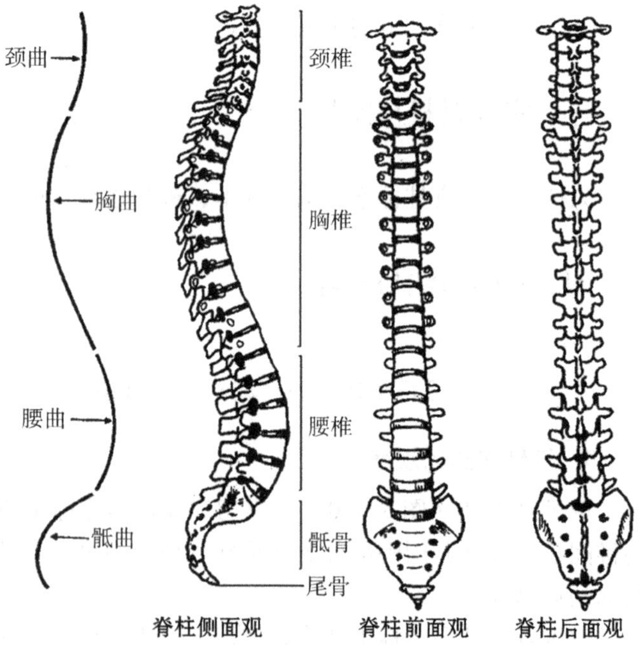

图 3－41　脊柱整体观

在骨架上，从前、后面观察，脊柱全长为一直线；从侧面观察，则脊柱全长有 4 个生理弯曲，即颈、腰段凸向前（分别为颈曲和腰曲），胸、骶段凸向后（分别为胸曲和骶曲）。从种系发生角度，理解人类脊柱生理弯曲形成的过程及其意义。

3. 脊柱的运动实践

令学生做广播体操的腹背运动，观察体会伸展动作为脊柱伸的运动，体前屈动作则为脊柱屈的运动；体侧运动时，脊柱为左、右侧屈运动；体转运动时，脊柱为左、右回旋。腰绕环（涮腰）动作，脊柱则进行环转运动。

（二）观察胸廓的形态

取人体骨架、胸廓标本，观察胸廓由12个胸椎、12对肋骨、肋软骨及1块胸骨连结而成。注意观察上位7对肋骨借助软骨连于胸骨，为真肋；再下位3对肋骨不与胸骨直接连结，为假肋；第11、第12对肋骨前端游离，为浮肋（图3-42）。同时观察肋骨后端如何与胸椎形成关节（图3-43），并思考肋骨的上提、下降活动与胸廓扩大和缩小的关系。

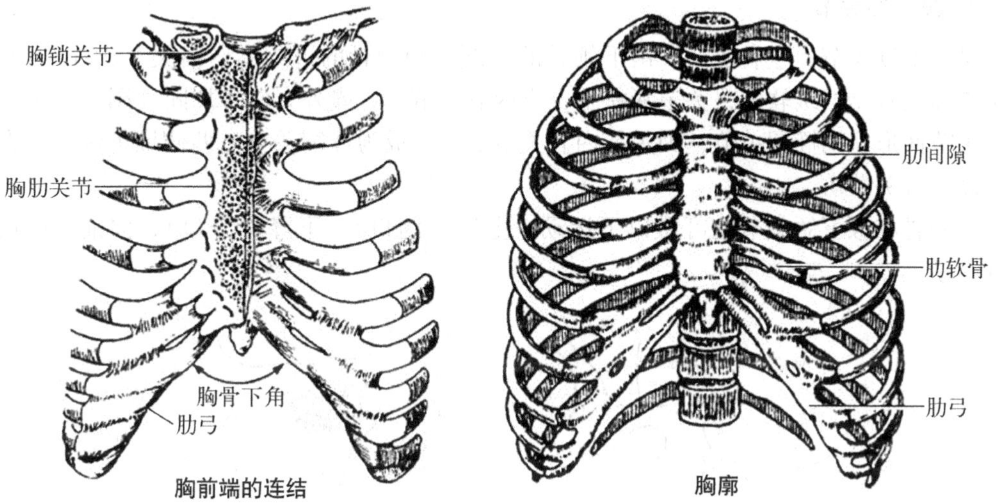

图3-42 胸廓的连结

观察胸廓的形态，可见呈前后稍扁的锥体，前后径小于横径。胸廓有上、下两口，上口小、下口大。上口向前下方倾斜，由第1胸椎、第1对肋及胸骨上缘围成；下口宽阔而不整齐，由第12胸椎、第11对肋、第12对肋、左右肋弓及剑突围成，并由膈肌所封闭。

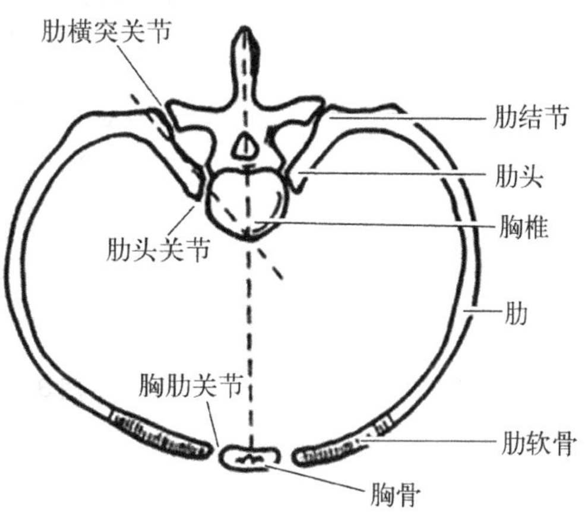

图3-43 胸廓（水平面）

（三）颅骨连结的观察

颅骨的连结分直接连结和间接连结两种，以直接连结为多。取颅骨标本，观察颅骨的连结方式。

1. 颅骨的直接连结

各颅骨之间，多借缝或软骨直接连结，连结极为牢固。

颅骨大部分以缝的形式相连结。新生儿颅盖诸骨之间以结缔组织膜所填充，称为囟。其随年龄的增长在膜的基础上骨化构成缝。

颅骨小部分是软骨连结，多见于颅底诸骨之间，如蝶枕软骨结合。随年龄增长，软骨结合可骨化为骨性结合。但蝶岩软骨结合、岩枕软骨结合一般不发生骨化。

2. 颞下颌关节

又名下颌关节，左右各一。由下颌骨的下颌头和颞骨的下颌窝，借关节囊连结而成。其关节面软骨是纤维软骨，关节囊松弛，囊内有关节盘，囊外有韧带加固（图 3－44）。

关节面形状属椭圆关节，因关节内有关节盘，故成为球窝关节。两侧颞下颌关节在机能上属联合关节。

下颌骨在颞下颌关节处可做以下运动：上提（闭口）、下降（开口）、向前、向后及侧向运动。

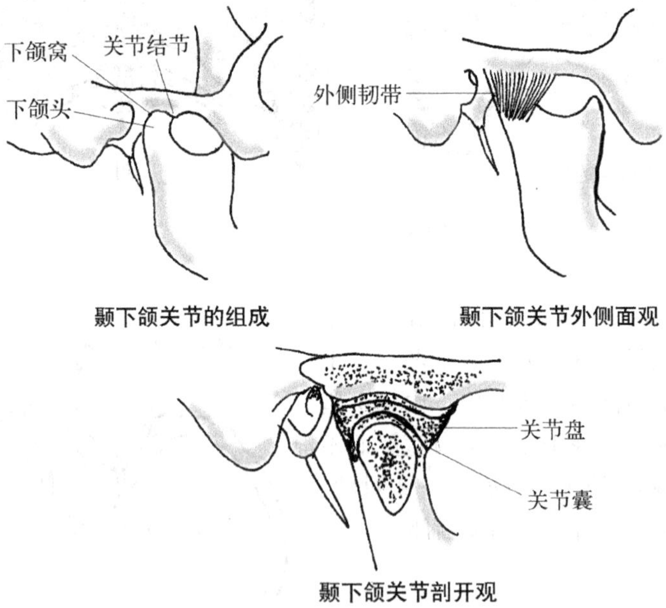

图 3－44　颞下颌关节

五、实验练习题

①脊柱是怎样组成的？有几个生理弯曲？生理弯曲有何意义？
②试述胸廓的组成和形态特征。
③试述椎间盘的结构特点及功能。

实验十一　上肢不同肌群的定位及机能分析

一、实验内容

①观察运动上肢各关节的肌肉位置、形态和起止点。
②观察上肢表浅肌肉的体表标志。

二、实验目的

①掌握上肢肌的组成。
②掌握上肢主要肌肉的位置和起止点。
③理解上肢主要肌肉的功能。
④掌握上肢表浅肌肉的体表标志。

三、实验材料与器具

人体骨架、全身肌肉模型、上肢肌肉标本或模型、手肌标本或模型。

四、实验方法与步骤

（一）运动上肢带肌肉的观察

1. 斜方肌、菱形肌和肩胛提肌的观察

斜方肌、菱形肌和肩胛提肌均位于胸部背侧，在上肢肌肉标本（或躯干肌肉标本）的胸部背侧可观察到（图 3－45），也可在全身肌肉模型上观察。

斜方肌位于项部和背上部，为三角形的阔肌，两侧相合为斜方形。辨认其起止点，注意该肌上、中、下 3 部肌纤维的方向，确定该肌收缩时的肌拉力方向，并分析其功能。

将斜方肌翻开，可见菱形肌位于其深面，在脊柱与肩胛骨内侧缘之间。辨认其起止点，注意肌纤维方向，确定其收缩时肌拉力方向及功能。

肩胛提肌位于颈部两侧，肌肉的上部位于胸锁乳突肌的深层，下部位于斜方肌的深层，将斜方肌翻开便可观察到。辨认其起止点，确定其肌拉力方向及功能。

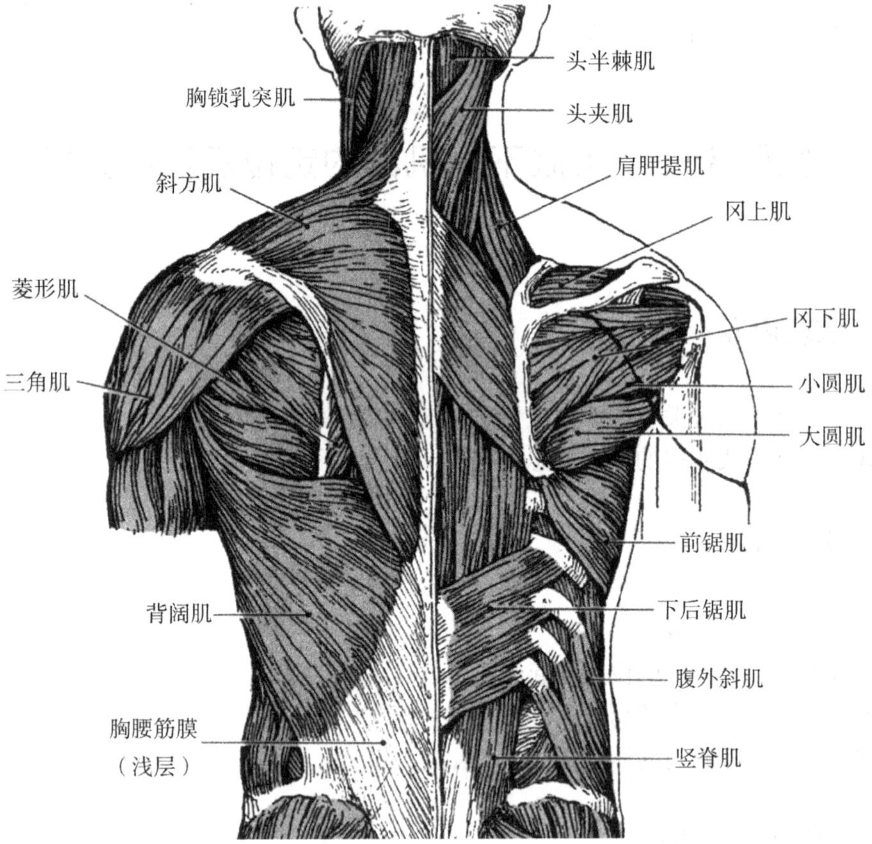

图 3－45　背浅层肌

2. 胸小肌、前锯肌的观察

两块肌肉位于胸部前外侧面，将胸大肌翻开便可观察到（图 3－46）。

胸小肌位于胸廓上部的前外侧，辨认其起止点及肌纤维方向，确定其收缩时肌拉力方向及功能。

前锯肌位于胸廓外侧面，为一宽大的扁肌，与胸廓侧面的弯曲一致，其前上部被胸大肌所遮盖。辨认其起点处的肌齿及肌纤维在肋骨与肩胛骨之间走行，止于肩胛骨脊柱缘。确定该肌收缩时肌拉力方向及功能。

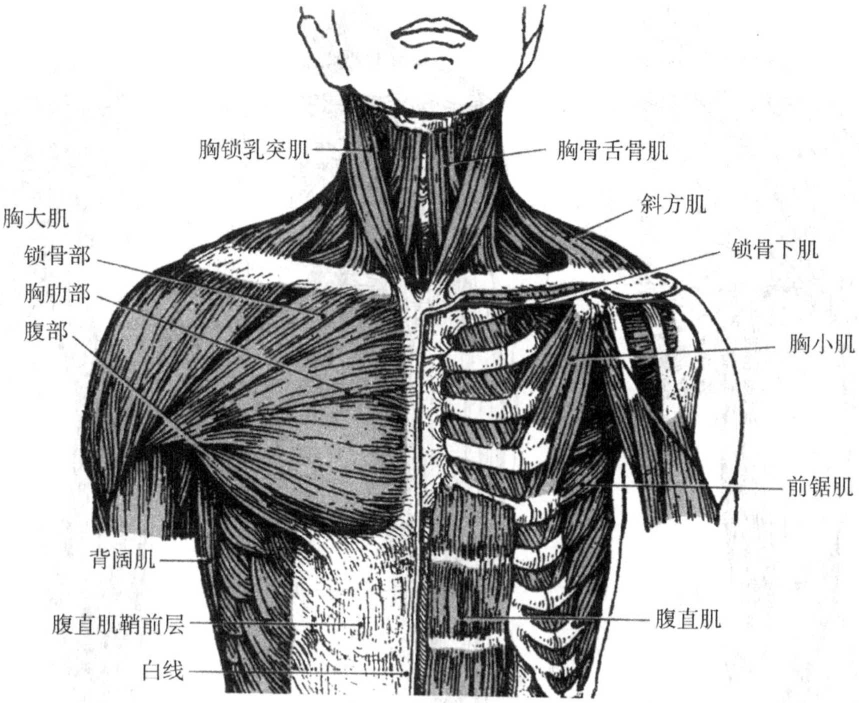

图3－46　胸浅层肌

（二）运动肩关节肌肉的观察

肩和上臂前后肌群的观察见图3－47、图3－48。

1. 胸大肌的观察

胸大肌位于胸廓的前上部皮下，为扇形扁肌，注意观察此肌上、中、下3部的起点及肌纤维在止点处的交叉情况。确定收缩时肌拉力方向及其与肩关节运动轴的关系，并分析其功能。思考肌纤维交叉与肩关节运动幅度有何关系。

2. 喙肱肌的观察

喙肱肌位于肱二头肌内侧面，以短的扁腱与肱二头肌短头合并，同起自肩胛骨的喙突。观察此肌起止点，思考该肌肌拉力方向与肩关节运动轴的关系，确定其功能。

3. 三角肌的观察

三角肌位于肩部皮下，为三角形的多羽状肌。注意观察此肌前、中、后3部的起点及肌纤维方向，确定该肌收缩时肌拉力方向及其与肩关节运动轴的关系，分析其功能。

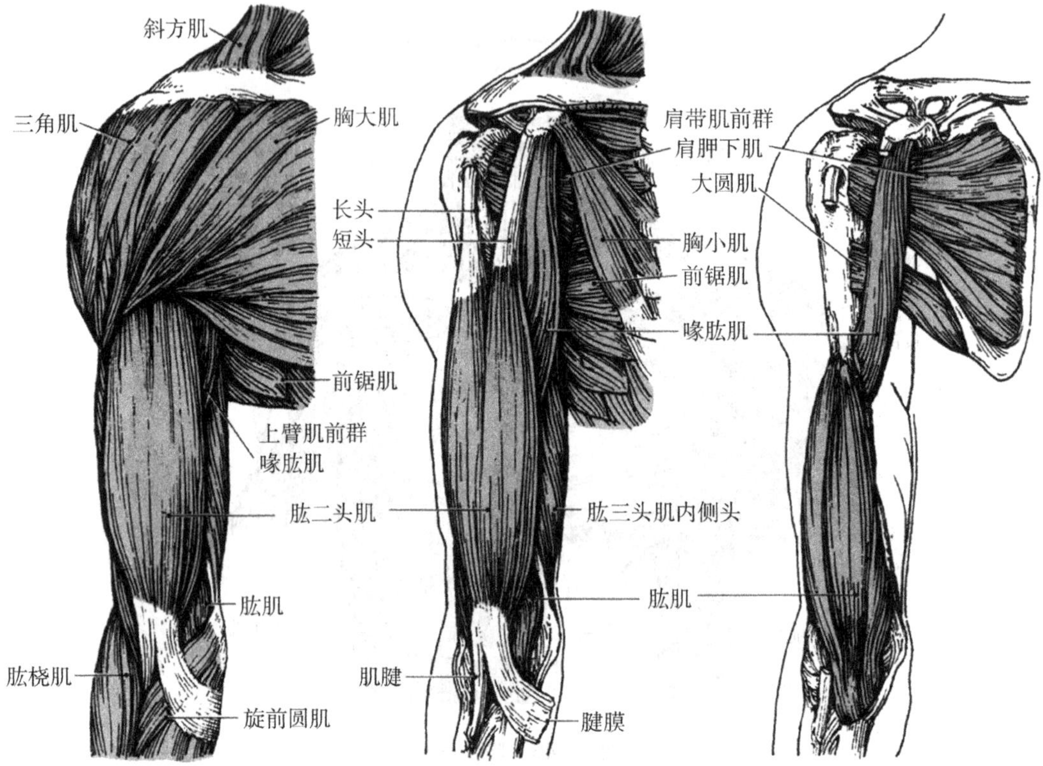

图3－47　肩和上臂前群肌

4. 冈上肌的观察

冈上肌位于肩胛骨的冈上窝内、斜方肌上部的深面，观察该肌的位置和起止点，确定该肌的功能。

5. 背阔肌的观察

背阔肌位于腰背部和胸部的后外侧皮下，为三角形扁肌。注意观察该肌肌纤维在胸廓侧面与肱骨之间穿行而止于肱骨小结节嵴，在止点处，上、下肌纤维交叉。确定该肌收缩时肌拉力方向及其与肩关节运动轴关系，分析该肌功能。思考肌纤维交叉与肩关节运动幅度有何关系。

6. 大圆肌的观察

大圆肌位于背阔肌上方，其下缘被背阔肌遮盖，注意观察该肌肌纤维走向与背阔肌相同。故该肌近固定时的功能与背阔肌相同。

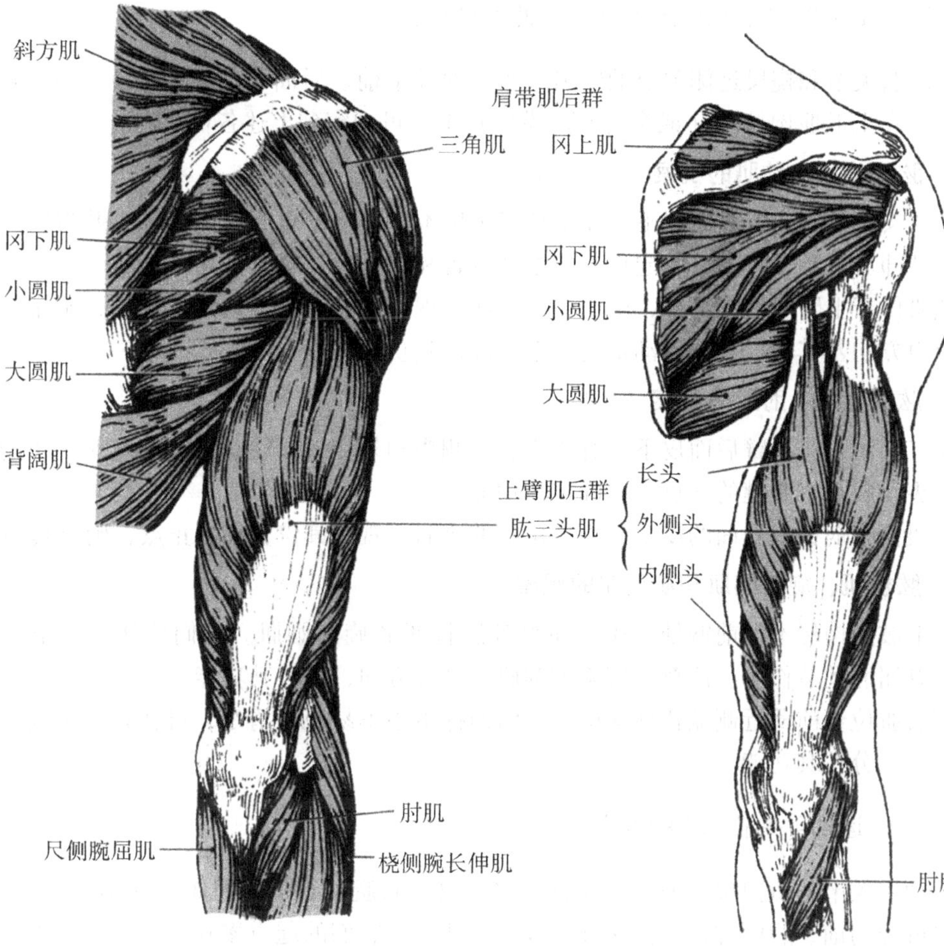

肩和上臂后群浅层肌　　肩和上臂后群深层肌

图 3－48　肩和上臂后群肌

7. 冈下肌和小圆肌的观察

冈下肌位于肩胛骨冈下窝内，大部被三角肌和斜方肌遮盖。小圆肌位于大圆肌上方，部分被三角肌后部所遮盖。

将三角肌向上翻开，即可观察到此二肌肌纤维从肩关节后方斜上走行，思考其功能与背阔肌、大圆肌的异同。

8. 肩胛下肌的观察

肩胛下肌位于肩胛骨的肩胛下窝内，为多羽肌，观察该肌纤维方向，起止点，确定其收缩时肌拉力方向及其与肩关节运动轴关系，思考其功能。

（三）运动肘关节和桡尺远侧关节肌肉的观察

运动肘关节和桡尺远侧关节的肌肉配布于肘关节前、后面和前臂前面（图 3－48、图 3－49），在上肢肌肉标本（或全身肌肉模型）上，可观察到上述各群肌肉。

1. 肱二头肌、肱肌的观察

肱二头肌位于上臂前面皮下，在上肢肌肉标本上，将三角肌向上翻开，并将胸大肌止点处翻开即可看到长、短头的起点。根据其位置和起止点，思考其功能。

肱肌位于上臂前面下半部，肱二头肌深面。观察该肌纤维方向，起止点，确定其收缩时肌拉力方向及其与肘关节运动轴的关系，确定其功能。

2. 肱三头肌、肘肌的观察

肱三头肌位于上臂后面皮下，有长头、内侧头和外侧头。注意观察此肌 3 个头的起点及 3 个头合成一个肌腱的止点，并确定其功能。

肘肌位于肘关节后面的皮下，为三角形的小肌。观察其位置，起止点，确定其功能。

3. 肱桡肌、旋前圆肌和旋后肌的观察

在上肢肌肉标本的前臂处，还可观察到肱桡肌和旋前圆肌。它们均从肘关节前方跨过，故有屈肘关节作用。注意观察旋前圆肌肌纤维方向，思考其功能。

旋后肌位于前臂近侧端背面深层，在肌肉标本中不易观察清楚，可在骨架上找出其起止点位置，分析其功能。

（四）运动手关节肌肉的观察

运动手关节的肌肉位于前臂。前臂肌多为具有长腱的长肌，肌腹多在前臂的上半部。前臂肌可分为前、后两群，每群又分为浅、深两层，它们的起点多在肱骨内、外上髁和前臂中、上段，并跨过两个以上关节。

取上肢肌肉标本（或全身肌肉模型）可观察到前臂前群肌和后群肌。

1. 前臂前面及内侧肌肉的观察

位于前臂的前面及内侧的肌肉，主要为屈腕和屈指肌肉。前群浅层肌从桡侧向尺侧依次排列有桡侧腕屈肌、掌长肌、指浅屈肌和尺侧腕屈肌。深层肌有位于桡骨前面的拇长屈肌。（图 3－49）

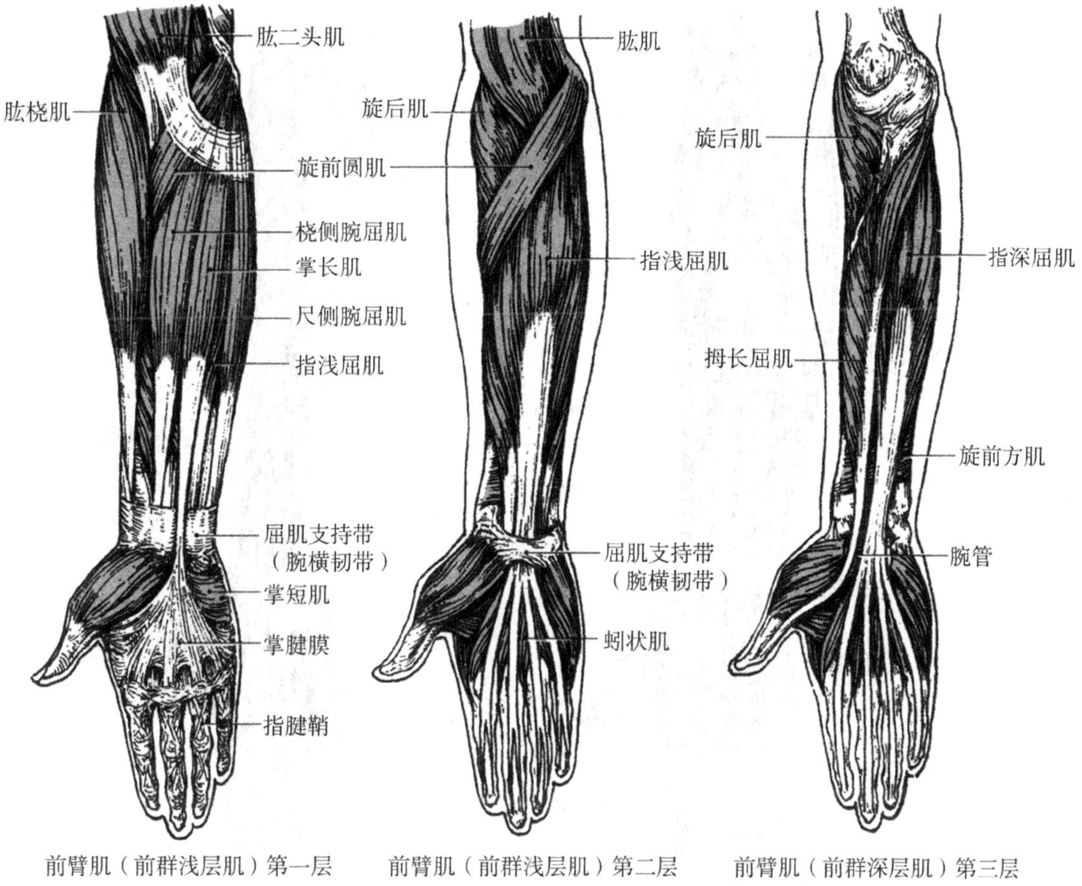

图 3－49　前臂前群肌

2. 前臂后面及外侧肌肉的观察

位于前臂的后面及外侧的肌肉，主要为伸腕、伸指肌肉。后群浅层肌从桡侧向尺侧依次排列有桡侧腕长伸肌、桡侧腕短伸肌、指伸肌、小指伸肌。深层肌由上外侧往下内侧依次为拇长展肌、拇短伸肌、拇长伸肌和示指伸肌。（图 3－50）

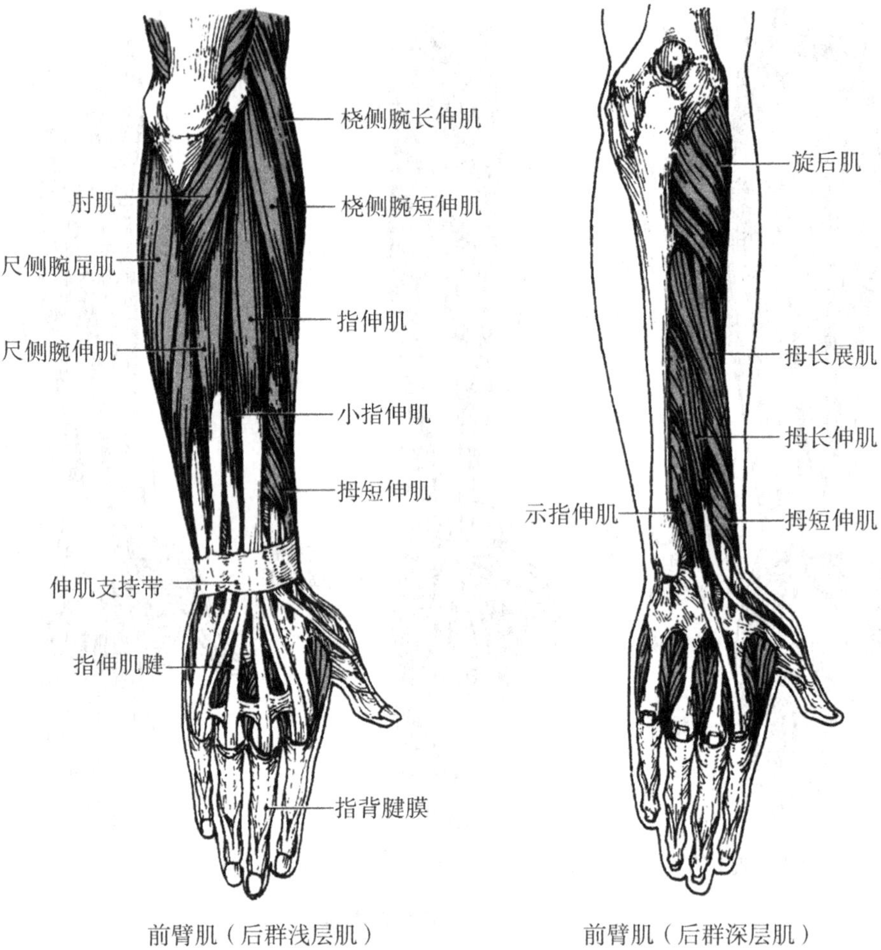

图 3-50　前臂后群肌

（五）手肌的观察

位于手的掌面，短小而数目多，其功能是运动手指，可分为 3 群，即外侧、内侧和中间群，在手肌标本或模型上可观察到上述 3 群肌肉。

外侧群较发达，包括浅层的拇短展肌和拇短屈肌，深层的拇对掌肌和拇收肌。它们形成手掌外侧的鱼际。

内侧群浅层为小指短屈肌、小指展肌，深层为小指对掌肌等。它们形成手掌内侧小鱼际。

中间群浅层为蚓状肌，中间层为骨间掌侧肌，深层为骨间背侧肌。

（六）手部腱鞘的观察

在手肌标本或模型上，分辨手掌侧腱鞘和手背侧腱鞘（图3－51）。

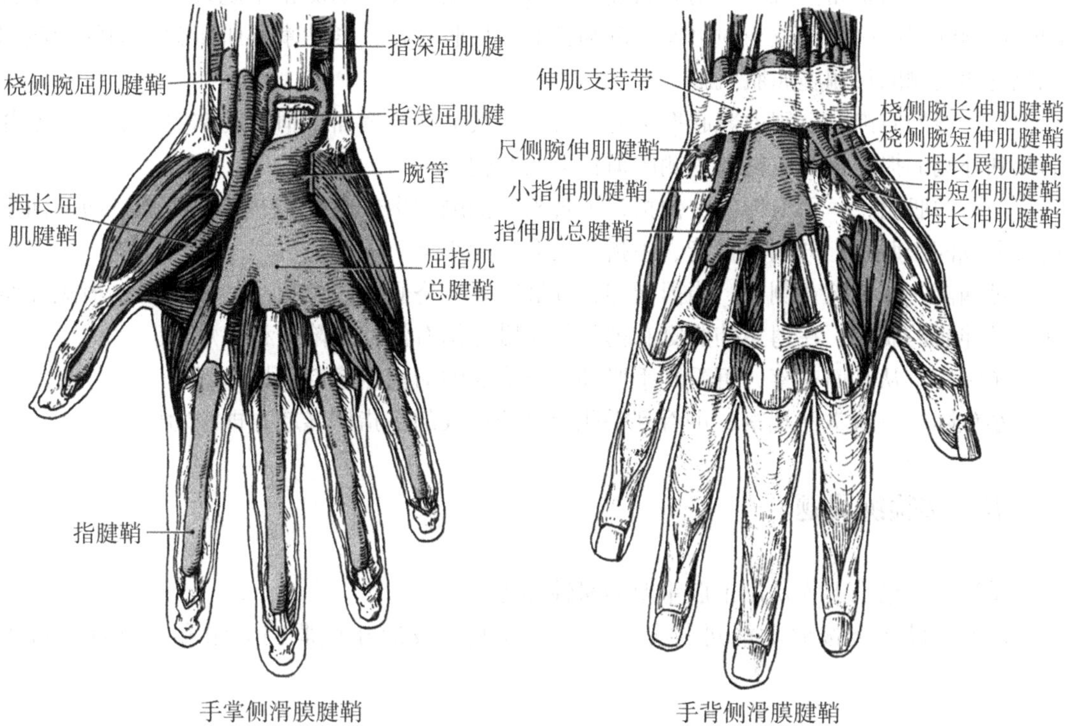

图3－51 手部腱鞘

手掌侧腱鞘有拇长屈肌腱鞘、指屈肌总腱鞘和指腱鞘。手背侧腱鞘有拇长展肌腱鞘、拇短伸肌腱鞘、拇长伸肌腱鞘、指伸肌总腱鞘、小指伸肌腱鞘和尺侧腕伸肌腱鞘。思考其功能。

（七）上肢表浅肌的体表标志观察及活体扪触

斜方肌——将学生分为若干小组，每一小组五六人，其中一名学生脱下上衣，两臂悬垂维持用力扩胸动作，其他学生可在其颈背部观察到一侧斜方肌的三角形形状，两侧为斜方形。

三角肌——令学生一臂做外展，另一手扪触外展手臂肩部外侧紧张的肌肉，此则是肩关节上部的三角肌。

胸大肌——令学生上臂紧贴躯干侧面，用力内收，此时可在胸廓前外上方扪触到胸大肌紧张。当手臂伸直放在桌面上（手掌向下贴桌面），用力下压动作，此时可扪触到胸大肌的腹部肌纤维紧张。反之，由桌下向上用力时，则可扪触到胸大肌的锁骨部肌肉紧张。

肱二头肌和肱三头肌——令学生用力屈肘，可在上臂前面观察并扪触到鼓起紧张的肱二头肌。用力伸肘时，则可在上臂后面观察并扪触到肱三头肌隆起且紧张的长头、外侧头和内侧头的肌腹。

肱桡肌——抗阻力屈肘时，可在肘关节外侧下方观察并扪触到肱桡肌肌腹。

前臂前群屈腕屈指肌——用力屈腕握拳时，可在腕关节掌侧正中观察并扪触到位于桡侧的桡侧腕屈肌肌腱，位于中央偏尺侧细长的掌长肌肌腱、紧贴掌长肌肌腱尺侧的指浅屈肌肌腱和尺侧的尺侧腕屈肌肌腱。

伸拇指的肌肉——用力翘起拇指时，可在腕关节外侧背面至拇指腕掌关节后面观察并扪触到外侧的拇短伸肌肌腱及内侧的拇长伸肌肌腱。

伸指的肌肉——用力伸腕、伸指，可观察并扪触到指伸肌肌腱，该肌肌腱自腕部向手指端分成四个肌腱，分别至食指、中指、无名指和小指。

鼻烟窝——在腕背侧面，当拇指伸直外展时，自桡侧向尺侧可见拇长展肌、拇短伸肌和拇长伸肌的肌腱，在拇短伸肌腱和拇长伸肌腱之间有深的凹陷，称鼻烟窝。

鱼际——从掌面观察，可看到手肌外侧群形成的拇指侧隆起，即鱼际。

小鱼际——从掌面观察，可看到手肌内侧群形成的小指侧隆起，即小鱼际。

五、实验练习题

①试在自己身上摸认出上肢重要的肌性标志。

②对上肢肌肉按照功能进行分群归纳，并制定发展相应肌肉力量和柔韧性的练习方法。

实验十二　下肢不同肌群的定位及机能分析

一、实验内容

①观察运动下肢各关节的肌肉位置、形态和起止点。

②观察下肢表浅肌肉的体表标志。

二、实验目的

①掌握下肢肌的组成。
②掌握下肢主要肌肉的位置和起止点。
③理解下肢主要肌肉的功能。
④掌握下肢表浅肌肉的体表标志。

三、实验材料与器具

人体骨架、全身肌肉模型、下肢肌肉标本或模型、足肌标本或模型。

四、实验方法与步骤

（一）运动髋关节肌肉的观察

运动髋关节的肌肉分布于髋关节前面、后面、外侧和内侧（图3－52、图3－53），观察下肢肌肉标本（或全身肌肉模型）。

1. 髋关节前面肌群的观察

分布于髋关节前面的肌群包括髂腰肌、缝匠肌、股直肌和阔筋膜张肌等。

髂腰肌由位于髂窝内的髂肌和位于腰部脊柱两侧的腰大肌组成。观察其起止点，确定该肌收缩时肌拉力方向，分析其功能。

缝匠肌是人体中最长的肌肉之一，位于大腿前面，上端起于髋部前方，向下延续至内侧，跨过并止于膝关节后方。根据该肌位置、起止点及肌纤维走向与髋关节和膝关节的位置关系，思考其功能。

阔筋膜张肌起于大腿前外侧，向下移行于大腿外侧的髂胫束。

股直肌为股四头肌的一个头，见运动膝关节的肌肉。

2. 髋关节后面肌群的观察

髋关节后面肌群包括臀大肌、臀中肌、臀小肌、半腱肌、半膜肌、股二头肌以及深层的梨状肌等。

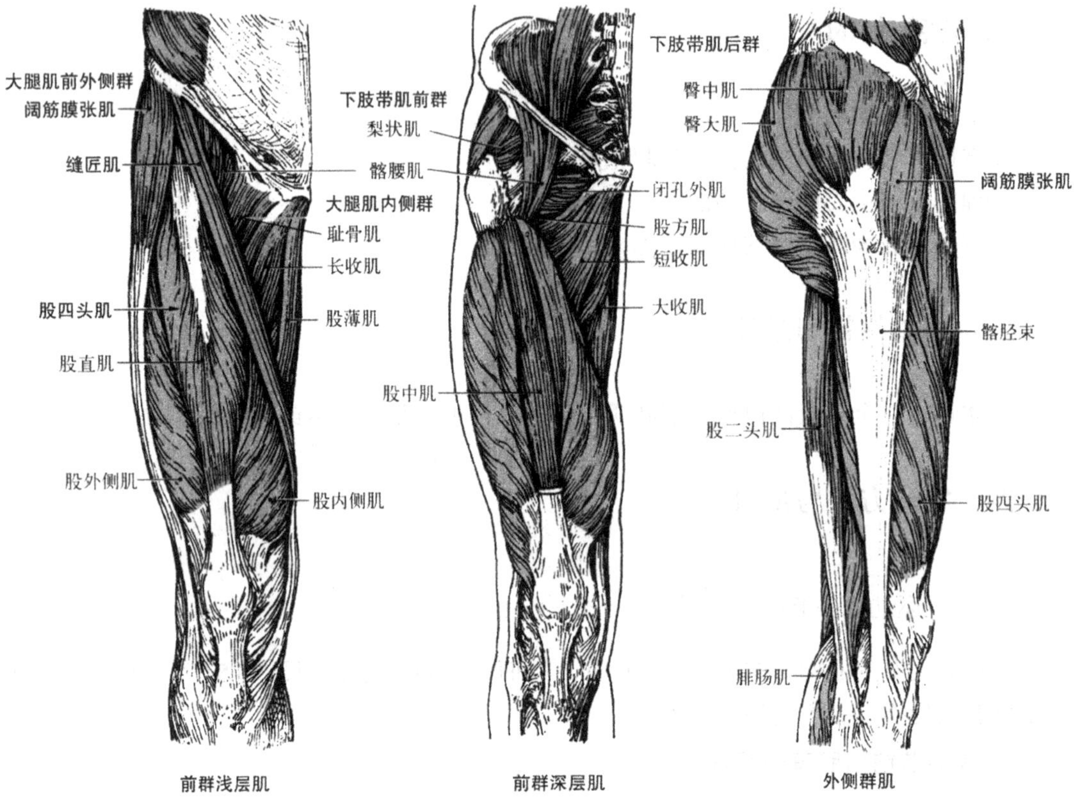

图 3－52　下肢带肌和大腿肌前面及外侧面观

（1）臀大肌、臀中肌和臀小肌

臀大肌位于骨盆后外侧面臀部皮下，为四方形强厚的扁肌。臀中肌位于臀大肌深面，将臀大肌肌腹翻开便可观察到。臀小肌位于臀中肌深面，将臀中肌翻开便可观察到。观察上述肌肉的位置、起止点，注意它们的肌纤维方向，确定肌肉收缩时肌拉力方向及其与髋关节运动轴的关系，并思考其功能。

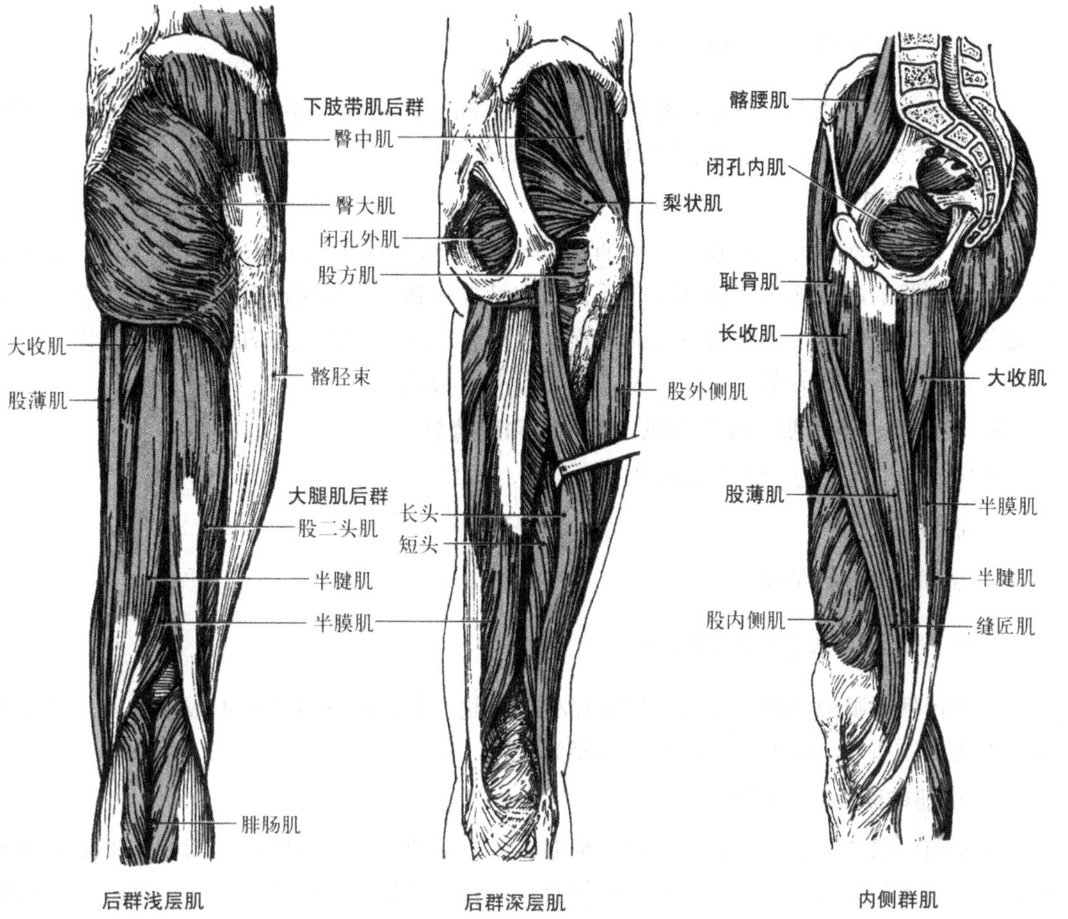

图 3－53 下肢带肌和大腿肌后面及内侧面观

（2） 半腱肌、半膜肌和股二头肌

半腱肌、半膜肌和股二头肌共同起于坐骨结节（股二头肌短头起于股骨粗线）。半腱肌、半膜肌的肌腱经膝关节后面转至内侧，止于胫骨粗隆的内侧。股二头肌则经膝关节后面转至外侧，止于腓骨头。根据上述肌肉所跨过的膝关节方位、起止点，思考其对膝关节运动功能的影响。

（3） 梨状肌

在下肢肌肉标本上，将臀大肌、臀中肌翻开便可观察到梨状肌。观察梨状肌的肌纤维走向，并思考其功能。

3. 髋关节内侧肌群观察

在下肢肌肉标本上，自髋关节前内侧，由上向下进行观察，髋关节内侧肌群依次为耻骨肌、短收肌（大部分被长收肌遮盖）、长收肌、大收肌和股薄肌。辨认每块肌肉，并思考其功能。

（二）运动膝关节肌肉的观察

运动膝关节的肌肉，分布在膝关节前面、后面，并从内、外侧跨过（图3－52、图3－53）。取下肢肌肉标本或全身肌肉模型进行观察。

1. 股四头肌

位于大腿前面及外侧的皮下。股直肌起点在标本（或模型）上可直接找到，股内侧肌、股外侧肌的起点须沿其肌纤维向后查寻方可观察到。观察时注意该肌4个头合并成的肌腱及所形成的髌韧带。观察该肌的位置、起止点，注意其肌纤维方向，确定肌肉收缩时肌拉力方向及其与膝关节运动轴的关系，并思考其功能。

2. 半腱肌、半膜肌、股二头肌、缝匠肌和股薄肌

上述肌肉已在运动髋关节肌肉中观察。

3. 腓肠肌

见运动足关节的肌肉。

（三）运动足关节肌肉的观察

主要包括小腿前群肌、小腿后群肌和小腿外侧群肌，在下肢肌标本或全身肌肉模型上观察上述各群肌肉。（图3－54、图3－55）

1. 小腿前面肌群的观察

小腿前面肌群包括胫骨前肌、蹈长伸肌和趾长伸肌。在下肢肌肉标本的小腿前外侧可观察到。胫侧为胫骨前肌，腓侧为趾长伸肌，蹈长伸肌位于两肌之间。注意观察这些肌肉的肌腱方向，思考其功能。

2. 小腿后面肌群的观察

小腿后面肌群包括小腿三头肌、蹈长屈肌、胫骨后肌和趾长屈肌。

（1）小腿三头肌

位于小腿后面，包括浅层的腓肠肌及深面的比目鱼肌。在下肢肌肉标本中，找出其起止点，注意观察腓肠肌与比目鱼肌在小腿中部合并移行为强大的跟腱而止于跟骨结节，思考其功能。

（2）蹈长屈肌、胫骨后肌和趾长屈肌

这些肌肉位于小腿三头肌深面，将小腿三头肌向上翻开便可观察到。蹈长屈肌位于腓侧，中间为胫骨后肌，胫侧为趾长屈肌。3块肌肉均为羽状肌，其肌腱均从距小腿关节和距跟关节后内侧跨过并转向足底。注意观察这些肌肉的位置、形态和肌腱走向，并思考其功能。

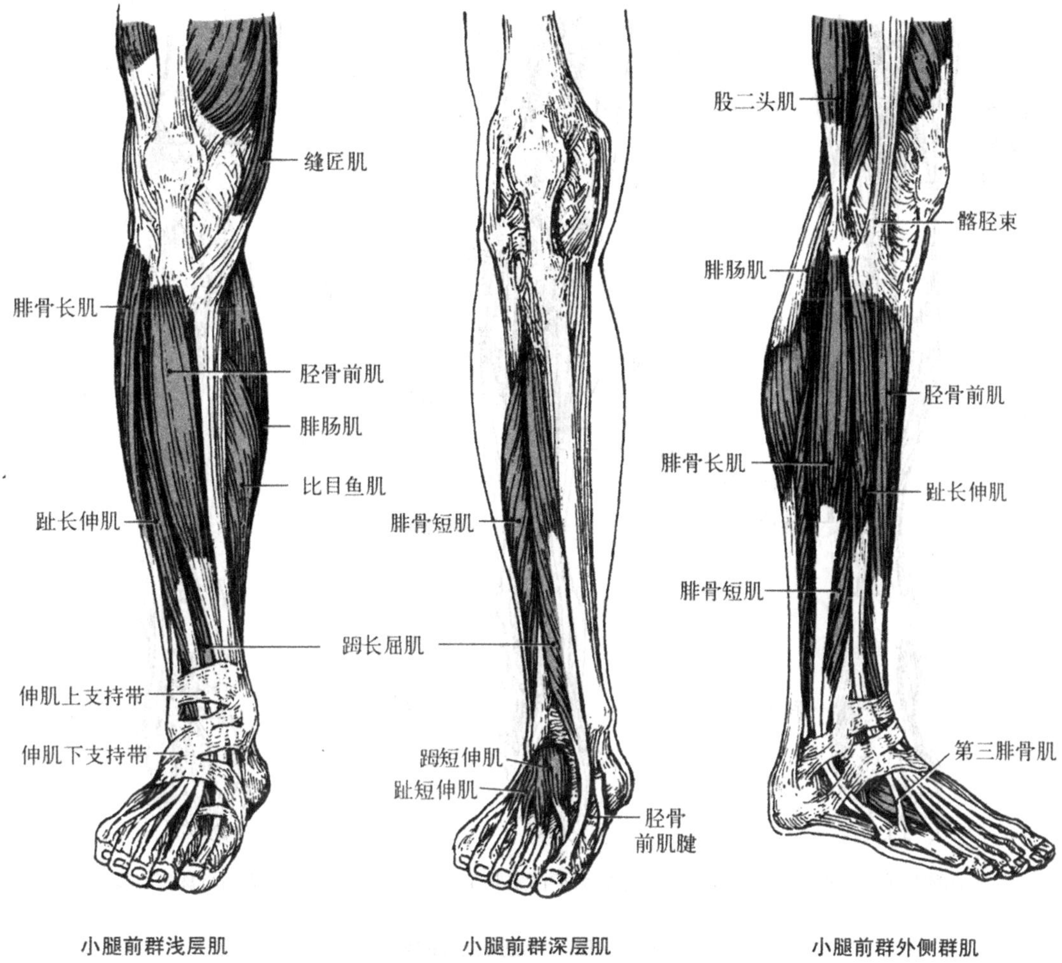

图 3－54　小腿肌前面及外侧面观

3. 小腿外侧肌群的观察

小腿外侧肌群包括腓骨长肌、腓骨短肌和第三腓骨肌。在下肢肌肉标本的小腿外侧可观察到，腓骨长肌位于最外侧，其深面为腓骨短肌，腓骨短肌的前面内侧为第 3 腓骨肌。注意观察这些肌肉的肌腱方向及位置关系，思考其功能。

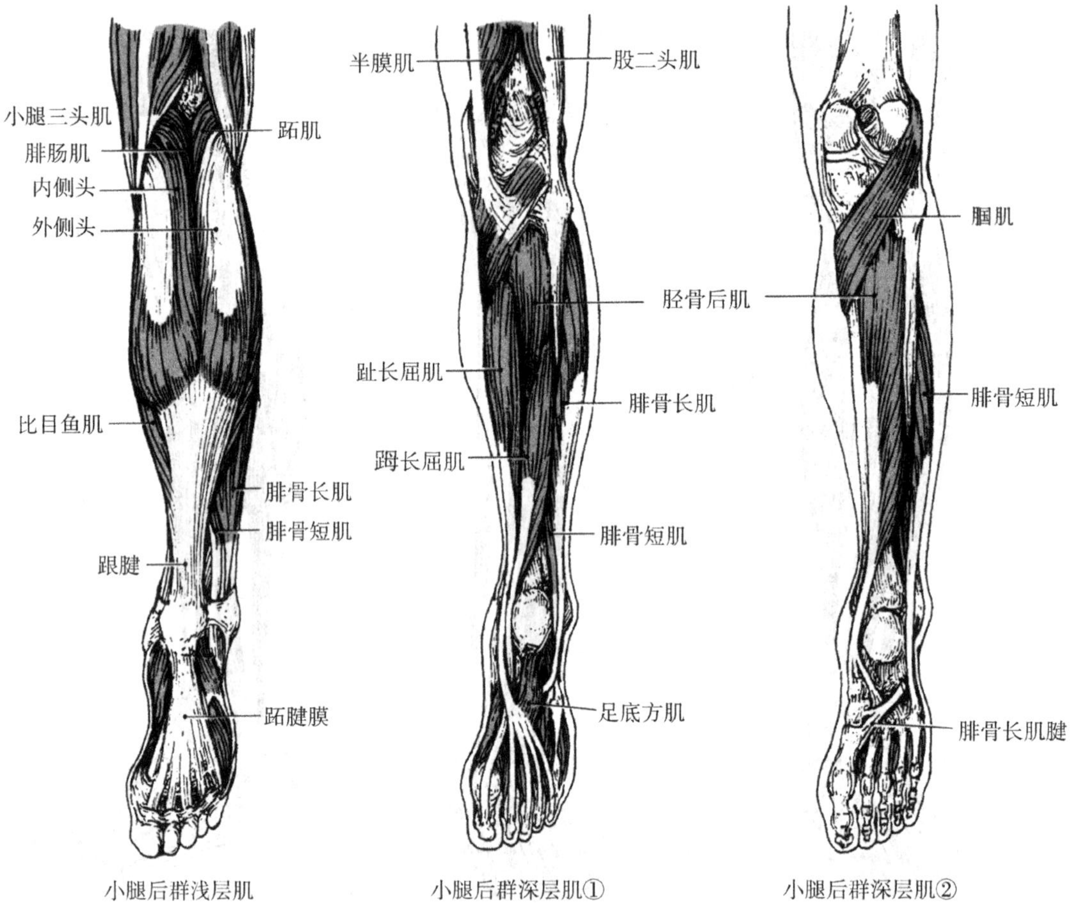

图 3－55　小腿肌后面观

（四）足肌的观察

足肌分为足背肌和足底肌。足背肌较弱小，包括踇短伸肌和趾短伸肌。取足肌模型，可见足底肌与手掌肌相似，也分为内侧群、中间群和外侧群，每群肌肉均有浅层、中间层和深层。在足肌标本或模型上可观察到上述肌肉。

（五）足部腱鞘的观察

在足肌标本或模型上，分辨足背肌的腱滑膜鞘和足底肌的腱滑膜鞘（图 3－56）。

1. 足背部的腱滑膜鞘

可见足背侧从内侧至外侧，有胫骨前肌腱鞘、踇长伸肌腱鞘和趾长伸肌腱鞘。

2. 足底部的腱滑膜鞘

有胫骨后肌腱鞘、跗长屈肌腱鞘、趾长屈肌腱鞘、足趾腱鞘、腓骨肌总腱鞘和腓骨长肌跖侧腱鞘。

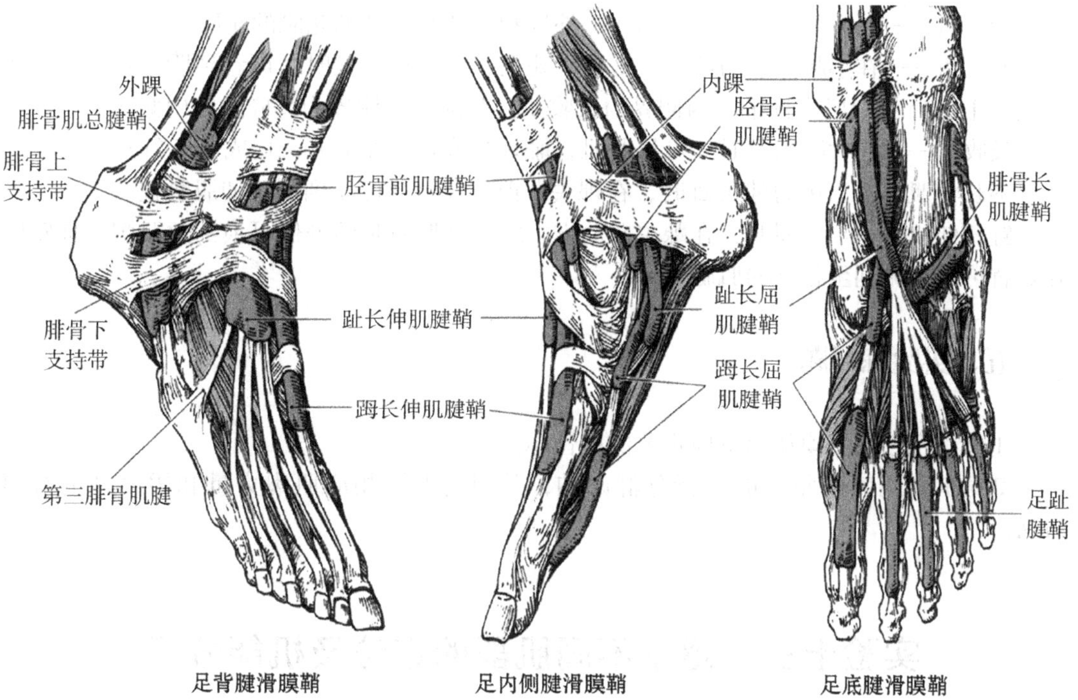

图 3－56　足部腱鞘

（六） 下肢表浅肌的体表标志观察及活体扪触

通过对下肢浅层主要肌肉的扪触与观察，进一步确认这些肌肉在活体中的位置、形态及其功能。

阔筋膜张肌——可保持高抬腿姿势，此时髋关节屈，可在髋关节前外侧上方扪触到鼓起的阔筋膜张肌的肌腹。站立位，膝关节用力伸直，可在大腿外侧扪触到由阔筋膜张肌收缩被拉紧的髂胫束。

股四头肌——可保持伸膝屈髋姿势，此时在大腿前面扪触到内侧的股内肌、外侧的股外肌以及前面正中膨隆的股直肌。

臀大肌——可采取向后摆腿，然后制动，保持髋关节伸位，此时可在臀部扪触到紧张的臀大肌。

股后肌群——可取单腿站立，非支撑腿屈小腿，此时可在大腿后面扪触到外侧的股二头肌和内侧的半腱肌肌腹。在腘窝的内上界，可摸到半腱肌、半膜肌的肌腱止于胫骨，其中半腱肌肌腱较窄，位置浅表略靠外，而半膜肌肌腱粗而圆钝，它位于半腱肌肌腱的深面和靠内。在腘窝的外上界，可摸到股二头肌的肌腱止于腓骨头。

小腿三头肌——在提踵时，可在小腿后面观察并扪触到腓肠肌的内、外侧头肌腹。另外在踝关节后方可观察并扪触到强大的跟腱。

胫骨前肌——在用力勾脚尖时，可在小腿前面、胫骨外侧观察并扪触到胫骨前肌肌腹。

缝匠肌——在大腿前方，当大腿屈、外展和旋外时，可见此肌的轮廓。

股三角——在小腿伸直的情况下，当大腿屈、旋外和外展时，可看到股三角。股三角的底（上界）为腹股沟韧带、内侧界为长收肌内侧缘、外侧界为缝匠肌的内侧缘。

长收肌——在大腿内收时，可见此肌自耻骨结节斜向外下方，构成股三角的内侧界。

踇长伸肌——当用力伸踇趾时，在踝关节前方及足背可摸到踇长伸肌肌腱。

趾长伸肌——当背屈时，在踝关节前方，踇长伸肌肌腱的外侧可摸到此肌腱。伸趾时在足背可清晰见到至各趾的肌腱。

五、实验练习题

①试在自己身上摸认出下肢重要的肌性标志。

②对下肢肌肉按照功能进行分群归纳，并制定发展相应肌肉力量和柔韧性的练习方法。

实验十三　躯干不同肌群的定位及机能分析

一、实验内容

①观察使躯干产生各种运动的肌肉位置、形态和起止点。

②观察躯干表浅肌肉的体表标志。

二、实验目的

①掌握躯干肌的组成。

②掌握躯干主要肌肉的位置和起止点。

③理解躯干主要肌肉的功能。

④掌握躯干表浅肌肉的体表标志。

三、实验材料与器具

人体骨架、全身肌肉模型、躯干肌肉标本或模型、示膈专用标本或模型。

四、实验方法与步骤

（一）运动脊柱肌肉的观察

观察躯干肌肉标本（或全身肌肉模型）。

1. 屈脊柱肌群的观察

屈脊柱肌群包括腹直肌、腹外斜肌、腹内斜肌、髂腰肌和胸锁乳突肌等（图3－57）。

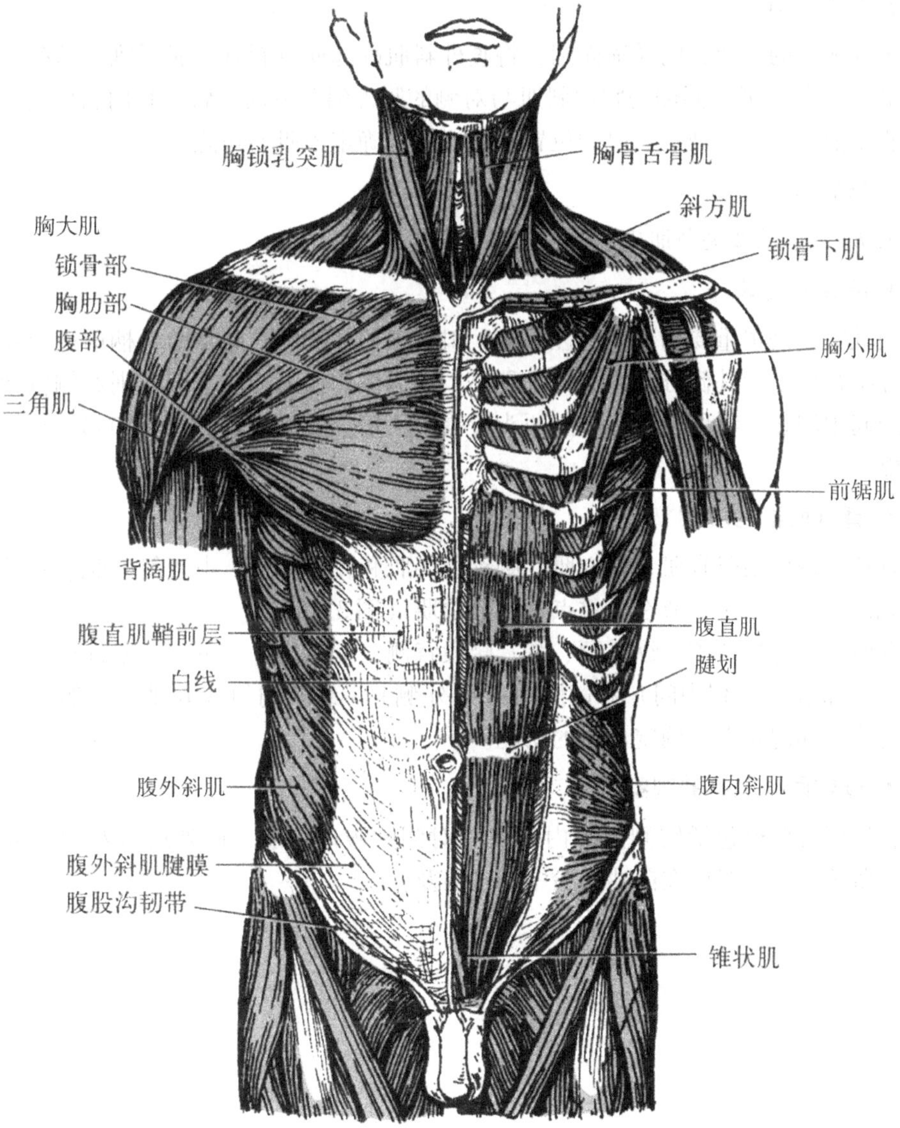

图3－57　胸腹壁浅层肌

（1）腹直肌

位于腹壁前方、浅层皮下，包在腹直肌鞘内，将肌鞘翻开，可见其被腹白线分割于正中线两侧，上下走向，形态上宽下窄，呈扁平状，被 3～4 条横行腱划分开。观察该肌的位置和起止点，确定该肌的功能。

（2）腹外斜肌

位于腹前壁外侧，浅层皮下，扁而宽阔，肌纤维由外上斜向前内下，呈倒“八”字形，与背阔肌的肌齿交错，腹外斜肌腱膜经腹直肌的前面，参与构成腹直肌鞘前壁的组成。观察该肌的位置和起止点，确定该肌的功能。

（3）腹内斜肌

在腹外斜肌的深面，同样扁而阔，将腹外斜肌翻起便可看到。肌纤维由后外下斜向前内上，呈“八”字形，同侧的腹内斜肌与对侧的腹外斜肌方向一致。腹内斜肌腱膜参与构成腹直肌鞘前、后壁。观察该肌的位置和起止点，确定该肌的功能。

（4）髂腰肌

见第 73 页运动髋关节肌肉的观察。

（5）胸锁乳突肌

胸锁乳突肌是很重要的一个肌性标志，斜列于颈部两侧。起自肋骨柄前面及锁骨、胸骨端，纤维行向上后外侧方，止于颞骨乳突。在活体如将面转向左侧，则右侧胸锁乳突肌在体表隆起很明显，特别是它的起点两头看得很清楚。观察该肌的位置和起止点，确定该肌的功能。

2. 伸脊柱肌群的观察

伸脊柱肌群包括竖脊肌、斜方肌、胸锁乳突肌和臀大肌等。由于斜方肌、胸锁乳突肌和臀大肌前面已观察过，故在此重点观察竖脊肌（图 3－58）。

竖脊肌位于脊柱两侧，纵贯颈、胸、腰段背侧，上窄小、下宽大，肌纤维粗。由棘肌（列内侧）、最长肌（列中间）和髂肋肌（列外侧）3 组肌肉组成并排列于躯干背面。根据该肌的位置和起止点，确定该肌的功能。

3. 使脊柱回旋肌群的观察

使脊柱回旋肌群包括同侧的腹内斜肌和对侧的腹外斜肌，此外还有对侧的胸锁乳突肌、斜方肌等，这些肌肉在前述实验中均已涉及。

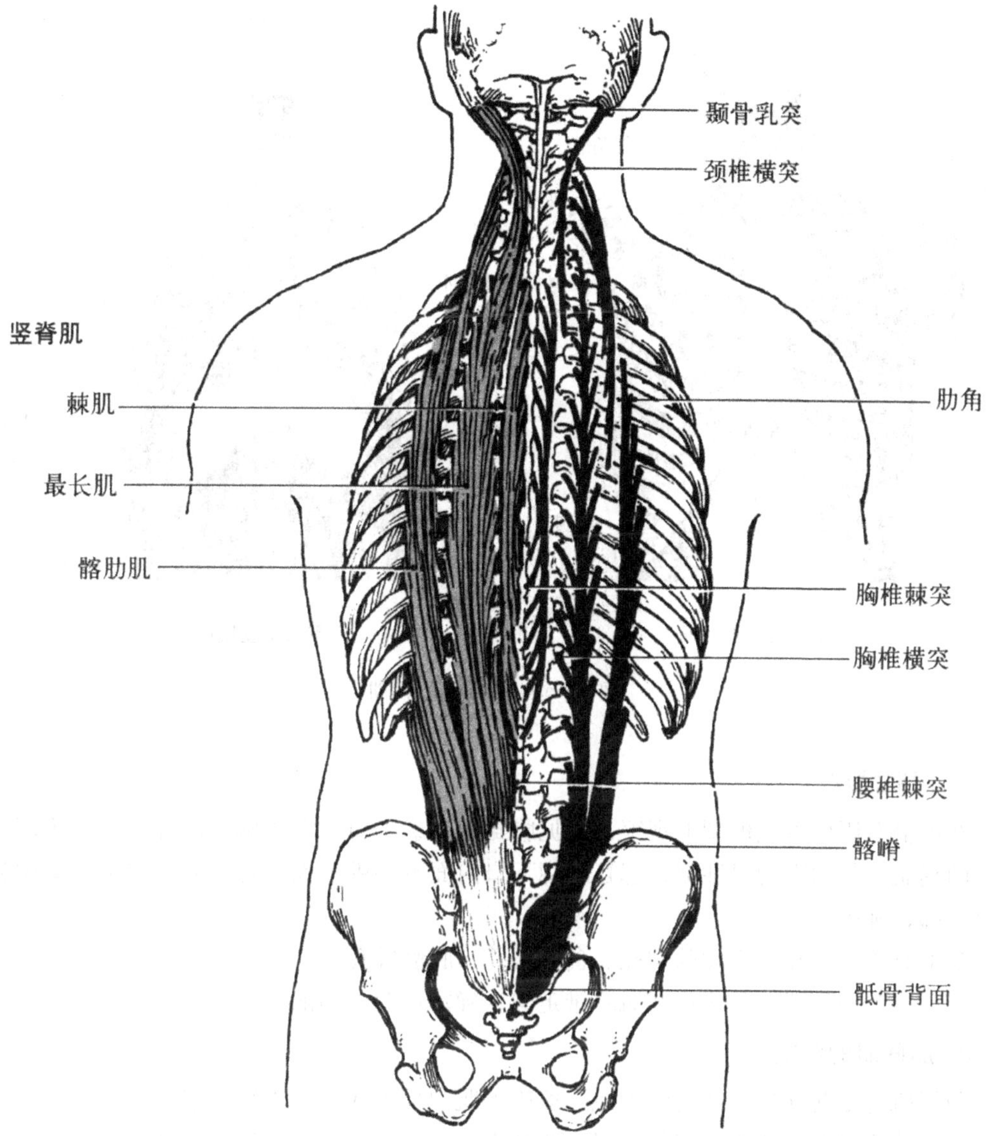

图 3－58　竖脊肌

（二） 参与呼吸运动肌肉的观察

包括固有呼吸肌（膈肌、肋间外肌、肋间内肌、胸横肌）和辅助呼吸肌（胸大肌、胸小肌、胸锁乳突肌等为辅助吸气肌，腹直肌、腰方肌、髂肋肌等为辅助呼气肌）。本实验重点观察膈肌和肋间肌（图 3－59）。

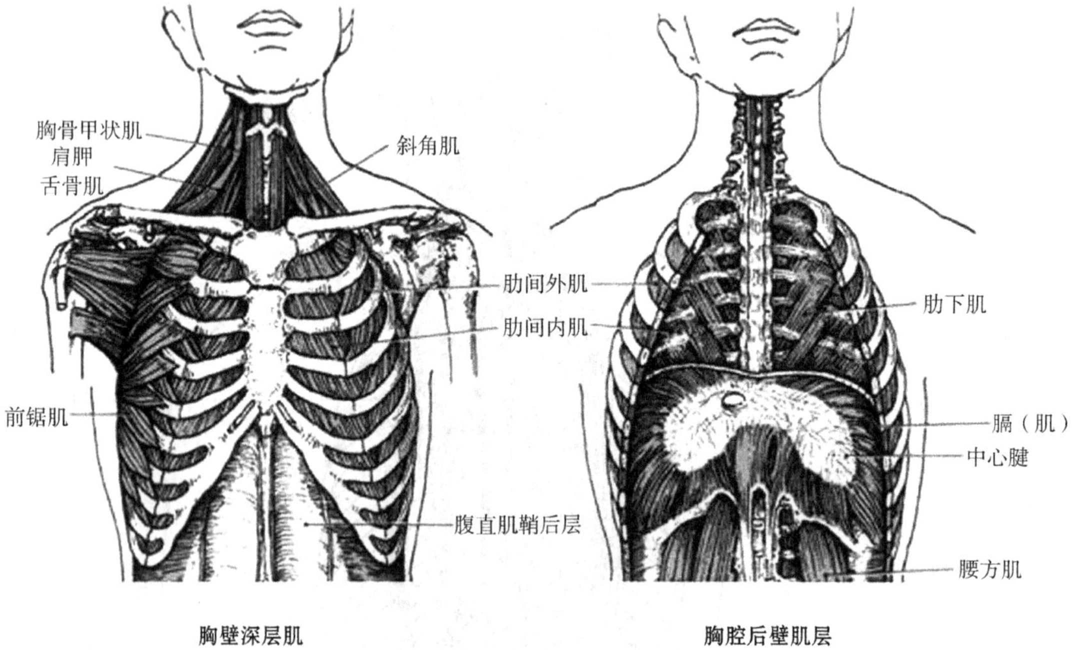

图 3－59　膈肌与肋间肌

1. 膈肌的观察

在示膈专用标本或模型上观察，可见膈封闭胸廓下口，介于胸、腹腔之间，为圆顶形宽薄的阔肌，其周围为肌性部，起自胸廓下口内面及腰椎前面，各部肌束向中央集中移行于腱性部，称中心腱。

膈上有 3 个裂孔：主动脉裂孔、食管裂孔、腔静脉孔。

观察该肌的位置、起止点和肌纤维走向，确定该肌的功能。

2. 肋间肌的观察

肋间肌包括肋间外肌和肋间内肌，取躯干肌肉标本或模型进行观察。

肋间外肌填充于肋骨之间的浅层，肌纤维与腹外斜肌方向一致，呈倒“八”字形，为扁肌，共 11 对。它起于上位肋骨的下缘，止于下位肋骨的上缘。

肋间内肌也填充于肋骨之间，在肋间外肌的深层，翻开肋间外肌可见。肌纤维与腹内斜肌方向一致，呈正“八”字形，为扁肌，共 11 对。起于下位肋骨的上缘，止于上位肋骨的下缘。

观察肋间外肌、肋间内肌的位置和肌纤维走向，确定它们的功能。

（三）躯干局部结构的观察

1. 胸腰筋膜

包裹在竖脊肌的周围，可以分为浅、深两层。浅层在竖脊肌的表面，向内侧附着于棘突，较薄的上部向外附着于肋角，腰部显著增厚且与背阔肌的腱膜紧密结合。深层分隔竖脊肌和腰方肌，位于第 12 肋和髂嵴之间，向内侧附于腰椎横突，向外侧深、浅两层于竖脊肌的外侧缘会合而构成竖脊肌鞘，并向外作为腹内斜肌和腹横肌的起始部。

2. 腹直肌鞘

包裹腹直肌的鞘状结构，由腹外斜肌、腹内斜肌和腹横肌的腱膜构成。鞘分前、后两壁，前壁由腹外斜肌腱膜与腹内斜肌腱膜的前层愈合而成；后壁由腹内斜肌腱膜的后层与腹横肌腱膜愈合而成。在脐下 4～5 厘米处，鞘的后壁转至腹直肌前面；参与前壁的构成，此处后壁的游离下缘呈凸向上方的弧形线，称弓状线（半环线）。此线以下无后壁，腹直肌后面直接与腹横筋膜相贴。

3. 白　线

位于腹前壁正中线上，介于左右腹直肌鞘之间，由两侧的腹直肌鞘纤维彼此交织而成。上方起自剑突，下方止于耻骨联合。白线的上部较薄而宽，下部较厚而窄，在白线中部有一圆形腱环，称脐环，在胎儿期有脐血管通过。脐环和腹白线上部是腹前壁的薄弱部位。如腹腔脏器由此处膨出，可发生“脐疝”或“白线疝”。

4. 腹股沟管

位于腹前壁下缘，为腹股沟韧带内侧半上面与各层腹肌之间的一条斜行裂隙，由外上斜向内下方，长 4～5 厘米。管内男性有精索通过，女性有子宫圆韧带通过。

腹股沟管有内、外两口和前、后、上、下 4 个壁。

5. 股　管

在腹股沟韧带下方，由该韧带内侧 1/3、耻骨上支和股静脉之间围成。平时为脂肪和淋巴结所填充，病变时才形成管。此处较薄弱，体弱者在腹压过大时，腹腔脏器可以从股管突出，形成“股疝”。

（四）躯干的体表肌性标志观察

斜方肌——在项部和背上部，可见斜方肌的外上缘轮廓。

背阔肌——在背下部可见背阔肌的轮廓。

竖脊肌——在脊柱两旁各椎骨棘突两侧的纵行肌性隆起，为此肌的轮廓。

胸大肌——胸前壁较膨隆的肌性隆起，为此肌轮廓。

前锯肌——在胸部外侧壁上，可看到前锯肌和腹外斜肌的肌齿相互交错。

腹直肌——在腹前正中线两侧可见纵形隆起，为此肌的轮廓。肌肉发达者可见脐以上有 3 条横沟，即为腹直肌的腱划。

胸锁乳突肌——当头向对侧旋转时，颈部可见到从前下方斜向上方呈长条状的隆起。

五、实验练习题

①试在自己身上摸认出躯干重要的肌性标志。
②对躯干肌肉按照功能进行归纳，并制定相应的锻炼方法。

实验十四　上、下肢动作解剖学分析

一、实验内容

①对单关节运动类型的上、下肢动作进行实际观察分析。
②对多关节运动类型的上、下肢动作进行实际观察分析。

二、实验目的

①强化了解体育动作解剖学分析的基本方法、步骤。
②掌握上、下肢动作的解剖学特征。
③运用环节受力分析法，确定原动肌的原则、方法。
④掌握上、下肢动作的肌肉工作条件和工作性质的原则。

三、实验材料与器具

选取上、下肢动作的视频短片和相应图片进行演示。将全班学生分为 2 ~3 组，每组选取数名学生，令其身着运动背心和短裤作为受试对象，对相应上、下肢动作进行模拟演示，每组其余学生对其动作进行观察分析。

四、实验方法与步骤

（一）上肢单关节动作的观察与分析

以前臂负重弯举动作为例（图 3 –60），对其上肢运动进行观察分析。

图 3－60　前臂负重弯举动作示意图

1. 前臂负重弯举动作向上阶段的观察

对前臂负重弯举的向上阶段进行观察，分别讨论分析以下内容：

- 肘关节的运动。
- 围绕肘关节进行运动的环节。
- 与外力的关系。
- 原动肌。
- 原动肌工作条件（固定条件）。
- 原动肌工作性质（收缩形式）。
- 固定肌。
- 主动肌。
- 对抗肌。

2. 前臂负重弯举动作向下阶段的观察

对前臂负重弯举的向下阶段进行观察，分别讨论分析以下内容：

- 肘关节的运动。
- 围绕肘关节进行运动的环节。
- 与外力的关系。
- 原动肌。
- 原动肌工作条件（固定条件）。
- 原动肌工作性质（收缩形式）。

- 固定肌。
- 主动肌。
- 对抗肌。

（二）下肢单关节动作的观察与分析

以坐姿举腿动作为例（图3－61），对其下肢运动进行观察分析。

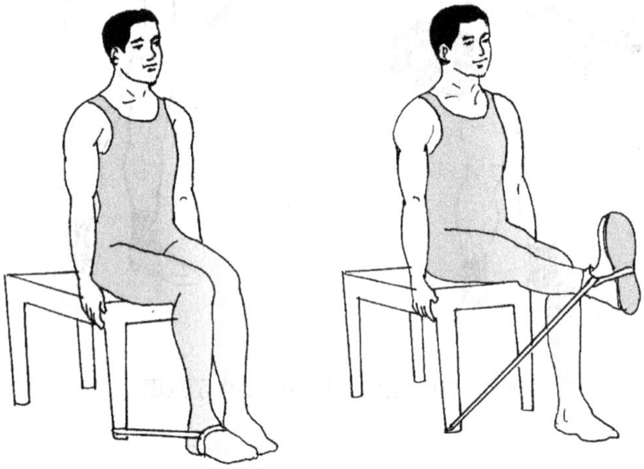

图3－61　坐姿举腿动作示意图

1. 坐姿举腿动作向上阶段的观察

对坐姿举腿的向上阶段进行观察，分别讨论分析以下内容：

- 膝关节的运动。
- 围绕膝关节进行运动的环节。
- 与外力的关系。
- 原动肌。
- 原动肌工作条件（固定条件）。
- 原动肌工作性质（收缩形式）。
- 固定肌。
- 对抗肌。

2. 坐姿举腿动作向下阶段的观察

对坐姿举腿的向下阶段进行观察，分别讨论分析以下内容：

- 膝关节的运动。
- 围绕膝关节进行运动的环节。
- 与外力的关系。
- 原动肌。

- 原动肌工作条件（固定条件）。
- 原动肌工作性质（收缩形式）。
- 固定肌。
- 对抗肌。

（三） 上肢多关节动作的观察与分析

以直板卧推动作为例（图3－62），对其上肢运动进行观察分析。

图3－62　直板卧推动作示意图

1. 直板卧推动作向上阶段的观察

对直板卧推的向上阶段进行观察，分别讨论分析以下内容：

- 请以解剖术语描述向上阶段上肢各关节的角度变化与运动。
- 请以解剖术语描述向上阶段上肢各环节的位置变化与运动。
- 上述环节各自围绕什么关节进行运动？
- 与外力的关系。
- 引起上述关节运动的主要原动肌分别是什么？
- 请描述动作中向上阶段时原动肌工作性质（收缩形式）。
- 请描述动作中向上阶段时原动肌工作条件（固定条件）。
- 在向上阶段时运动者是应该吸气还是应该吐气？

请将上述观察分析和讨论的结果填入表3－1。

表3-1　直板卧推上肢动作的运动解剖学分析表（向上阶段）

环节名称	关节运动	与外力关系	原动肌	肌肉工作性质	肌肉工作条件

2. 直板卧推动作向下阶段的观察

对直板卧推的向下阶段进行观察，分别讨论分析以下内容：

- 请以解剖术语描述向下阶段上肢各关节的角度变化与运动。
- 请以解剖术语描述向下阶段上肢各环节的位置变化与运动。
- 上述环节各自围绕什么关节进行运动？
- 与外力的关系。
- 引起上述关节运动的主要原动肌分别是什么？
- 请描述动作中向下阶段时原动肌工作性质（收缩形式）。
- 请描述动作中向下阶段时原动肌工作条件（固定条件）。
- 在向下阶段时运动者是应该吸气还是应该吐气？

请将上述观察分析和讨论的结果填入表3-2。

表3-2　直板卧推上肢动作的运动解剖学分析表（向下阶段）

环节名称	关节运动	与外力关系	原动肌	肌肉工作性质	肌肉工作条件

（四） 下肢多关节动作的观察与分析

以负重蹲起动作为例（图3－63），对其下肢的运动进行观察分析。

图3－63　负重蹲起动作示意图

1. 负重蹲起动作向下阶段的观察

对负重蹲起的向下阶段进行观察，分别讨论分析以下内容：

- 请以解剖术语描述向下阶段下肢各关节的角度变化与运动。
- 请以解剖术语描述向下阶段下肢各环节的位置变化与运动。
- 上述环节各自围绕什么关节进行运动？
- 与外力的关系。
- 引起上述关节运动的主要原动肌分别是什么？
- 请描述动作中向下阶段时原动肌工作性质（收缩形式）。
- 请描述动作中向下阶段时原动肌工作条件（固定条件）。
- 在向下阶段时运动者是应该吸气还是应该吐气？

请将上述观察分析和讨论的结果填入表3－3。

表3－3　负重蹲起下肢动作的运动解剖学分析表（向下阶段）

环节名称	关节运动	与外力关系	原动肌	肌肉工作性质	肌肉工作条件

2. 负重蹲起动作向上阶段的观察

对负重蹲起的向上阶段进行观察，分别讨论分析以下内容：

- 请以解剖术语描述向上阶段下肢各关节的角度变化与运动。
- 请以解剖术语描述向上阶段下肢各环节的位置变化与运动。
- 上述环节各自围绕什么关节进行运动？
- 与外力的关系。
- 引起上述关节运动的主要原动肌分别是什么？
- 请描述动作中向上阶段时原动肌工作性质（收缩形式）。
- 请描述动作中向上阶段时原动肌工作条件（固定条件）。
- 在向上阶段时运动者是应该吸气还是应该吐气？

请将上述观察分析和讨论的结果填入表3－4。

表3－4　负重蹲起下肢动作的运动解剖学分析表（向上阶段）

环节名称	关节运动	与外力关系	原动肌	肌肉工作性质	肌肉工作条件

五、实验练习题

①写出你知道的上肢和下肢各2个单关节式的练习方法，并分别进行分析。
②写出你知道的上肢和下肢各2个多关节式的练习方法，并分别进行分析。

实验十五　躯干和整体动作解剖学分析

一、实验内容

①对躯干动作进行实际观察分析。
②对整体动作进行实际观察分析。

二、实验目的

①强化了解体育动作解剖学分析的基本方法、步骤。
②掌握躯干动作和整体动作的解剖学特征。
③运用环节受力分析法，确定原动肌的原则、方法。
④掌握判断躯干动作和整体动作中肌肉工作条件和工作性质的原则。

三、实验材料与器具

选取躯干动作和整体动作的视频短片和相应图片进行演示。将全班学生分为 2 ~3 组，每组选取数名学生，令其身着运动背心和短裤作为受试对象，对相应躯干动作和整体动作进行模拟演示，每组其余学生对其动作进行观察分析。

四、实验方法与步骤

（一） 躯干动作的观察与分析

以屈腿仰卧起坐动作为例（图 3 －64），对其躯干运动进行观察分析。

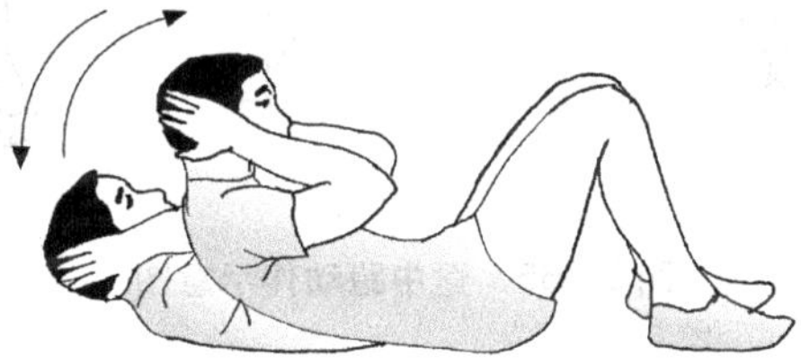

图 3 －64　屈腿仰卧起坐动作示意图

1. 屈腿仰卧起坐动作向上阶段的观察

对屈腿仰卧起坐的向上阶段进行观察，分别讨论分析以下内容：

- 躯干各环节的运动。
- 躯干各环节围绕什么关节进行运动？
- 与外力的关系。
- 原动肌。
- 原动肌工作条件（固定条件）。
- 原动肌工作性质（收缩形式）。
- 固定肌。
- 对抗肌。

2. 屈腿仰卧起坐动作向下阶段的观察

对屈腿仰卧起坐的向下阶段进行观察，分别讨论分析以下内容：

- 躯干各环节的运动。
- 躯干各环节围绕什么关节进行运动？
- 与外力的关系。
- 原动肌。
- 原动肌工作条件（固定条件）。
- 原动肌工作性质（收缩形式）。
- 固定肌。
- 对抗肌。

（二）全身整体动作的观察与分析

以途中跑动作为例（图3－65），对其整体运动进行观察分析。

图3－65　途中跑动作示意图

1. 途中跑下肢动作的观察与分析

跑的动力主要是由腿蹬地产生，因此，应主要分析下肢的运动。由于跑是周期性运动，所以我们只需分析运动员一条腿的一个周期的运动。根据环节运动方向与外力矩（该动作是重力矩）方向之间的关系，一条腿的周期运动可以被分为4个阶段：后蹬、折叠前摆、下压和落地缓冲，为此，分别对4个阶段进行观察分析。

(1) 途中跑下肢动作后蹬阶段的观察与分析

对途中跑下肢动作的后蹬阶段进行观察，讨论分析以下内容：

- 请以解剖术语描述后蹬阶段下肢各关节的角度变化与运动。
- 请以解剖术语描述后蹬阶段下肢各环节的位置变化与运动。
- 上述环节各自围绕什么关节进行运动？
- 与外力的关系。
- 引起上述关节运动的主要原动肌分别是什么？

- 请描述动作中后蹬阶段时原动肌工作性质（收缩形式）。
- 请描述动作中后蹬阶段时原动肌工作条件（固定条件）。

请将上述观察分析和讨论的结果填入表 3－5。

表 3－5　途中跑下肢动作的运动解剖学分析表（后蹬阶段）

环节名称	关节运动	与外力关系	原动肌	肌肉工作性质	肌肉工作条件

（2）途中跑下肢动作折叠前摆阶段的观察与分析

对途中跑下肢动作的折叠前摆阶段进行观察，讨论分析以下内容：

- 请以解剖术语描述折叠前摆阶段下肢各关节的角度变化与运动。
- 请以解剖术语描述折叠前摆阶段下肢各环节的位置变化与运动。
- 上述环节各自围绕什么关节进行运动？
- 与外力的关系。
- 引起上述关节运动的主要原动肌分别是什么？
- 请描述动作中折叠前摆阶段时原动肌工作性质（收缩形式）。
- 请描述动作中折叠前摆阶段时原动肌工作条件（固定条件）。

请将上述观察分析和讨论的结果填入表 3－6。

表 3－6　途中跑下肢动作的运动解剖学分析表（折叠前摆阶段）

环节名称	关节运动	与外力关系	原动肌	肌肉工作性质	肌肉工作条件

（3）途中跑下肢动作下压阶段的观察与分析

对途中跑下肢动作的下压阶段进行观察，讨论分析以下内容：

- 请以解剖术语描述下压阶段下肢各关节的角度变化与运动。

- 请以解剖术语描述下压阶段下肢各环节的位置变化与运动。
- 上述环节各自围绕什么关节进行运动？
- 与外力的关系。
- 引起上述关节运动的主要原动肌分别是什么？
- 请描述动作中下压阶段时原动肌工作性质（收缩形式）。
- 请描述动作中下压阶段时原动肌工作条件（固定条件）。

请将上述观察分析和讨论的结果填入表3-7。

表3-7 途中跑下肢动作的运动解剖学分析表（下压阶段）

环节名称	关节运动	与外力关系	原动肌	肌肉工作性质	肌肉工作条件

(4) 途中跑下肢动作落地缓冲阶段的观察与分析

对途中跑下肢动作的落地缓冲阶段进行观察，讨论分析以下内容：

- 请以解剖术语描述落地缓冲阶段下肢各关节的角度变化与运动。
- 请以解剖术语描述落地缓冲阶段下肢各环节的位置变化与运动。
- 上述环节各自围绕什么关节进行运动？
- 与外力的关系。
- 引起上述关节运动的主要原动肌分别是什么？
- 请描述动作中落地缓冲阶段时原动肌工作性质（收缩形式）。
- 请描述动作中落地缓冲阶段时原动肌工作条件（固定条件）。

请将上述观察分析和讨论的结果填入表3-8。

表3-8 途中跑下肢动作的运动解剖学分析表（落地缓冲阶段）

环节名称	关节运动	与外力关系	原动肌	肌肉工作性质	肌肉工作条件

2. 途中跑上肢动作的观察与分析

跑步时两臂的反向摆动，可形成绕肩轴的水平转矩，其方向与绕髋轴的水平转矩相反，以维持身体平衡，同时可协同加快下肢各个环节的摆动动作频率，对人体运动能力的发挥产生放大作用。

由于跑步时上肢是周期性运动，所以我们只需分析运动员一侧上肢的一个周期的运动。根据环节运动方向与外力矩（该动作是重力矩）方向之间的关系，一侧上肢的周期运动可以被分为两个阶段：前摆和后摆，为此，分别对两个阶段进行观察分析。

（1）途中跑上肢动作前摆阶段的观察与分析

对途中跑上肢动作的前摆阶段进行观察，讨论分析以下内容：

- 请以解剖术语描述前摆阶段上肢各关节的角度变化与运动。
- 请以解剖术语描述前摆阶段上肢各环节的位置变化与运动。
- 上述环节各自围绕什么关节进行运动？
- 与外力的关系。
- 引起上述关节运动的主要原动肌分别是什么？
- 请描述动作中上肢前摆阶段时原动肌工作性质（收缩形式）。
- 请描述动作中上肢前摆阶段时原动肌工作条件（固定条件）。

请将上述观察分析和讨论的结果填入表 3 -9。

表 3 -9　途中跑上肢动作的运动解剖学分析表（前摆阶段）

环节名称	关节运动	与外力关系	原动肌	肌肉工作性质	肌肉工作条件

（2）途中跑上肢动作后摆阶段的观察与分析

对途中跑上肢动作的后摆阶段进行观察，讨论分析以下内容：

- 请以解剖术语描述后摆阶段上肢各关节的角度变化与运动。
- 请以解剖术语描述后摆阶段上肢各环节的位置变化与运动。
- 上述环节各自围绕什么关节进行运动？
- 与外力的关系。
- 引起上述关节运动的主要原动肌分别是什么？
- 请描述动作中上肢后摆阶段时原动肌工作性质（收缩形式）。
- 请描述动作中上肢后摆阶段时原动肌工作条件（固定条件）。

请将上述观察分析和讨论的结果填入表3－10。

表3－10　途中跑上肢动作的运动解剖学分析表（后摆阶段）

环节名称	关节运动	与外力关系	原动肌	肌肉工作性质	肌肉工作条件

五、实验练习题

①试分析屈腿仰卧起坐与直腿仰卧起坐的异同。

②请根据本实验对途中跑技术的观察与分析，总结出进行跑步训练的技术关键与肌肉力量训练的侧重点。

第四章　人体运动保障系统的实验

实验十六　消化系统的观察

一、实验内容

①观察消化系统各器官的位置、形态和大体结构。
②观察胃、小肠和肝小叶组织切片。

二、实验目的

①掌握消化系统的组成及其各器官的位置、形态、结构。
②掌握胃壁、小肠壁和肝小叶的微细结构。

三、实验材料与器具

消化系统标本或模型，胃、小肠及肝小叶组织切片，肝小叶模型，放大镜、显微镜，各相关内容挂图。

四、实验方法与步骤

（一）消化系统整体的观察

取人体半身解剖模型和消化系统模型，观察消化系统组成及消化管各器官排列顺序

（图 4－1）。

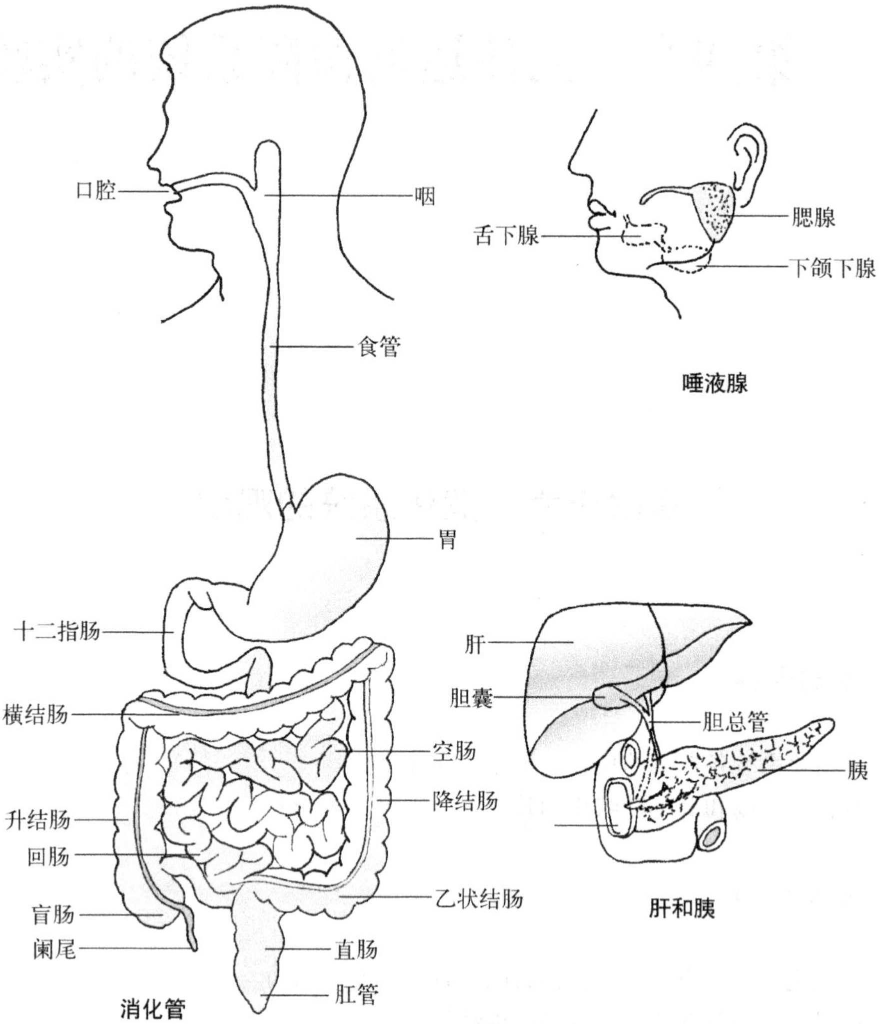

图 4－1　消化系统的组成

消化管起始于口腔，向后通一漏斗形、前后略扁的肌性管道——咽，下接细长的肌性管道——食管，食管向下穿过膈，延续至胃的贲门。胃的幽门连接小肠，小肠起始部分为“C”形的十二指肠，以下延续部分为空肠和回肠，它们迂回走行，于右髂窝处连于大肠。大肠起始部分为盲肠，而后为升结肠、横结肠、降结肠，它们形成方框将小肠围在框内，在左髂窝处延续为乙字形的乙状结肠，入小骨盆，后变直为直肠，最后开口于肛门。在消化系统模型上可见到的消化腺有开口于口腔的 3 对唾液腺（腮腺、舌下腺和下颌下腺）及开口于十二指肠的肝和胰。

（二）消化系统各器官的观察

1. 口腔的观察

（1）口腔各壁

在活体上利用压舌板观察口腔的前壁、外侧壁、上壁和口底。注意辨认腭帆、腭垂、腭舌弓、腭咽弓和腭扁桃体。（图4－2）

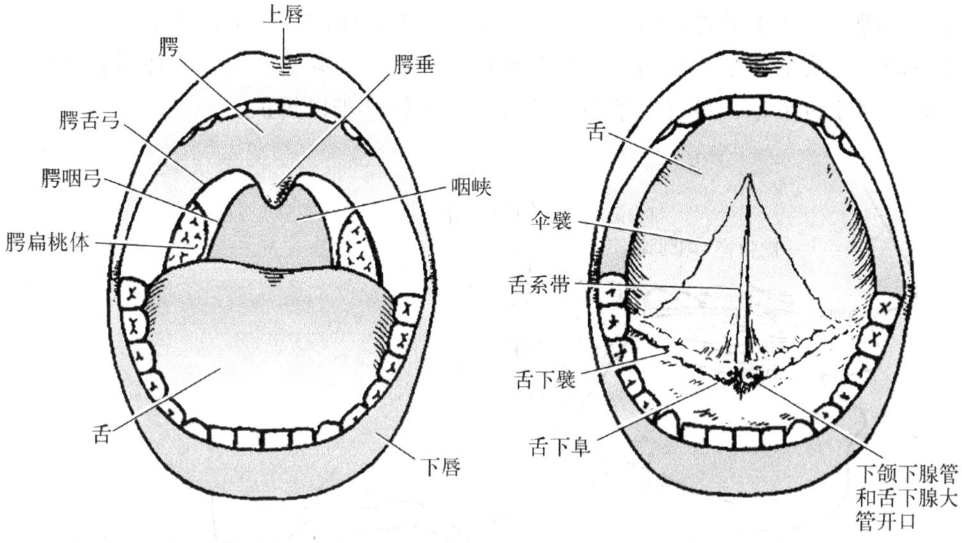

口腔（张口）　　口腔（张口、舌抬高）

图4－2　口腔

腭帆为软腭后部游离的部分，腭垂为腭帆后缘中央向后下方的突起。自腭帆向两侧延伸的两条弓形皱襞，前面的称腭舌弓，后面的称腭咽弓，二者之间的隐窝称扁桃体窝，腭扁桃体位于其间。

（2）牙

在活体、模型及标本上观察牙的排列顺序、分部及结构。

（3）舌及舌背

在活体上观察舌背面（图4－3），在舌前2/3与舌后1/3交界处可见人字形的界沟，沿界沟前方排列有7～11个轮廓乳头，呈圆形突起，周围有环状沟。舌根部黏膜内有淋

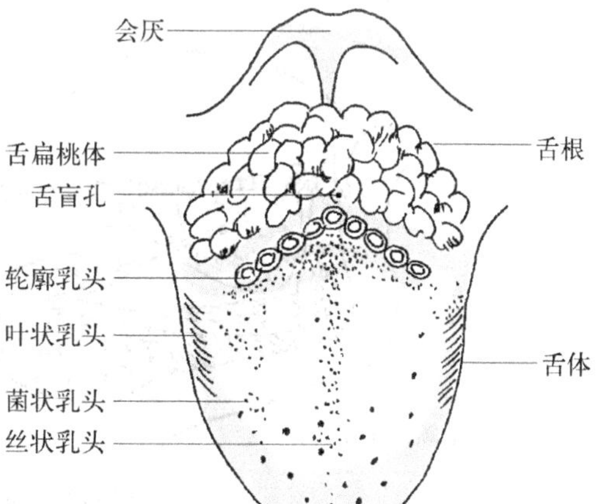

图4－3　舌背面

巴组织使其表面出现许多大小不等的泡状突起，称舌扁桃体。

(4) 口腔腺

口腔腺是开口于口腔的各种腺体的总称。其包括腮腺、下颌下腺和舌下腺（图 4－4）。

腮　腺　位于面侧区，外耳道前下方。腮腺管从腮腺前缘上端发出，至咬肌前缘转向内，穿面颊部开口于口腔外侧壁，开口位置在平对上颌第 2 磨牙颊黏膜处。可在活体上观察开口处的颊黏膜乳头。

下颌下腺　位于下颌骨体内侧，腺管由深面发出，向前开口于舌下阜。

舌下腺　在头部正中矢状切面模型上观察，位于舌下襞黏膜内，腺体呈长椭圆形。舌下腺大管开口于舌下阜，另有多条小管开口于舌下襞（难以辨识）。

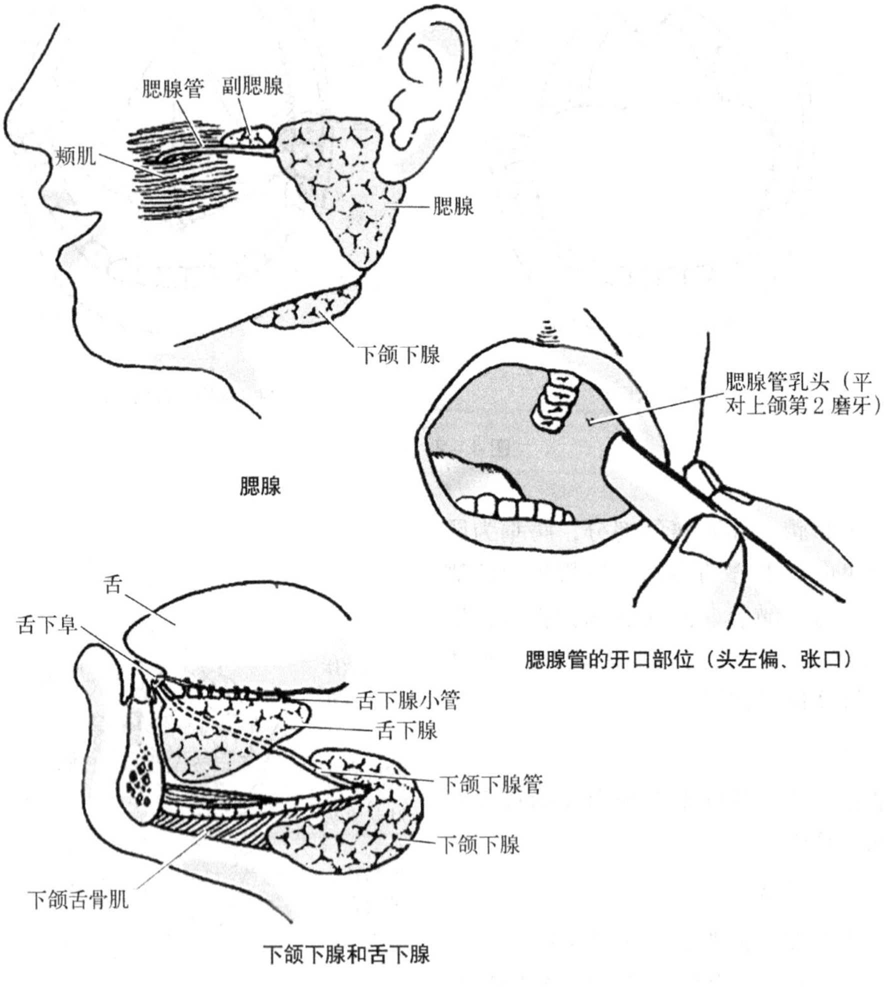

腮腺

腮腺管的开口部位（头左偏、张口）

下颌下腺和舌下腺

图 4－4　口腔腺

2. 咽的观察

在头颈部正中矢状切面模型上观察（图4－5）。咽为一上宽下窄、前后略扁的肌性管道，上起颅底，下至第6颈椎下缘续食管。软腭水平以上为鼻咽，会厌水平以下为喉咽，中段为口咽。各部前壁均不完整。

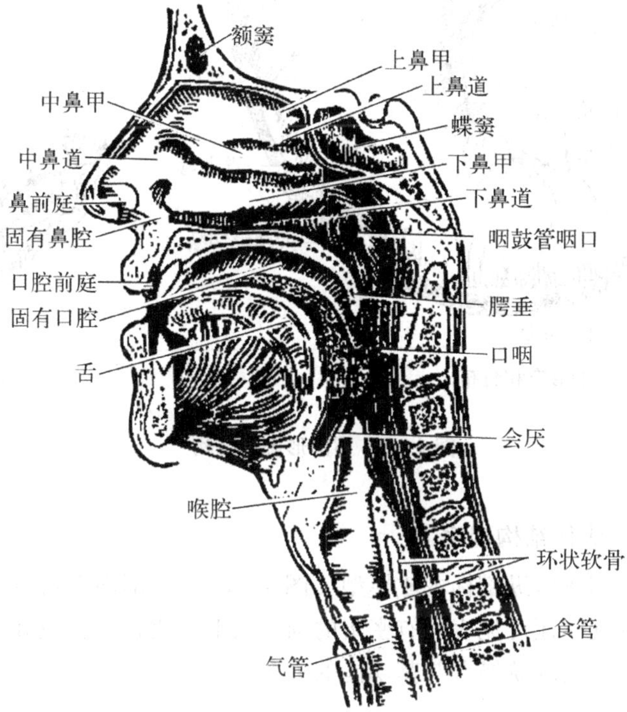

图4－5　头颈部正中矢状切面（示口腔、鼻腔、咽腔和喉腔）

3. 食管的观察

取人体半身解剖模型观察食管各部，注意其行程和各部的毗邻关系。

4. 胃的形态、大体结构观察

取胃标本或模型（图4－6），可见胃呈曲颈瓶状，辨认其前后壁、胃底、贲门、幽门、胃大弯、胃小弯。

在胃冠状切面标本或将胃模型打开成前后两半，分清胃壁由内向外的4层（黏膜、黏膜下层、肌织膜和外膜）结构，在模型上的黏膜层可见许多皱襞，在胃小弯处形成几条纵行皱襞，而其余部分为不规则皱襞。

注意观察幽门处的幽门瓣。思考幽门瓣的形成及其功能。

在去外膜的胃模型上辨认肌织膜的外层（纵行肌）、中层（环形肌）、内层（斜形肌）。注意观察环形肌在幽门处增厚形成幽门括约肌。

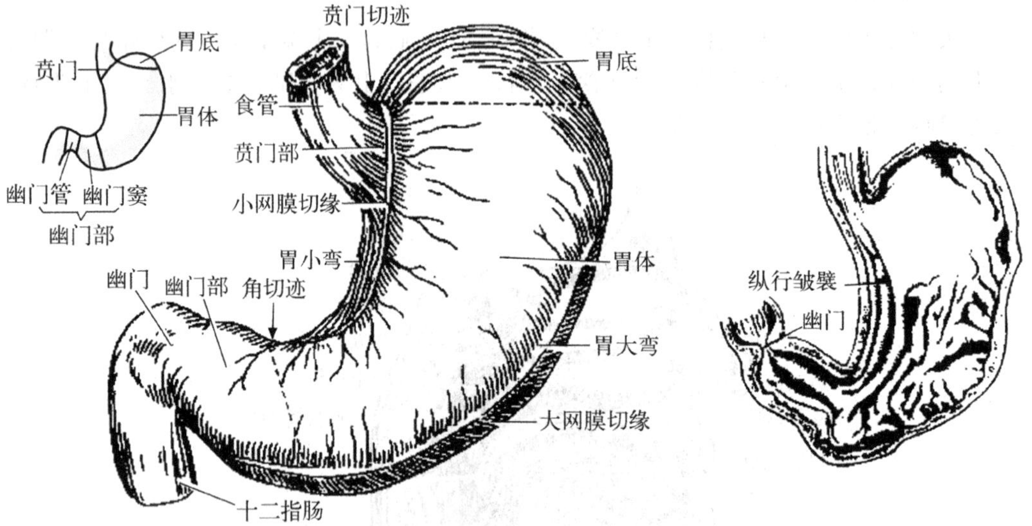

胃的形态和分布　　胃粘膜皱襞

图 4 –6　胃的形态和结构

5. 小肠的形态、大体结构观察

取小肠空肠段和回肠段纵剖标本或模型（图 4 –7），在剖面上可见黏膜形成许多环状皱襞，用放大镜仔细观察还可见表面有密集的细小绒毛。比较空肠段和回肠段环状皱襞的多少和疏密度。思考小肠环状皱襞与其功能的关系。

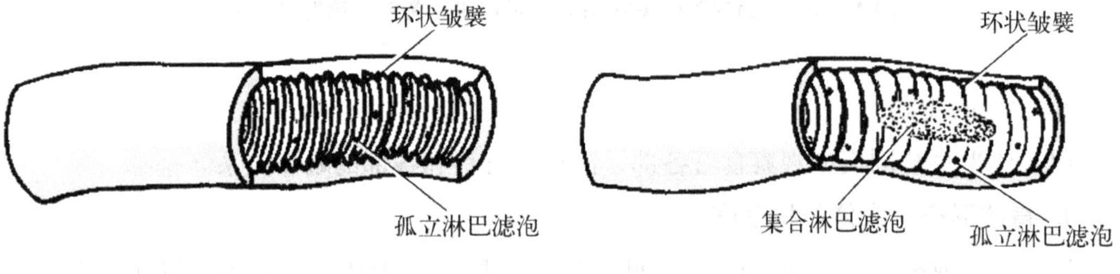

空肠　　回肠

图 4 –7　空肠与回肠

6. 大肠的形态、大体结构观察

在结肠标本或模型上辨认结肠带、结肠袋和肠脂垂（图 4 –8），并与回肠进行比较。

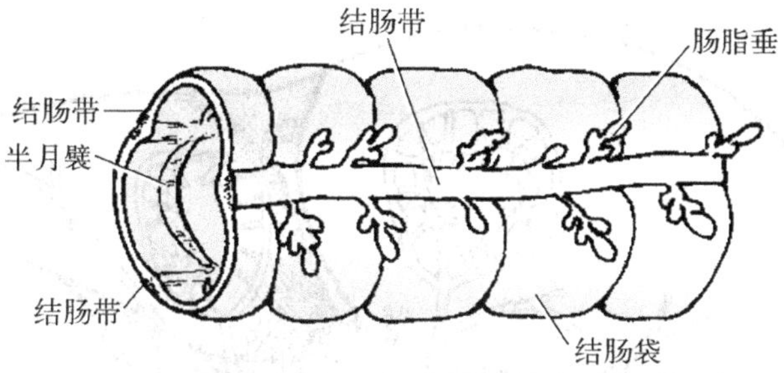

图4－8　结肠的结构

7. 肝的形态、大体结构观察

在人体半身解剖模型上观察，肝大部位于右季肋区，小部位于腹上区及左季肋区。将肝从模型中取出，可看到肝呈楔形，右端粗大而圆钝，左端细小。上面观，镰状韧带将肝分成左、右两叶；下面观，右侧前缘有胆囊和中间一横行凹陷的肝门。在肝门处，分辨进出肝的肝动脉、肝总管、肝门静脉和神经。（图4－9）

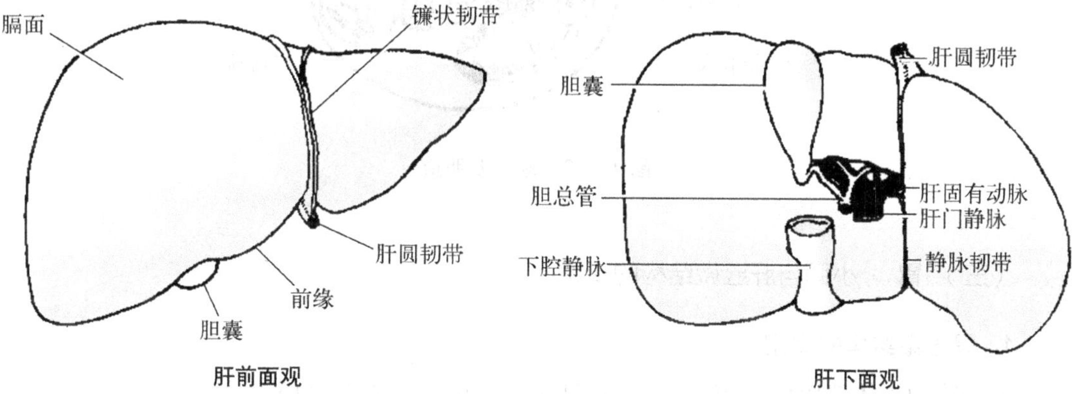

图4－9　肝脏

8. 胰的形态、大体结构观察

取胰腺及十二指肠模型进行观察（图4－10）。

胰腺大部分位于腹上部。其大致可分为头、体、尾3部，之间并无明显界限。胰头被十二指肠包绕。胰体占胰的大部，胰体的左端就是胰尾，较细，与脾接触。

在模型上可见一条与胰腺长轴平行的白色细管，为胰管。此导管从左走向右，沿途收纳许多小管。在胰头和十二指肠降部之间与胆总管汇合共同开口于十二指肠大乳头。

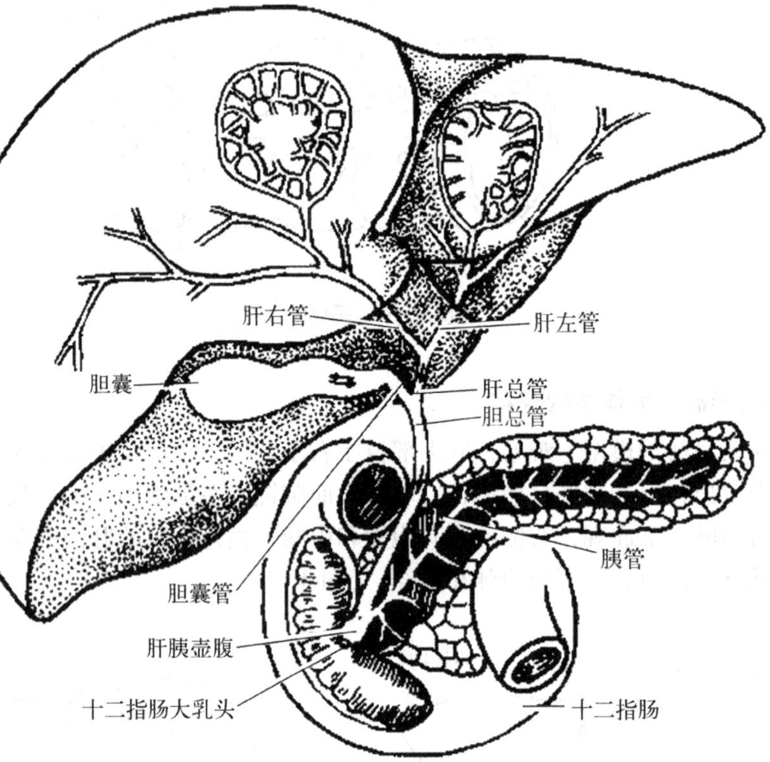

图 4－10　胰腺及胆道

（三）胃、小肠与肝显微结构的观察

1. 胃显微结构的观察

取动物的胃体部切片（HE 染色）在显微镜下观察（图 4－11）。

（1）低倍镜观察

粗略观察可区分黏膜、黏膜下层、肌层和外膜 4 层结构。

仔细观察可见黏膜表面为单层柱状上皮，上皮有凹陷形成短而阔的胃小凹，此为胃腺开口。在肌层可见内斜、中环、外纵的 3 层平滑肌，但内斜、中环两层界限不易分清。

（2）高倍镜观察

可见胃腺 3 种细胞，即壁细胞、主细胞和颈黏液细胞。壁细胞很大，核大而圆，胞质染成深红色；主细胞位于壁细胞之间，数目最多，核圆，位于基部，胞质染成蓝色；颈黏液细胞数量少，位于颈部，柱状形，核扁圆，胞质着色浅。

思考胃腺 3 种细胞有何功能。

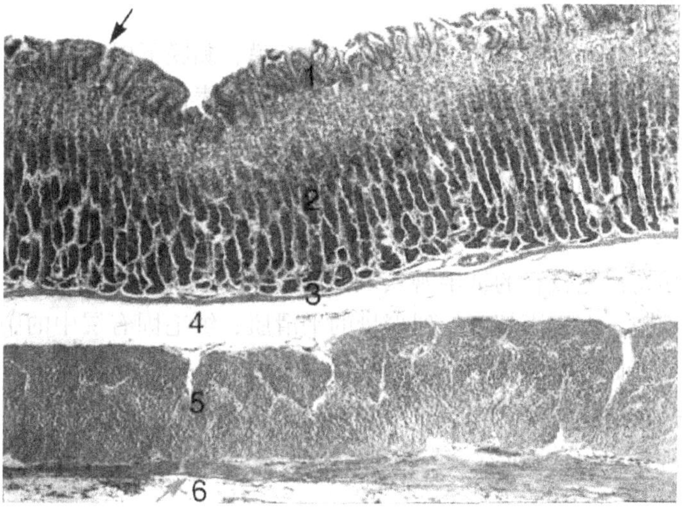

1 ~3—黏膜层；4—黏膜下层；5—肌层；6—浆膜层；↑—胃小凹。

图 4 –11　胃壁切片（HE 染色）

2. 小肠显微结构的观察

取动物十二指肠或空肠切片（HE 染色）在显微镜下观察（图 4 –12）。

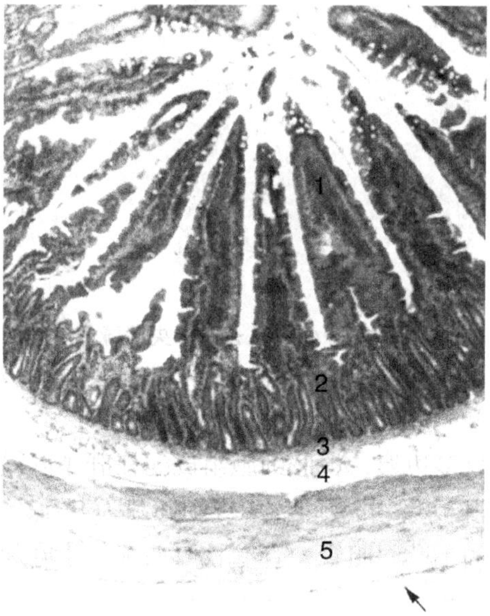

1—小肠绒毛；2—固有层；3—黏膜层；4—黏膜下层；5—肌层；↑—浆膜层。

图 4 –12　小肠横切（HE 染色）

（1）低倍镜观察

粗略观察，可区分消化管壁的4层结构，即黏膜、黏膜下层、肌层和外膜。

仔细观察可见环状皱襞，注意它的构成。在皱襞的表面可见有许多不规则的细小指状突起，即为小肠绒毛。在切片上，绒毛往往被切成纵、横、斜等各式各样的切面，故有的可看到完整的指状形结构，有的仅看到其中部分，其表面为单层柱状上皮。

（2）高倍镜观察

选择一条纵切切得比较直的绒毛观察其结构，可清楚地看到其表面的单层柱状上皮，其间散布有杯状细胞，上皮深部可见到少量的平滑肌，绒毛固有层中的中央乳糜管，其周围可以看到许多毛细血管的各种切面。

3. 肝显微结构的观察

取动物的肝脏切片（HE染色）在显微镜下观察（图4－13）。

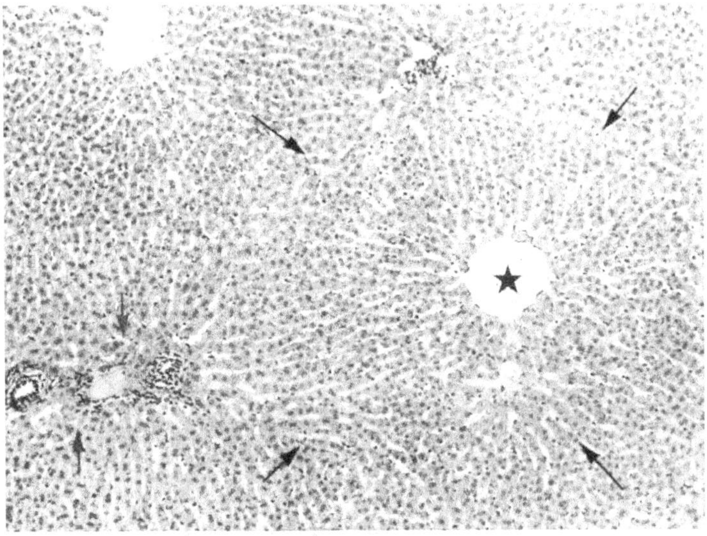

↑—肝小叶；★—中央静脉。

图4－13　肝脏切片（HE染色）

低倍镜下可见肝小叶呈多边形，由肝细胞组成。在肝小叶横断面上，可见肝细胞彼此连接形成许多肝细胞索（肝板），肝板间的不规则间隙为肝血窦。在肝小叶之间的门管区，可观察到染色深、管径小的小叶间胆管，管壁较厚而圆的小叶间动脉和管壁薄呈不规则的小叶间静脉。

在肝小叶的显微结构模型上辨认肝细胞束、中央静脉、肝血窦、胆小管、小叶间动脉、小叶间静脉、小叶间胆管。仔细观察肝血窦两端各与哪些血管相通。思考肝血窦内含有哪些血液及血液的流动方向。

五、实验练习题

①试述胃、十二指肠的位置、形态和分部。
②试述幽门瓣和幽门括约肌结构特点及其功能。
③试述肝细胞束排列特点、肝血窦内所含血液及血液的流动方向。
④思考为什么胃肌层为 3 层，与其功能有何关系？

实验十七　呼吸系统的观察

一、实验内容

①观察呼吸系统各器官的位置、形态和大体结构。
②观察肺的内部结构。

二、实验目的

①掌握呼吸系统的组成及其各器官的位置、形态和大体结构。
②了解喉、气管和支气管的结构。
③观察肺的组织切片，掌握肺的内部结构。

三、实验材料与器具

呼吸系统标本或模型，头颈部正中矢状切标本或模型，喉、气管、支气管和肺的标本或模型，动物肺组织切片，显微镜，各相关内容挂图。

四、实验方法与步骤

（一）呼吸系统整体的观察

取呼吸系统标本或模型观察组成呼吸系统的各个器官（图 4－14）。

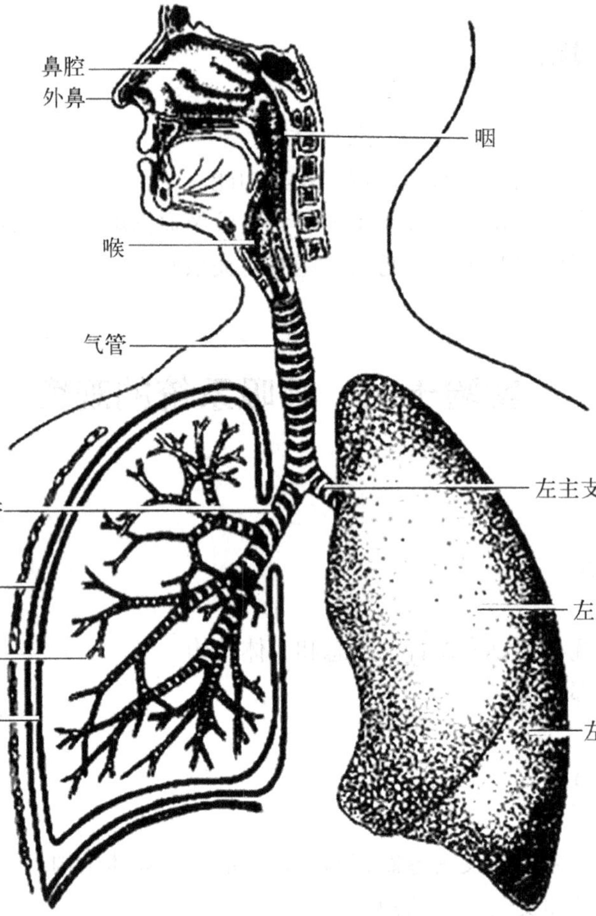

图 4－14　呼吸系统的组成

在标本或模型上可见呼吸道起始于鼻腔，向后通一漏斗形、前后略扁的肌性管道——咽；咽向后下通于喉，喉向下与气管相通，气管入胸腔后在第 2 肋软骨平面分为左、右两主支气管入肺。肺分左、右两肺，位于胸腔内，中间隔以纵隔，是进行气体交换的实质性器官。注意观察并分辨进出肺门的管道。

（二）呼吸系统各器官的观察

1. 鼻腔的观察

取头部正中矢状切面标本或模型观察，可见鼻腔由鼻中隔分成左、右两腔，每个鼻腔又分为前部（鼻前庭）、后部（固有鼻腔）两部（图 4－15）。

（1）鼻前庭

位于鼻腔前下方鼻翼内面，内表面为皮肤，生有粗短的鼻毛。

同时，在头部正中矢状切标本上观察与鼻道相同的鼻旁窦（上颌窦、额窦、蝶窦和筛窦）。

（2）固有鼻腔

具有上、下、内、外4壁，全衬有厚而富有血管的黏膜。其中，上壁狭长呈拱形，上邻颅前窝；下壁宽平，即口腔上壁；内侧壁，即鼻中隔；外侧壁结构最复杂也最重要，应仔细观察。

取头部正中矢状切标本或模型观察，可见外侧壁表面有3片结构，向内下突出，前后方向平行排列，由上而下为上鼻甲、中鼻甲、下鼻甲。每个鼻甲的下方有前后纵行的空隙称为鼻道，上鼻甲的下方为上鼻道，中鼻甲的下方为中鼻道，下鼻甲的下方为下鼻道。

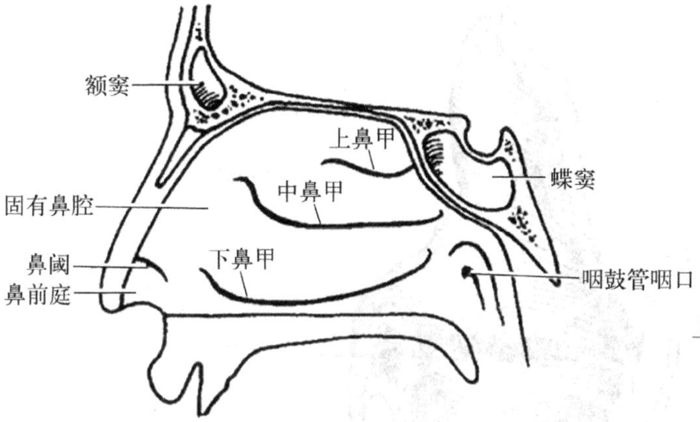

鼻腔矢状切面

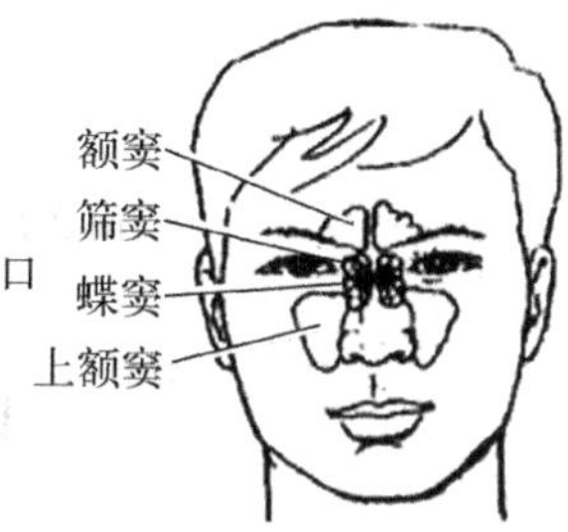

鼻旁窦投影

图4－15　鼻腔外侧壁及鼻旁窦投影

2. 喉的观察

取喉软骨及喉肌解剖放大模型观察，可见喉由软骨构成支架（图4－16）。

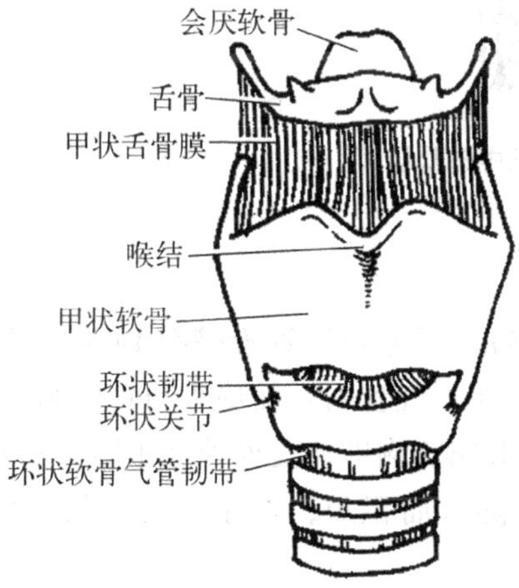

前面观

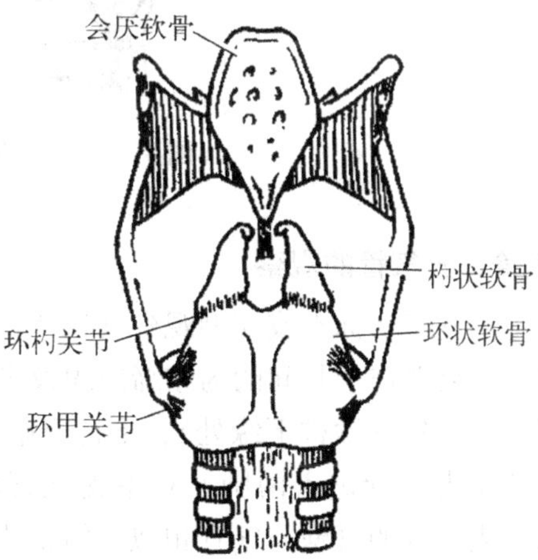

后面观

图4－16　喉的结构

从侧面及前面观，可见甲状软骨，其前缘上端向前突出，叫喉结，可在体表摸到，成年男性特别突出。甲状软骨后下方为前窄后宽的环状软骨，甲状软骨后上方为会厌软骨，形如树叶，下部细长，上部宽阔，下端贴附在甲状软骨前角的内面，前面稍隆凸，后面凹陷对向喉腔。从后面观，在环状软骨上缘的两侧可见一对近似锥形的杓状软骨。

喉的内腔称喉腔，将模型正中矢状切，可见其中部侧壁两对矢状位的黏膜皱襞，将喉腔分为3部，即喉前庭、喉室和声门下腔（图4－17）。上一对皱襞为前庭襞，下一对皱襞为声襞，左右声襞间的裂隙即声门裂，声襞向下与气管相接。思考声襞的发音功能。

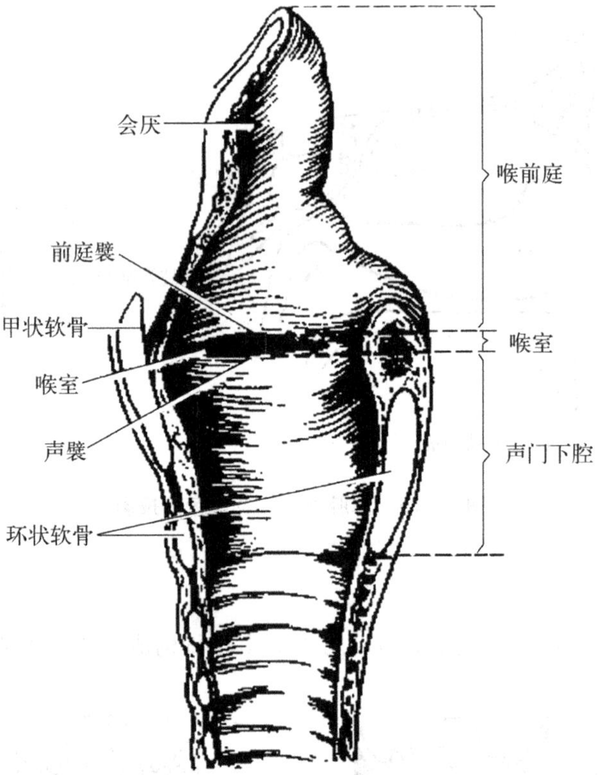

图4－17　喉的正中矢状切面

3. 气管、支气管的观察

取气管、支气管标本或模型观察（图4－18），可见到气管管壁有14～17个“C”形透明软骨环，后壁连于其间的为结缔组织及平滑肌。气管的后面扁平与食管紧邻，起自环状软骨下缘（平第6颈椎下缘处），下行至第4和第5胸椎体交界处（平胸骨角水平），分为左、右两主支气管进入两肺，右主支气管较陡直而粗短，左主支气管较平斜而细长。左、右两主支气管的管壁与气管相似，但稍薄。

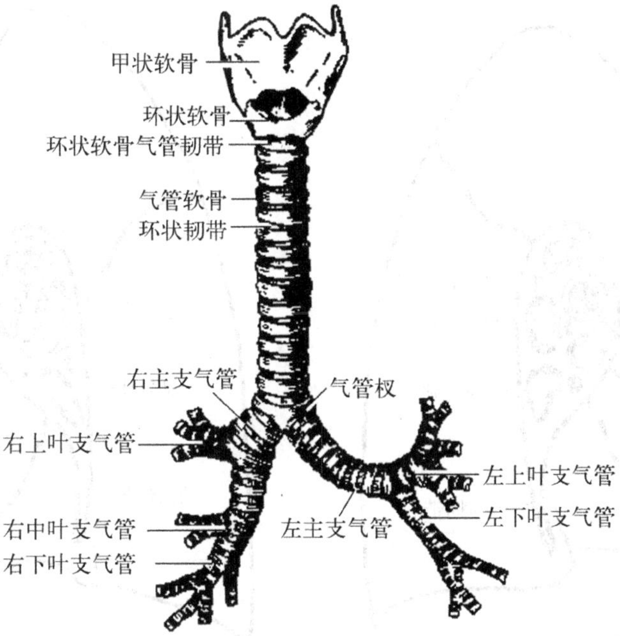

图 4－18　气管及支气管

4. 肺的观察

肺为呼吸系统的主要器官，左、右各一个，位于胸腔内，两肺间隔以纵隔（图 4－19、图 4－20）。

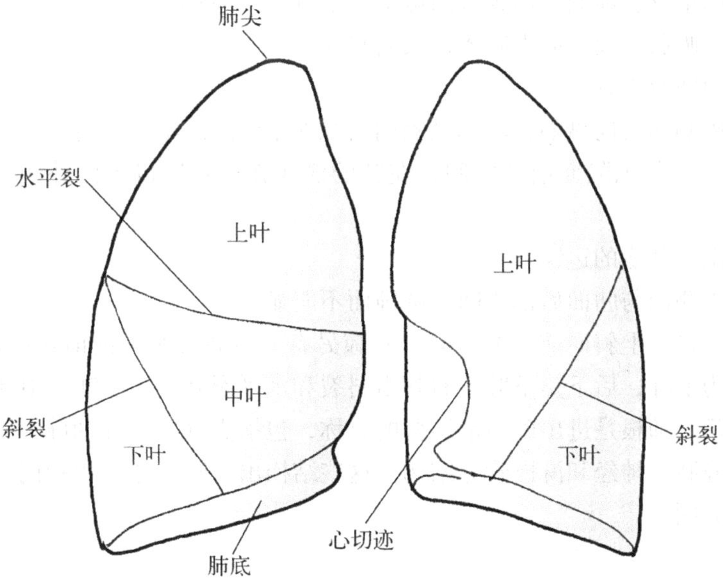

图 4－19　肺的前面观

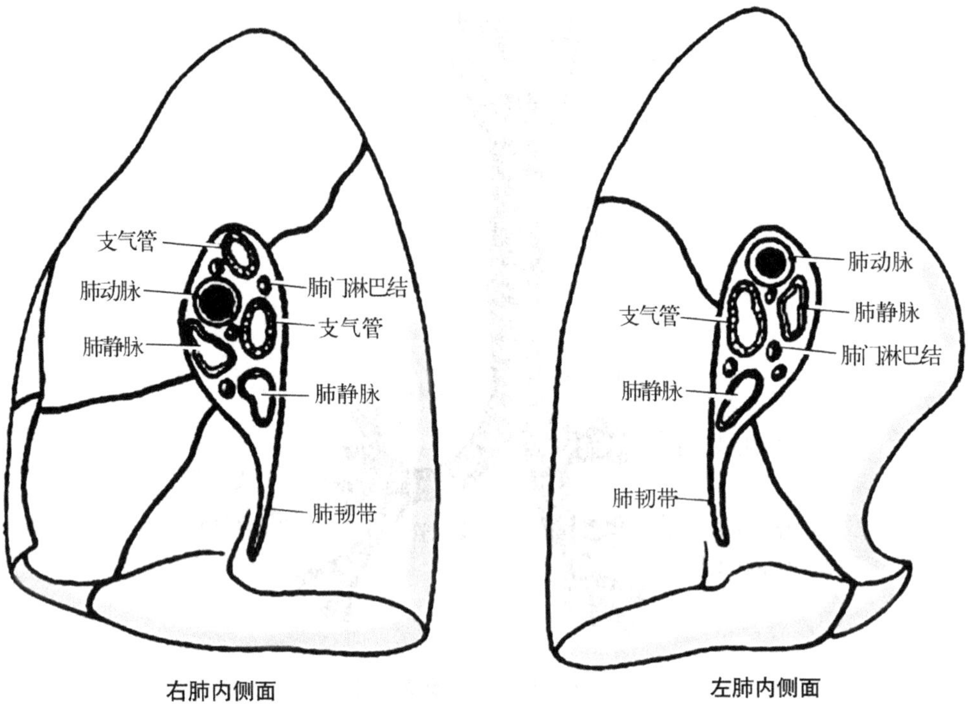

图 4－20　肺的内侧面观

在肺标本或模型上观察，首先区别左、右肺。左肺为 2 叶，右肺为 3 叶，左肺前缘有心切迹。其次观察肺的形态，肺有一尖、一底、三缘和两面。

肺尖　呈圆锥形，前面高出锁骨内侧 1/3 上方 2～3 厘米。

肺底　位于膈肌上面，向上隐入，又名膈面。

肋面　对向肋及胸骨。

纵隔面　内侧面对向纵隔，亦称纵隔面，此面中间的凹隐称肺门。

前缘　为肋面与纵隔面前部之间，左肺的前缘在第 4 肋以下向外倾斜，形成肺的心切迹。

下缘　为围绕肺底的边缘。

后缘　为内侧面与肋面后部之间，圆钝而不明显。

两肺均可见自后上斜向前下的斜裂。右肺另有一自斜裂水平向前达肺前缘的水平裂。左肺斜裂前上为上叶，后下是下叶。右肺由斜裂和水平裂划分为上叶、中叶和下叶。

肺根与肺门　肺根是进出肺门诸结构的总称，包括支气管、肺动脉、肺静脉、支气管动脉、支气管静脉、神经和淋巴管等结构。这些结构出入肺的地方叫肺门。观察肺根结构排列左、右的异同。

（三）肺显微结构的观察

取动物肺组织切片（HE 染色）观察（图 4－21）。

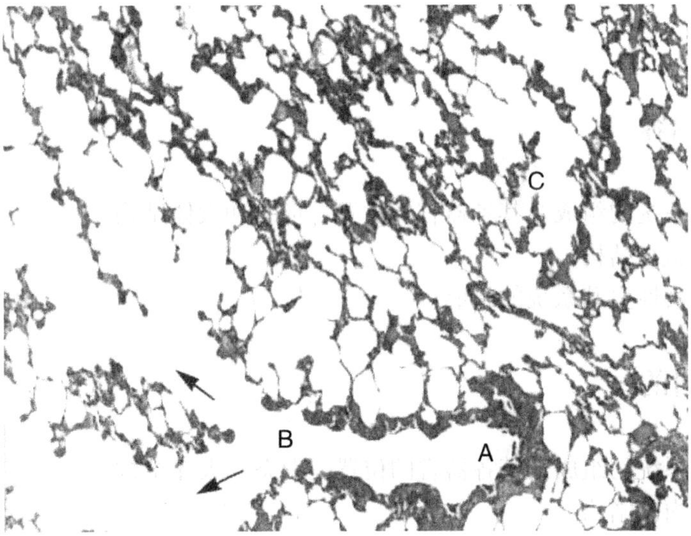

A—终末细支气管；B—呼吸性细支气管；↑—肺泡管；C—肺泡。

图 4－21　肺组织切片（HE 染色）

在低倍镜下可见肺的小支气管、细支气管等及其伴随的血管，还可见很多大小不等的蜂窝状结构——肺泡。

在高倍镜下可见呼吸性细支气管、肺泡小管、肺泡囊、肺泡相连部分，此即为一个肺小叶。还可见上述管壁及肺泡壁均衬有单层扁平上皮。思考肺小叶的这种结构与其功能的关系。

五、实验练习题

①呼吸系统由哪些器官组成？

②试述鼻腔的主要结构。

③试述鼻旁窦组成、位置及生理意义。

④喉由哪些软骨组成？声门裂是怎样形成的？有什么生理作用？

⑤肺在外形上有哪些主要结构特点？

⑥说明肺小叶的组成及其功能。

实验十八　泌尿、生殖系统的观察

一、实验内容

①观察泌尿系统的组成及其各器官的位置、形态和大体结构。
②观察肾的微细结构。
③观察男、女性生殖系统的组成。

二、实验目的

①掌握泌尿系统的组成及其各器官的位置、形态和大体结构。
②掌握肾的内部结构。
③了解男、女性生殖系统各器官的一般功能。

三、实验材料与器具

人体半身模型，男、女性泌尿系统整体标本和模型，肾模型，肾组织切片和肾内部结构模型，男、女盆腔正中矢状切面标本和模型，显微镜、放大镜，各相关内容挂图。

四、实验方法与步骤

（一）泌尿系统整体的观察

取泌尿系统整体标本或模型，可见该系统的器官，包括肾、输尿管、膀胱和尿道（图4－22）。

将人体半身模型的胃、肠、肝取下，可观察到肾位于脊柱两侧，紧贴腹后壁，左肾稍高于右肾，左肾上端平齐第1胸椎，

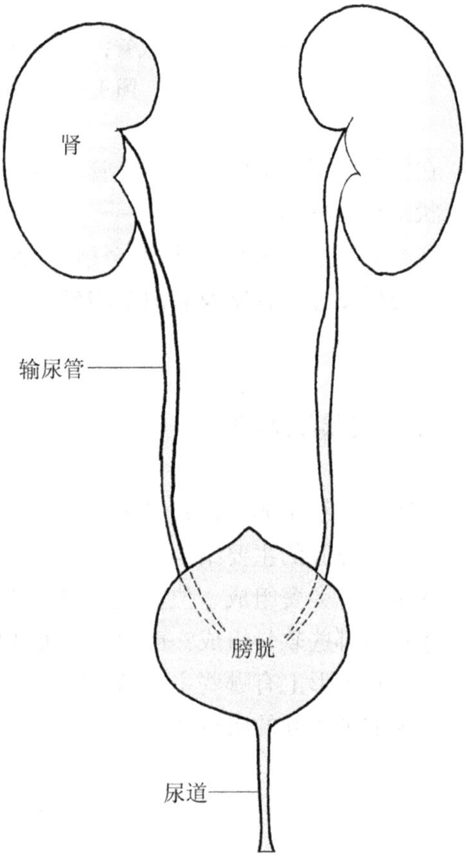

图4－22　泌尿系统的组成

下端平齐第 2 腰椎，右肾比左肾约低半个腰椎体。在肾的凹侧有输尿管相连，并沿腰大肌前面下降入盆腔至膀胱。膀胱底的下方与尿道连接。

（二）泌尿系统各器官的观察

1. 肾脏的观察

取肾整体观模型，可见肾呈红褐色，形似蚕豆。肾的外缘凸隆，内缘中部凹陷为肾门。仔细观察、辨认出入肾门的肾动脉、肾静脉、输尿管、神经等。

在肾额状切面模型上（图 4－23），可见肾边缘的皮质、深部的髓质。髓质内可见 15～20 个呈锥体形的肾锥体，皮质伸入锥体之间的部分为肾柱。肾锥体尖钝圆，伸向肾窦，形成肾乳头。仔细观察，可见几个肾乳头被肾小盏包绕，2～3 个肾小盏合成一个肾大盏，每个肾有 2～3 个肾大盏，肾大盏会合成漏斗状的肾盂。

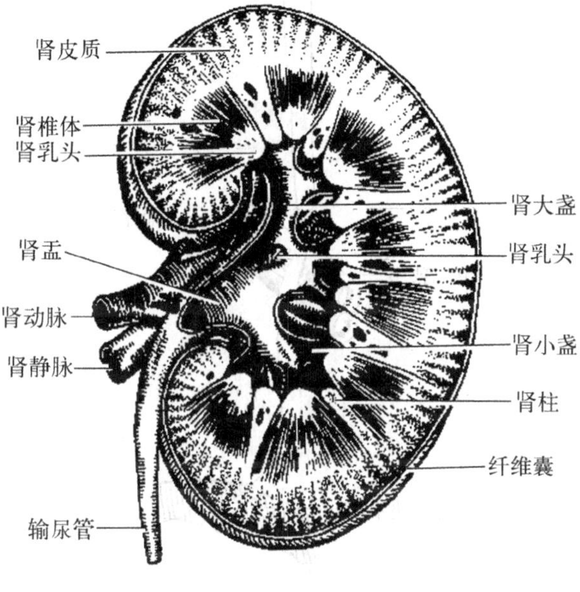

图 4－23　右肾额状切面（后面观）

2. 输尿管的观察

输尿管为一对扁而细长的肌性管道，起自肾盂下端，终于膀胱。在标本或模型上仔细观察，可发现输尿管全长有 3 个狭窄，分别位于其起始部、跨过髂总动脉处和入膀胱处。这些狭窄处常是输尿管结石滞留的部位（图 4－24）。

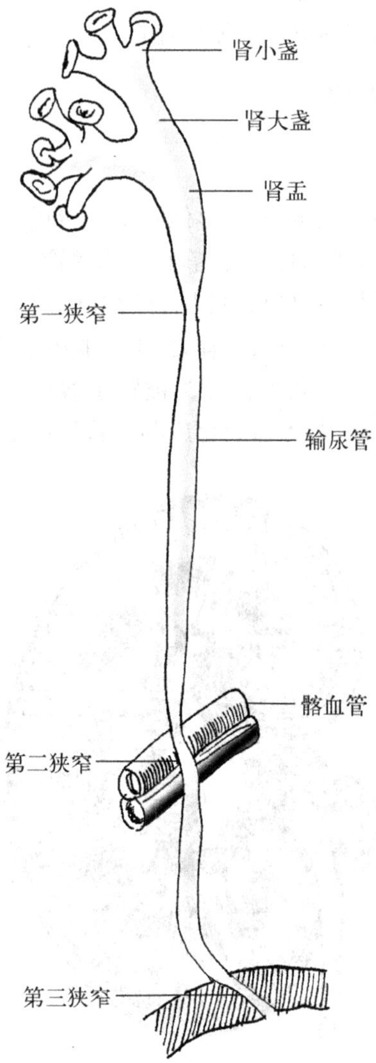

图 4-24　输尿管

3. 膀胱的观察

膀胱是位于盆腔内的囊状器官，在游离膀胱标本或模型上观察，可见膀胱空虚时呈锥体形。可分为尖、体、底和颈 4 部，各部之间没有明显的界限。膀胱尖朝向小骨盆前上方。膀胱底呈三角形，朝向后下方。尖与底之间的大部分称膀胱体。膀胱体的下部有尿道内口，围绕尿道内口部分称膀胱颈（图 4-25）。

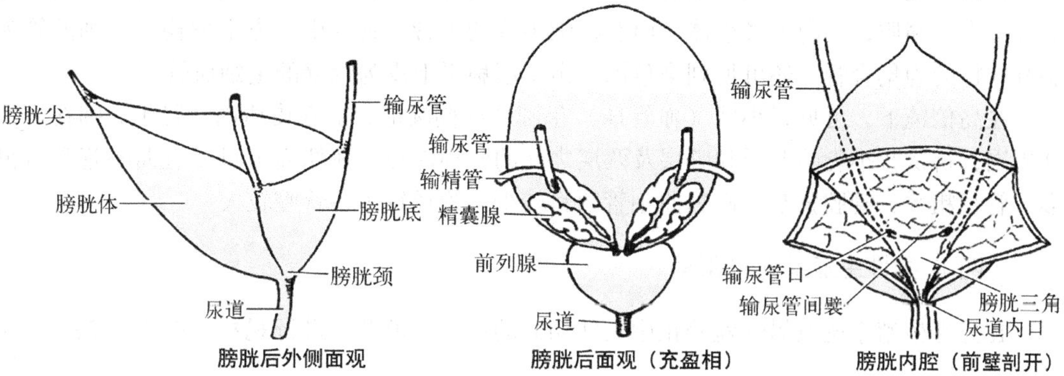

图 4－25　膀胱

在膀胱底的内面有一个三角形区域，由于缺少黏膜下层，无皱襞，此区域称为膀胱三角。膀胱三角位于膀胱底两侧的两输尿管口与前下方的尿道内口之间。

4. 尿道的观察

膀胱底的下方与尿道连接。取男、女性泌尿系统整体标本或模型观察，可见男性尿道长而细，止于阴茎的尿道外口；女性尿道短而宽，止于阴道前庭的尿道外口。

（三）肾显微结构的观察

取动物肾组织切片（HE 染色），在显微镜下观察（图 4－26）。

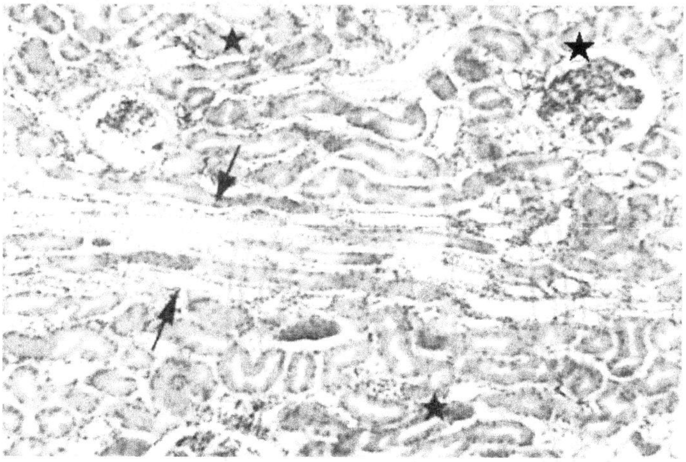

★—肾小体；↑—髓放线。

图 4－26　肾皮质（HE 染色）

在低倍镜下，可见呈深红色的部分为皮质，内含很多肾小体和弯曲的小管。呈浅红色的部分为肾髓质，其内无肾小体，而有粗细不等的小管。管壁由立方上皮构成，细的管为髓袢，粗的为集合管。还可见到染色深，由单层扁平上皮为管壁的毛细血管。

在高倍镜下，可见肾小球（血管球）呈圆形或椭圆形，散在皮质内。肾小囊围在血管球周围，辨认肾小囊的壁层和脏层及两层之间的肾小囊腔。在切面上可见近曲小管数目很多，管径粗大，管腔狭窄，而远曲小管数目较少，管径较小，管腔较大。

（四）男性生殖系统的观察

在男性生殖系统及男性盆腔正中矢状切面的标本、模型上进行观察（图 4－27）。

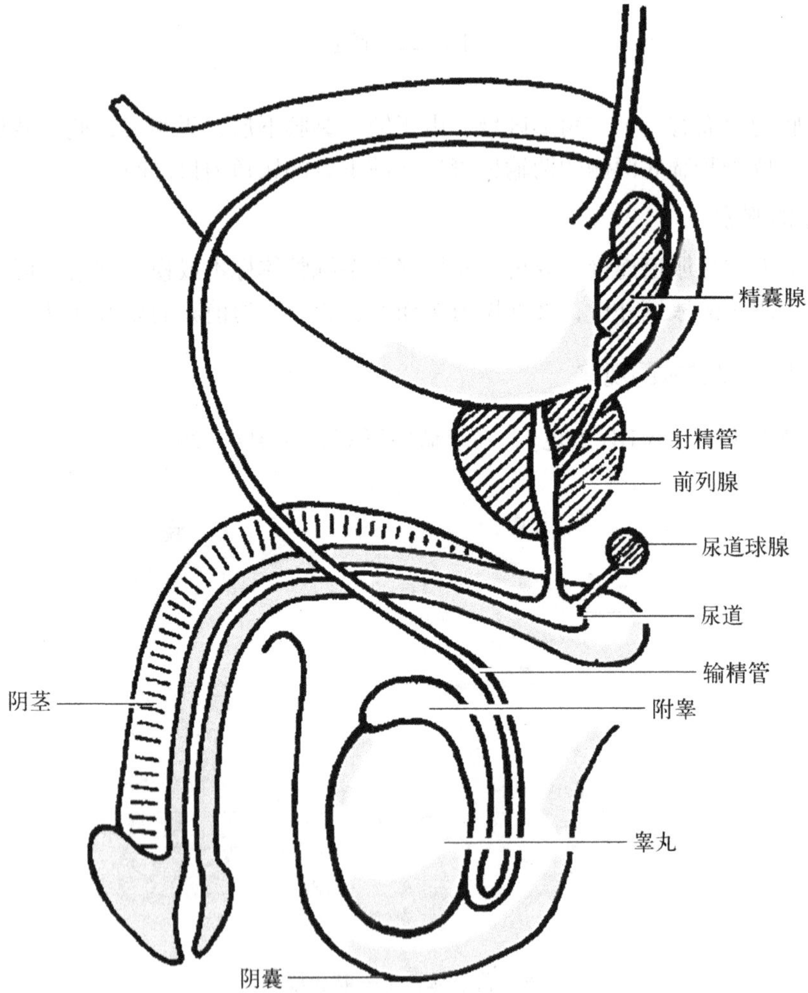

图 4－27　男性生殖系统组成

1. 内生殖器

睾　丸　呈扁卵圆形，位于阴囊内，左、右各一个。

附　睾　呈新月形，附着于睾丸的后缘和上端，可分头、体、尾3部，其内有弯曲的附睾管，出附睾尾后向后上移行为输精管。

输精管　起于附睾尾，出阴囊后，经腹股沟管到盆腔，末端接射精管，其中阴囊根部的一段位置表浅，为男性绝育术结扎常用部位。输精管由睾丸上端进入腹腔前的一段，与血管、神经及筋膜共同组成圆索状的结构称为精索。

射精管　由输精管末端与精囊腺的排泄管会合而成，穿过前列腺开口于尿道。

精囊腺　为一对表面凹凸不平的囊状器官，位于膀胱后部。

前列腺　呈栗子形，位于膀胱后下方，其中央有尿道穿过。

在男性生殖系统标本上观察睾丸和附睾的位置和形态，注意睾丸、附睾和输精管起始段三者的位置关系，观察输精管的起始部位和行程。观察构成精索的结构，在膀胱的后方观察精囊腺的形态及射精管的形成。结合男性盆腔正中矢状切面标本或模型观察前列腺的位置和形态，注意它与尿道的关系及与直肠前壁的毗邻关系。

2. 外生殖器

阴　囊　位于阴茎根的后下方，由阴囊隔将其分成左右两半，各容纳一侧的睾丸和附睾。阴囊壁由皮肤和肉膜（内含平滑肌）构成。

阴　茎　为圆柱状，可分头、体、根3部分。头的尖端有一纵行裂隙即尿道外口。阴茎是由两个阴茎海绵体和一个尿道海绵体及外面的筋膜和皮肤组成，尿道海绵体内有尿道通过。

取阴囊和阴茎的标本观察其形态，注意阴茎头及尿道外口的位置。观察阴囊内的结构及阴囊壁的构造。取阴茎纵切面和横切面标本观察阴茎的结构及3个海绵体的位置。

（五）女性生殖系统的观察

取女性内生殖系统和女性盆腔正中矢状切面模型，观察卵巢的形态、位置和固定装置，观察输卵管位置、分部及各部的形态结构特点，观察子宫及阴道的形态和位置（图4－28）。

1. 内生殖器

卵　巢　呈卵圆形，左、右各一个，位于子宫两侧的骨盆侧壁上。

输卵管　为弯曲的肌性管道，位于子宫两侧，由内侧向外侧可分为子宫部、峡部、壶腹部和漏斗部。女性绝育术结扎常在峡部进行。输卵管有两个开口，内侧端以子宫口通子宫腔，外侧端以腹腔口通腹膜腔，其末端边缘有许多指状突起称输卵管伞。

子　宫　为一厚壁肌性中空器官，呈倒置梨形，可分为底、体、颈3部。子宫内腔包括子宫腔和子宫颈管两部。子宫腔上方两侧与输卵管通连。子宫颈管下口（子宫口）通阴道。子宫位于盆腔中部，膀胱与直肠之间。正常子宫呈前倾前屈位。

阴　道　是一前后略扁的肌性管道，上端较宽阔连于子宫颈，下端以阴道口开口于阴道前庭。

取女性盆腔解剖标本和女性生殖系统标本观察卵巢的位置和形态。于子宫上端外侧找出输卵管，辨认输卵管的各部，注意输卵管两端的通连关系，在女性盆腔正中矢状切面标本上观察子宫在盆腔内的位置，注意其与膀胱、直肠与阴道的毗邻关系。在盆腔正中矢状切面标本上观察阴道的位置、形态。

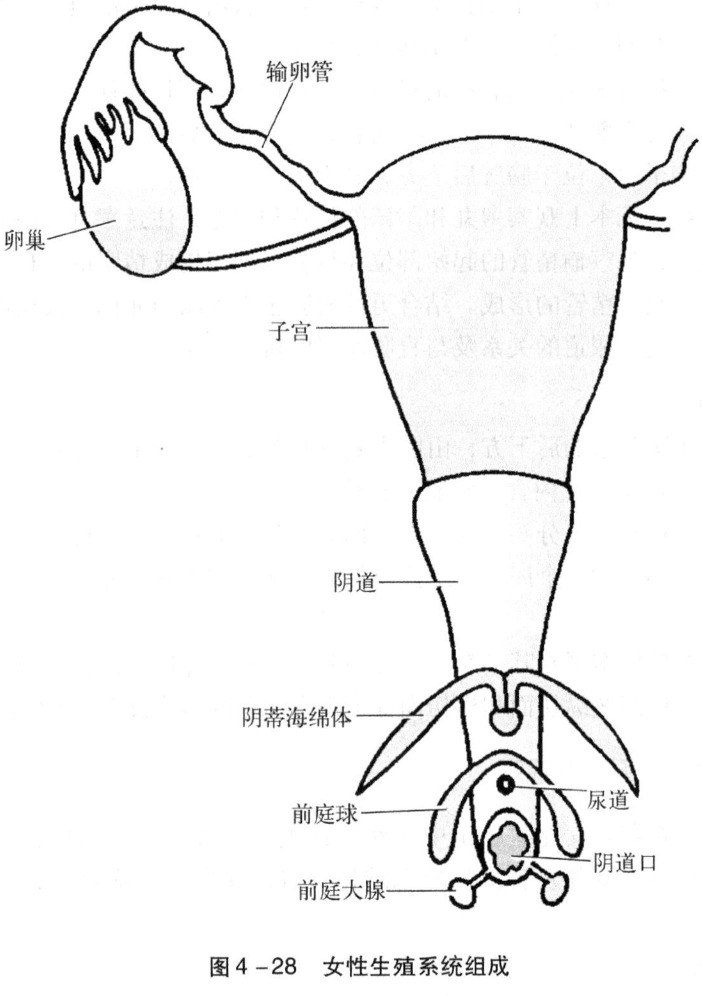

图4－28　女性生殖系统组成

2. 外生殖器

观察女性外阴标本，辨认阴阜、大阴唇、小阴唇、阴道前庭等结构，注意尿道外口和阴道口的位置。

五、实验练习题

①描述肾的外形、位置、大体结构及微细结构。
②试述尿的生成和排出途径。
③说明男、女性内外生殖系统的组成及各器官功能。

实验十九　心血管系统的观察

一、实验内容

①观察心脏的位置、形态。
②观察心脏各腔结构和心壁结构。
③观察心脏营养血管。
④观察全身主要动脉及其分支、分布及行程特点。
⑤观察全身主要静脉及其属支、分布及行程特点。

二、实验目的

①掌握心脏的位置、外形、各心腔的形态结构。
②掌握心壁的构造。
③掌握心内血流途径及瓣膜的作用。
④掌握心传导系统的组成，了解各结构的位置。
⑤掌握左、右冠状动脉的发起、行程、分布，熟悉心的静脉。
⑥掌握全身主要动、静脉血管的行程。
⑦了解全身主要动脉的分支和分布范围。
⑧了解全身主要静脉的属支和收集范围。

三、实验材料与器具

胸腔解剖标本或模型，心脏解剖标本或模型，人体全身血管标本或人体骨骼附动脉血管和神经模型，手部、足部血管标本或模型，各相关内容挂图。

四、实验方法与步骤

（一）心脏的观察

1. 心脏的位置与形态观察

（1）心脏的位置

取人体胸腔解剖标本或人体半身模型观察（图 4－29），可见心脏位于胸腔纵隔内、膈之上，左、右两肺之间，心脏的 1/3 位于正中线的右侧，2/3 居正中线的左侧。将半身模型上的心脏、肺取下，可见到心脏的后面为食管和胸主动脉。

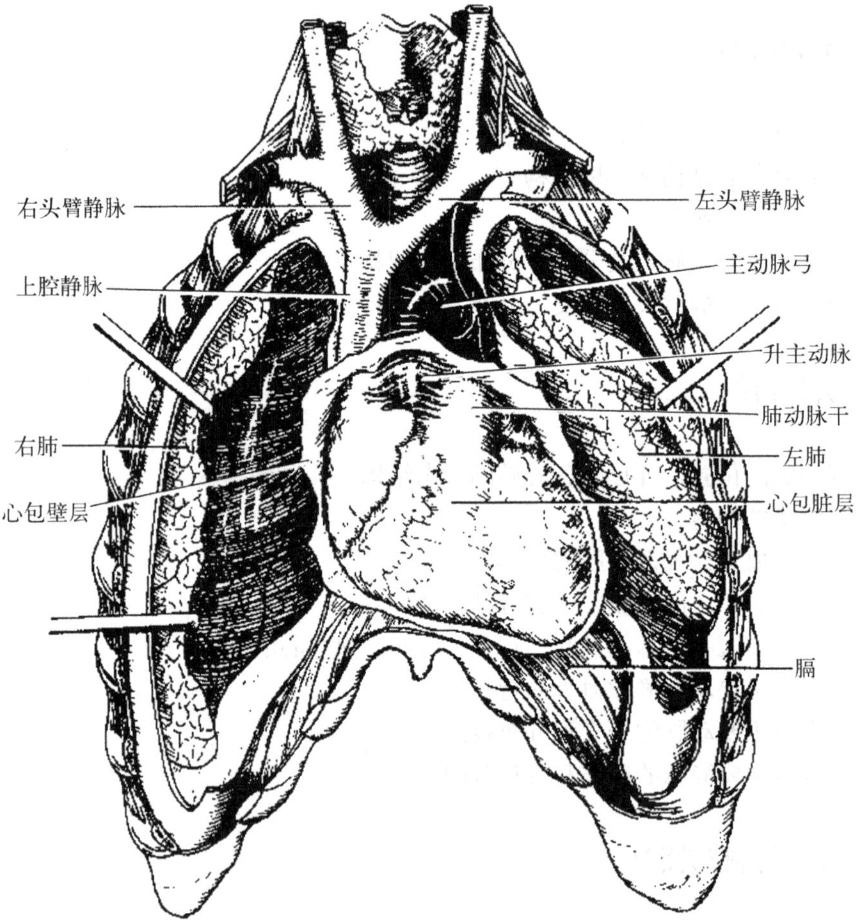

图 4－29　心脏的位置

(2) 心脏的形态（图4－30）

取心脏标本或心脏放大模型，可观察到心脏外形呈前后稍偏的圆锥体，锥底即心底，朝向后上方，锥尖即心尖，朝向左前下方。用手指在左侧第5肋间隙可摸到心尖搏动。

在心脏模型上辨认心的胸肋面（前面）、膈面（后面）、左右缘（肺面）。近心底处可看到环形沟，即冠状沟，此沟为心房与心室的表面分界标志；在胸肋面和膈面分别辨认由冠状沟下行到心尖的前室间沟和后室间沟，它们是左、右心室的表面分界标志。最后在心脏模型上辨认左、右心房，左、右心室，左、右心耳，以及与心脏相连的主动脉、肺动脉、上腔静脉、下腔静脉和肺静脉的位置。

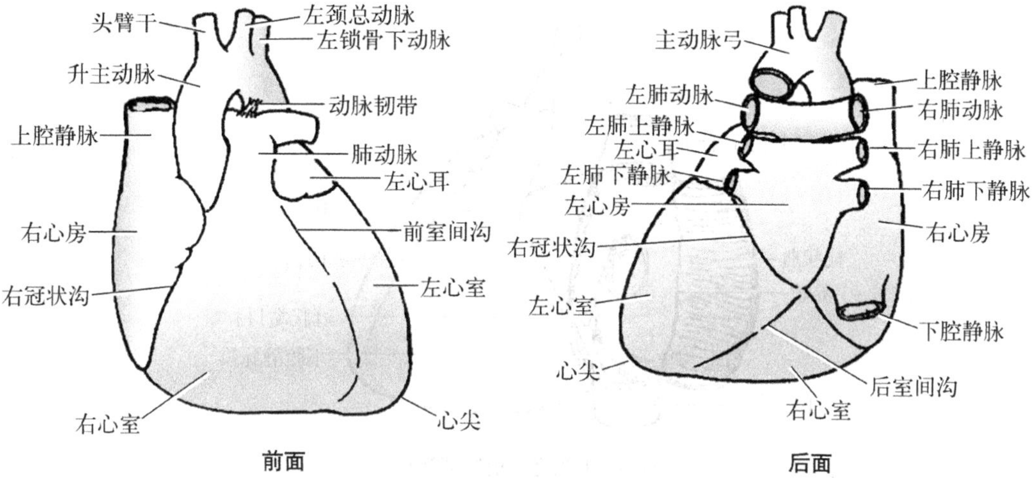

图4－30　心脏的外形

2. 心腔结构的观察

心腔结构主要分为右心房、左心房、右心室、左心室（图4－31）。

(1) 右心房

取心脏放大模型，将右心耳取下，观察辨认后上、下部分的上腔静脉口和下腔静脉口，右房室口，下腔静脉口与右房室口之间的冠状窦口，房间隔下部的卵圆窝。在心脏标本的右心房内表面，可见纵行的梳状肌，此肌延至右心耳内面交错成网状，在右心耳模型的内面可清楚看到。

(2) 左心房

在心脏放大模型上可见左心房的后部较大，壁光滑，两侧有左、右肺静脉的4个开口。前部左前方为左心耳，将左心耳取下，其内有发达的梳状肌。腔内可见通向左心室的大裂口，即左房室口。

(3) 右心室

将心脏放大模型的右心室前壁取下或在心脏标本右心室中，观察、辨认右房室口周缘的纤维环上附着的3个三角形瓣膜，即三尖瓣。仔细观察三尖瓣借腱索连于乳头肌的情况，思考三尖瓣的结构对心脏内血流方向的作用。

在右心室左上方观察肺动脉口，可见口周缘的纤维环附有3个半月形的肺动脉瓣，肺动脉瓣的3个袋口朝上。思考肺动脉瓣结构对血流方向的作用。

（4）左心室

取心脏放大模型的左心室前壁或取心脏解剖标本，辨认左房室口及其周缘的纤维环上附着的二尖瓣，瓣膜也借腱索连于乳头肌尖端。在左房室口的前内侧观察主动脉口，辨认口周缘的纤维环上附着半月形的主动脉瓣，其结构与肺动脉瓣相同。

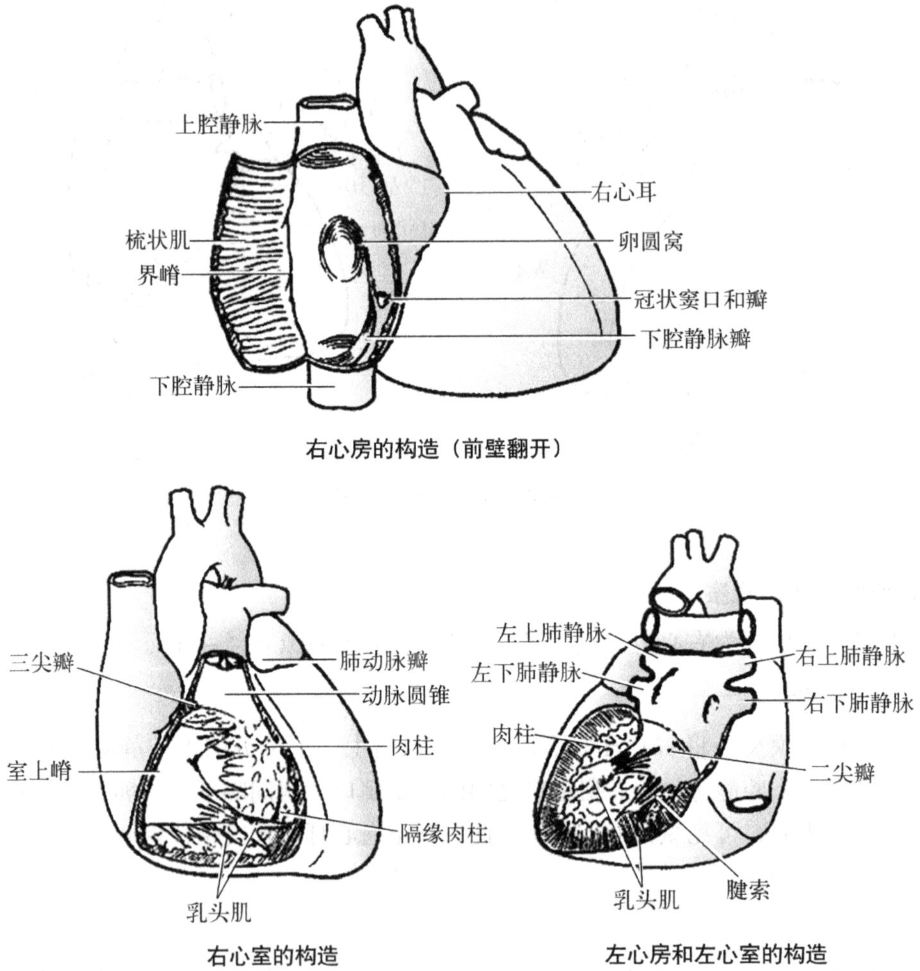

图4－31　心腔的结构

3. **心壁结构的观察**

取已剖开心房、心室的心脏标本或模型观察，可见心壁有内向外的心内膜、心肌层和心外膜3层结构。心内膜覆盖于心房和心室壁的内表面，不易分离，故分不清。但在心室壁内可见心内膜向心腔突出而成的心瓣膜。

在标本或模型上观察、比较心肌层的心房肌与心室肌的厚度及左、右心室肌的厚度。思考为什么心室肌比心房肌肥厚，左心室肌较右心室肌肥厚的功能与意义。

4. **心传导系的观察**

在心脏解剖标本上不易找到心传导系，故采用教学挂图或放映幻灯片观察其结构情况（图4－32）。

在挂图或幻灯片中，可见位于上腔静脉与右心房交界处心内膜深面的窦房结，以及与心房肌联络较细的纤维和较粗的结间束与房室结联系。房室结位于房间隔下部，下端延续于房室束，房室束进入室间隔内分为左、右两束支。在挂图或幻灯片上可见右束支较粗。左、右束支在心壁内一再分支为浦肯野氏纤维。思考心脏自律跳动的兴奋自何处产生，如何传导。

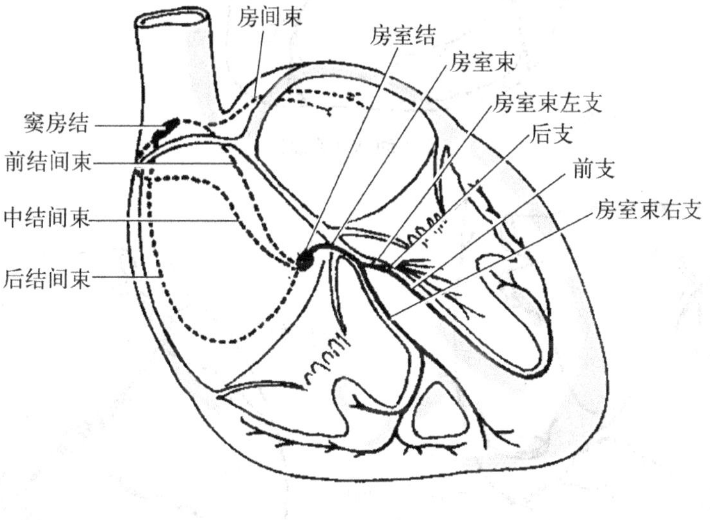

图4－32　心传导系

5. **心脏血管的观察**

心脏血管的观察主要有冠状动脉和静脉的观察（图4－33）。

（1）冠状动脉

取心脏放大模型，观察、辨认发自主动脉起始部，行于冠状沟和前、后室间沟的左、右冠状动脉。

观察可见左冠状动脉较右侧的稍大，发自主动脉起始部后分为两支，即前室间支（降支）和旋支，前室间支沿前室间沟下降，旋支在左心耳的下后方沿冠状沟转到心脏后面。

观察可见右冠状动脉自主动脉根部右侧发出后，经右心耳与肺动脉干之间达冠状沟内向右下行至心的右缘，绕右缘转向膈面，于房室交点处分为二支，后室间支循后室间沟前下行，走向心尖；左室后支向左行，分支至左室隔壁。

（2）心的静脉

心的静脉主要汇成几条较细的静脉支，在心脏放大模型的膈面观察、辨认心小静脉、心中静脉和心大静脉，以及心的静脉最后汇集于冠状窦，注意冠状窦开口于右心房。

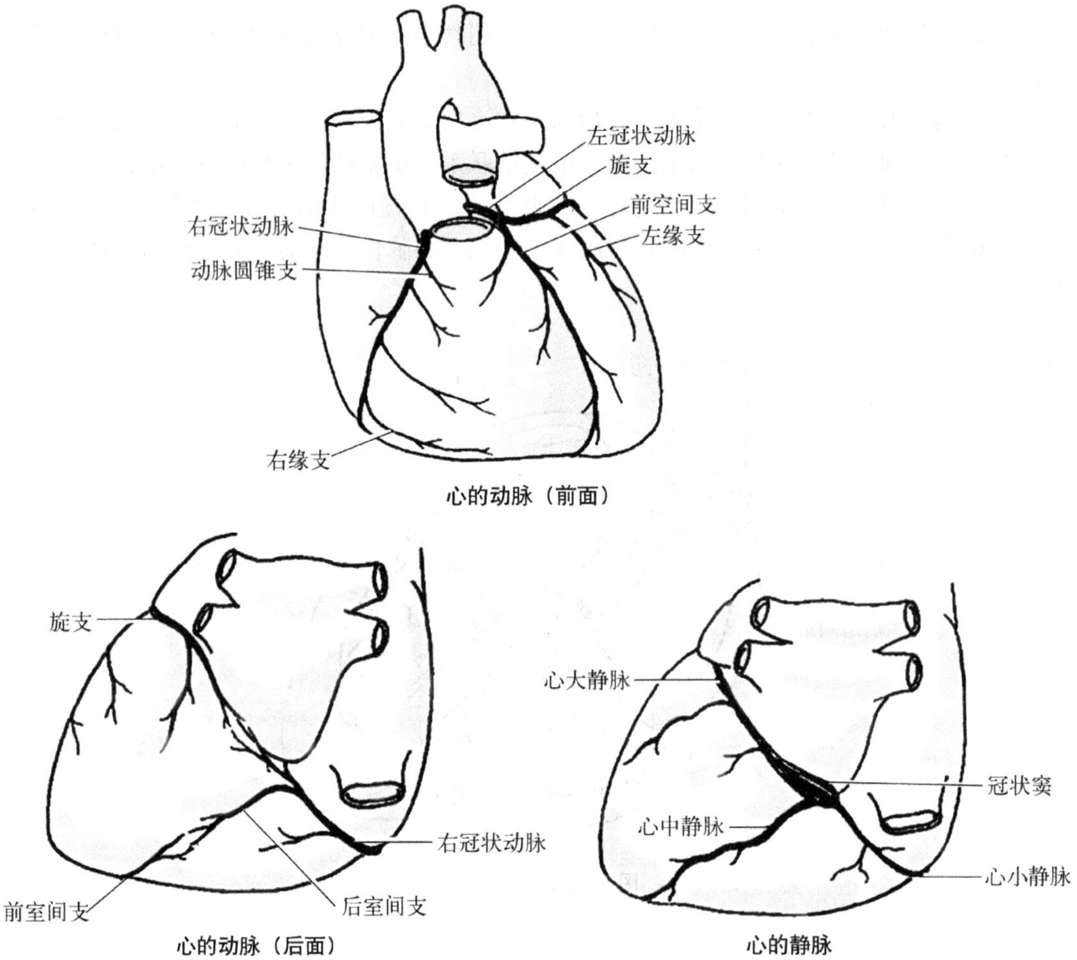

图4－33　心脏的血管

（二）体循环血管的观察

1. 体循环的动脉血管的观察

体循环动脉分布概况见图 4－34。

（1）主动脉弓及其分支的观察

取心脏放大模型，结合附有动脉的骨骼模型进行观察，可见主动脉弓凸侧发出 3 条较大的动脉，自右向左为头臂干、左颈总动脉和左锁骨下动脉。在附有动脉的骨骼模型上，观察、辨认以下主要动脉干及其分支。

头臂干　在模型上可见头臂干经气管前面，向右上方斜升，至右胸锁关节的后方分为右颈总动脉和右锁骨下动脉（二者分支同左侧）。

颈总动脉　在模型上可见右侧的发自头臂干，左侧的直接起自主动脉弓。颈总动脉上升又分为颈内、颈外动脉。颈内动脉至颅腔后分支分布于脑和眼；颈外动脉沿途分支分布于甲状腺、喉、口腔、鼻腔、头面部肌肉和皮肤。在咬肌前缘、下颌体下缘可摸到颈外动脉的分支面动脉，面部、鼻腔出血时，向下颌骨压迫面动脉起止血作用。

锁骨下动脉　在模型上可见右侧的起于头臂干，左侧的直接起自主动脉弓。在第 1 肋外缘移行为腋动脉。主要分支有椎动脉分布至脑等。

腋动脉　是锁骨下动脉的直接延续，发出分支主要分布于上肢带肌、胸肌、肩关节及乳房等。

肱动脉　续于腋动脉，在模型上观察、辨认其主要分支肱深动脉和肌支，主要分布于上臂肌、肘关节等处。

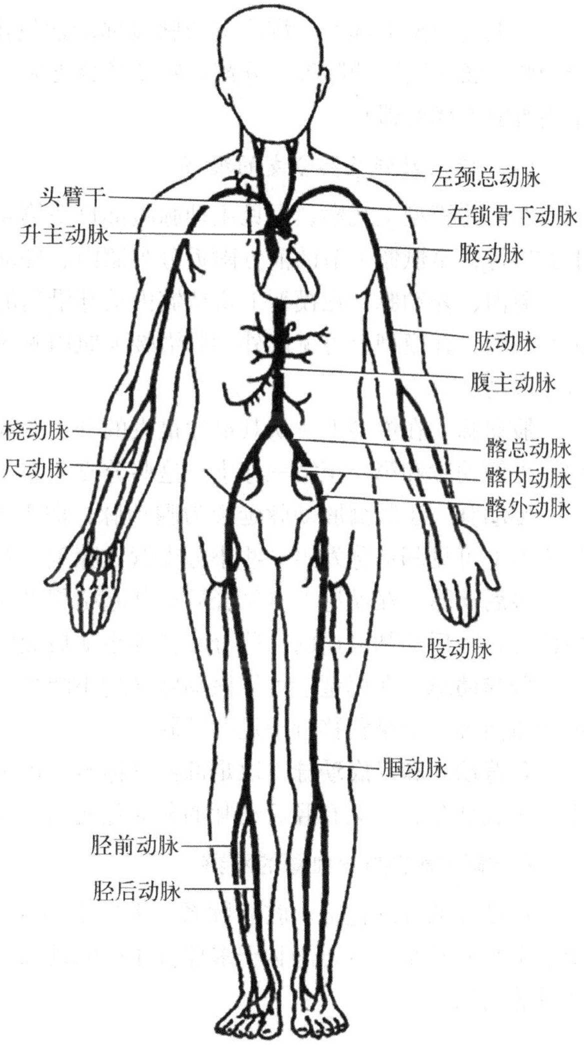

图 4－34　体循环动脉分布概况

桡动脉和尺动脉　在模型上可观察到肱动脉于肘关节处分支为桡动脉和尺动脉。桡动脉与桡骨平行下降，其上段位置较深，下段较浅，可在桡骨茎突掌侧摸到其搏动，此乃按脉搏部位。桡动脉在行程中发出肌支营养前臂肌等。尺动脉自肱动脉发出，斜向内下，沿途发分支至前臂尺侧诸肌等。

掌浅弓和掌深弓 在模型上及手部血管标本上观察，可见由尺动脉的末端和桡动脉的掌浅支吻合而成掌浅弓；由桡动脉末端和尺动脉的掌深支吻合而成掌深弓。它们的分支供给手部营养。

（2）主动脉胸部及其分支的观察

在附有动脉的骨骼模型上可观察到于第4胸椎下缘左侧主动脉弓沿续的主动脉胸部，下达第12胸椎高度移行为主动脉腹部。主要分支有壁支和脏支，思考其主要分布范围。

（3）主动脉腹部及其分支的观察

在上述模型上观察、辨认主动脉腹部沿途发出的主要分支：腹腔干、肠系膜上动脉、肾动脉、肠系膜下动脉等。分辨这些动脉分支哪些是分布于内脏的成对器官，哪些是分布于内脏的不成对器官。

（4）髂总动脉及其分支的观察

在上述模型上观察，可见主动脉腹部自平第4腰椎高度分出左、右髂总动脉，遂向外下方斜行，至骶髂关节的前方附近分为髂内、外动脉。

髂内、外动脉 在模型上辨认髂内动脉沿途的主要分支臀上动脉和臀下动脉，思考其供给范围。在模型上可见髂外动脉沿腰大肌内侧缘下降，经腹股沟韧带的深部至股前部移行于股动脉。

股动脉 在模型上辨认其沿途最大的分支股深动脉，并辨认出股动脉的主要分支旋股内、外侧动脉和第一至第三穿支。这些分支分布于大腿部诸肌。

腘动脉 于腘窝股动脉延续为腘动脉，向下至比目鱼肌线分为胫前动脉和胫后动脉。从模型上可见腘动脉发出一些小分支营养膝关节及附近的肌肉。

胫后动脉 在模型上可见胫后动脉起始部沿腓骨下行的分支腓动脉，分布于小腿外侧肌肉等。胫后动脉沿途的一些分支营养小腿后面肌肉等，至内踝转向足底。

胫前动脉 在模型上可见该动脉穿过小腿骨间膜至小腿前面下行，沿途分支营养小腿前面肌肉等，至足背移行于足背动脉。

足背动脉和足底动脉 取足部血管标本，可观察到足背动脉为胫前动脉的延续，在标本的足底部分，可见有胫后动脉的分支足底内、外侧动脉。

2. 体循环的静脉血管的观察

体循环的静脉包括上腔静脉系、下腔静脉系（含门静脉系）和心静脉系（前已述）。上、下腔静脉系的主要静脉干多伴行相应的动脉干，在实验中重点观察上肢浅静脉和下肢浅静脉的属支。

（1）上肢浅静脉的观察

取上肢浅静脉（图 4－35）和浅层淋巴分布模型观察，可见手指的静脉较丰富，在各指背面形成两条吻合的指背静脉。上行指根处分别合成 3 条掌背静脉，握拳时可在手背清晰看到。

头静脉　在模型上可见该静脉起自手背静脉的桡侧，沿前臂桡侧皮下上行，绕沿上臂外侧上行，至锁骨稍下方注入腋静脉。

贵要静脉　在模型上可见该静脉起自手背静脉的尺侧，后转至前臂的屈侧，过肘窝处接受肘正中静脉，向肱二头肌内侧上行至上臂中点续为肱静脉，或伴行肱静脉上行注入腋静脉。

肘正中静脉　粗而短，模型上可见于肘窝处连接贵要静脉和头静脉。

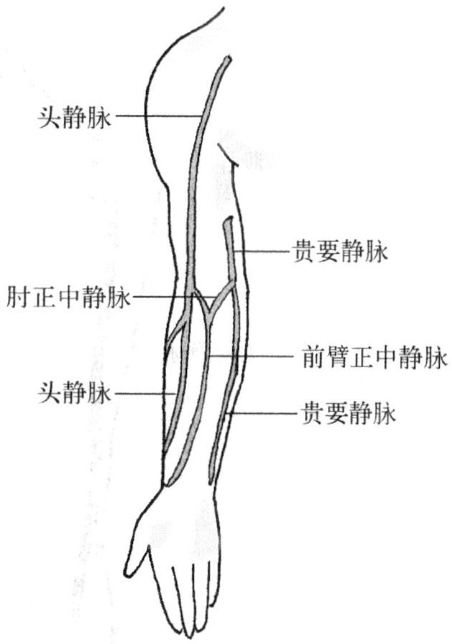

图 4－35　上肢浅静脉

令学生两人一组，其中一名学生将被试学生的上臂中段用力握紧，阻止静脉血回流，此时可见被试者的头静脉、贵要静脉和肘正中静脉充盈血液而隆起，于前臂和肘部皮下可清晰看到上述静脉的行径。

（2）下肢浅静脉的观察

取下肢浅静脉（图 4－36）和浅层淋巴分布模型观察，可见由趾背静脉合成足背静脉弓，横行于跖骨远侧端皮下，弓两端沿弓两侧缘上行，外侧续小隐静脉，内侧续大隐静脉。

小隐静脉　在模型上可见该静脉经外踝后方沿小腿后面上行，至腘窝注入腘静脉。

大隐静脉　在模型上可见该静脉由内踝前面小腿内侧上行，经膝关节内侧、大腿内侧，转至前面达耻骨结节下外方注入股静脉。

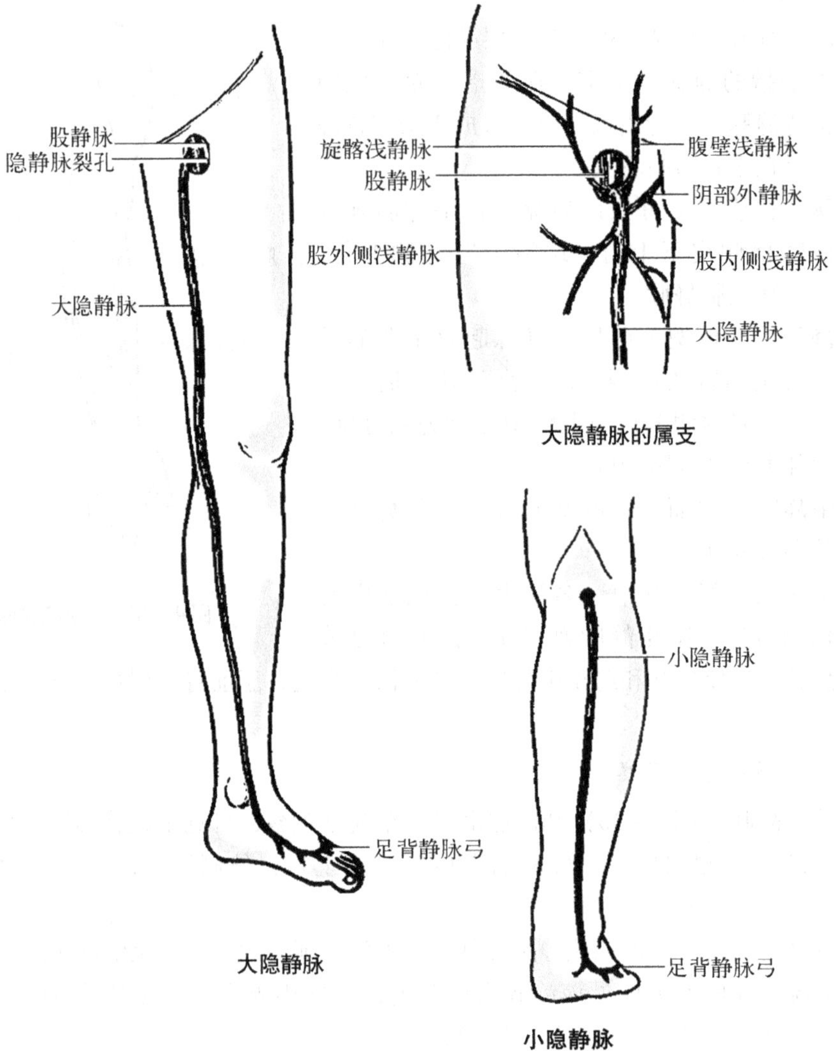

图 4－36　下肢浅静脉

五、实验练习题

①说明心的位置及形态特征。

②试述心的各腔的结构特点、出入口。血液在心内如何流动？为什么能按一定方向流动？

③试述心传导系的组成和功能。

④自己列表总结全身动脉及各级分支。

⑤自己列表总结全身静脉及各级属支。

实验二十　淋巴系统的观察

一、实验内容

①观察淋巴管道的组成，胸导管与右淋巴导管的形成、注入部位和收集范围。
②观察淋巴结的形态、结构，全身主要淋巴结群。
③观察脾的位置、形态及结构。

二、实验目的

①掌握淋巴管道的组成，胸导管与右淋巴导管的形成、注入部位和收集范围。
②了解淋巴结的形态、结构、主要淋巴结群的分布。
③了解脾的位置、形态及结构。

三、实验材料与器具

淋巴结放大模型、脾结构模型、人体半身（示胸、腹腔内脏器官）模型、人体浅层淋巴和浅静脉分布模型，各相关内容挂图。

四、实验方法与步骤

（一）淋巴管道的观察

淋巴管道按管径大小依次可分为毛细淋巴管、淋巴管、淋巴干和淋巴导管。淋巴导管有两条：一条为胸导管，由左、右腰干和一条肠干在第 1 腰椎前面合成，起自乳糜池，穿过膈肌沿脊柱前方上行至颈根部，接纳左颈干、左锁骨下干和左支气管纵隔干后，呈弓状弯曲注入左静脉角，收集左上半身及整个下半身的淋巴；另一条为右淋巴导管，由右颈干、右锁骨下干及右支气管纵隔干合成，注入右静脉角，收集右上半身的淋巴（图 4－37）。

取显示胸导管的标本，在第 1 腰椎前方辨认膨大的乳糜池及汇入其中的左、右腰干和肠干，观察胸导管的行程和注入部位。在左静脉角处寻找左颈干、左锁骨下干和左支气管纵隔干。

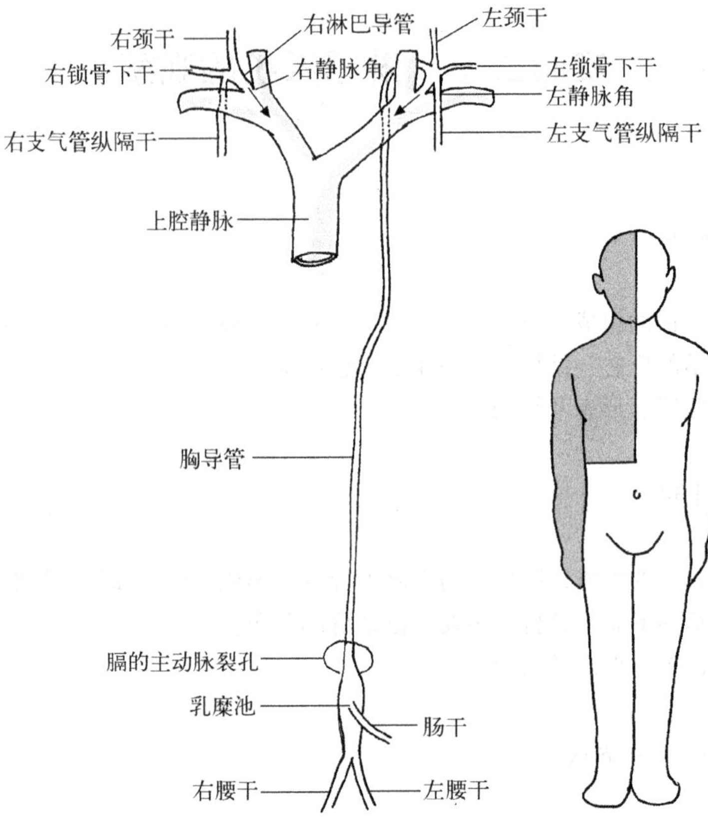

图 4-37 淋巴导管和淋巴干

（二） 人体淋巴结群的观察

人体的淋巴结都集聚成群分布在身体的一定部位。在人体浅层淋巴和浅静脉的分布模型上，观察以下淋巴结群。

1. 头颈部淋巴结群

头颈部淋巴结群位于头颈交界处及颈部，在下颌骨下方可见其中的下颌下淋巴结群，有时（当淋巴结增大）能扪触到。思考其收纳何部位的淋巴管，其输出管会合至何淋巴干（图 4-38）。

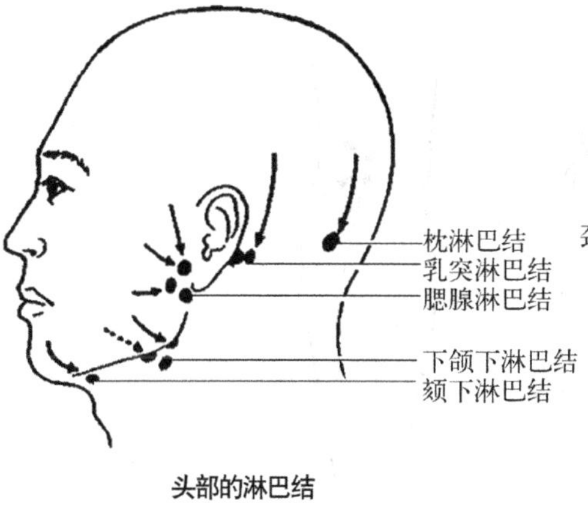

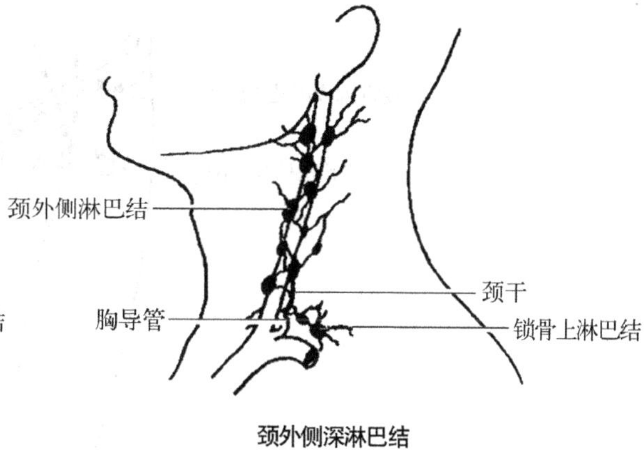

图 4－38　头颈部淋巴结群

2. 上肢的淋巴结群

在模型上于肘窝与肱骨内上髁的稍上方可见肘淋巴结群，于腋窝处可见腋淋巴结群（图 4－39）。思考肘淋巴结群和腋淋巴结群分别收纳何部位的淋巴管，其输出管分别会入何淋巴结和淋巴干。

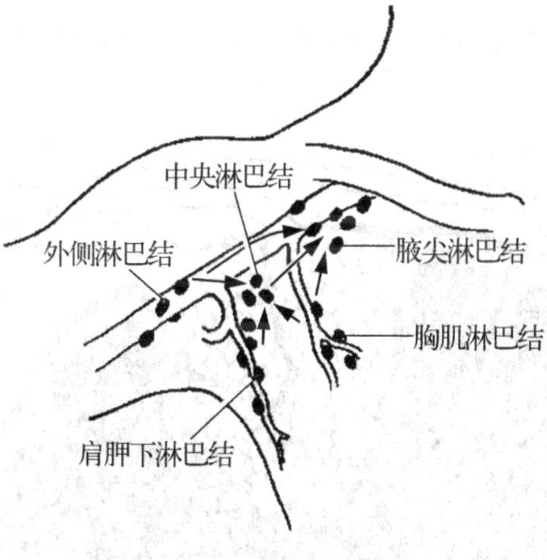

图 4－39　腋淋巴结群

3. 下肢的淋巴结群

在模型上于腘窝处可见腘窝淋巴结群，于腹股沟部可见腹股沟淋巴结群（图 4－40）。思考腘窝淋巴结群和腹股沟淋巴结群分别收纳何部的淋巴管，其输出管分别注入何淋巴结，而后又注入何淋巴干。

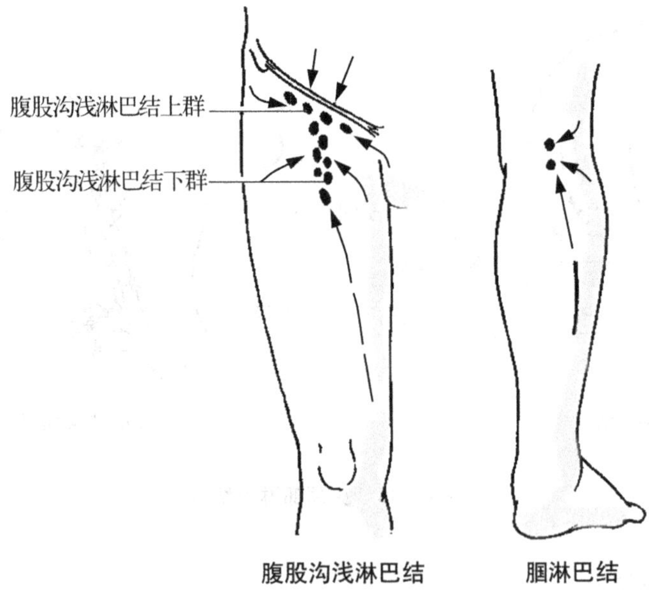

图 4-40　下肢淋巴结群

（三）淋巴结形态结构的观察

取淋巴结放大模型观察（图 4-41），形似黄豆（在活体内很小），一侧隆凸，一侧凹

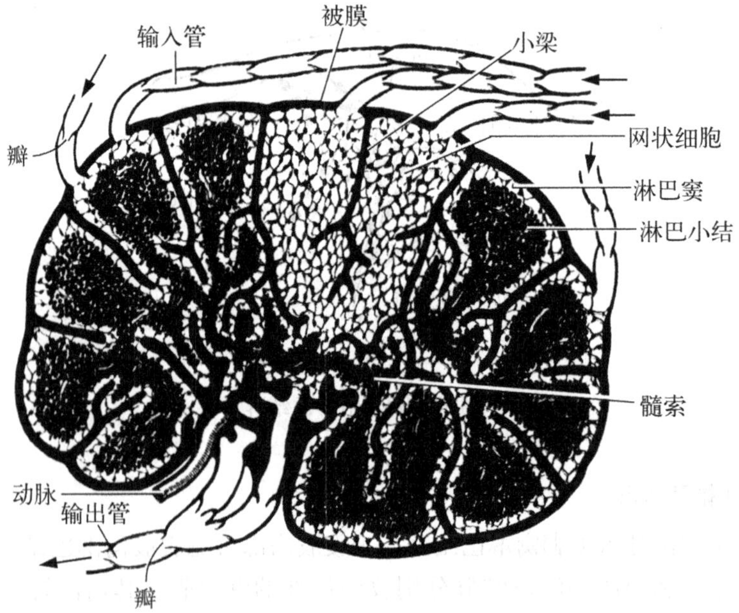

图 4-41　淋巴结

陷。凸侧连接数条淋巴管，是输入管。凹陷处为淋巴结门，连接 1 ~ 2 条淋巴管，是输出管。将淋巴结模型纵向打开，可见外面有结缔组织被膜，观察纵切面可见外围着色较深的皮质、中间色浅而疏松的髓质。在模型上辨认被膜、小梁、髓索、皮窦、髓窦、淋巴小结、网状组织、输入管和输出管。

（四） 脾的观察 （图 4 －42）

取人体半身模型，将腹腔内的结肠、小肠、胃、肝模型取下，可见脾位于左季肋部第 9 ~ 11 肋间，呈长椭圆形，隆凸面贴于膈，凹陷面与胃、结肠左曲、胰尾及左肾相邻。凹陷中央为脾门，有神经、血管进出。

在脾的标本上观察，可见表面覆以被膜，进出脾门的脾动脉和脾静脉均较粗大。在脾脏结构模型上观察，可见被膜伸向实质内的小梁，实质内可见由淋巴组织构成的白髓（呈白色小点）和染成红色的红髓，白髓与红髓由网状组织构成支架，还可见有血管分布。辨认红髓中的血窦和脾索。

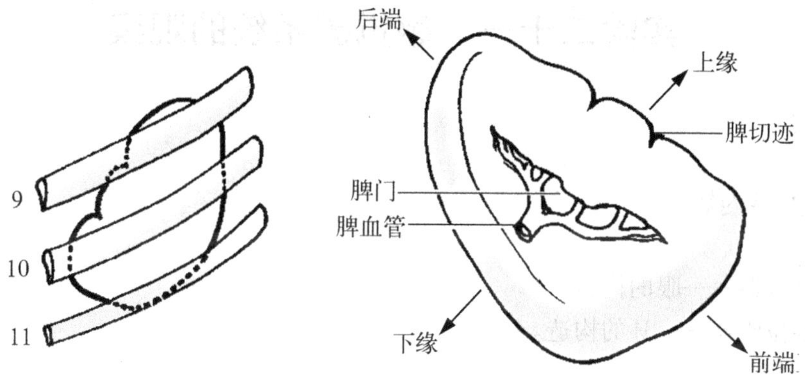

脾的位置（第9~11肋的序数）　　脾的形态（脏面）

图 4 －42 脾

五、实验练习题

①说明淋巴管道的组成，胸导管与右淋巴导管的形成、注入部位和收集范围。
②试述淋巴结的形态、结构。
③试述脾的位置及形态结构。

第五章　人体运动调节系统的实验

实验二十一　感觉器系统的观察

一、实验内容

①观察视器——眼的构造。
②观察位听器——耳的构造。

二、实验目的

①掌握眼球壁层次，各层的形态结构和功能，及其在活体上能辨认的有关结构。
②掌握眼球内折光装置的形态、位置及机能。
③通过活体观察眼，了解眼的附属结构。
④掌握耳的形态结构。
⑤了解螺旋器、囊斑、壶腹嵴的微细结构。

三、实验材料与器具

眼球标本、模型，耳放大模型，听小骨标本，内耳放大模型，螺旋器、囊斑、壶腹嵴微细结构幻灯片，各相关内容挂图。

四、实验方法与步骤

（一）视器的观察

1. 眼球外形的观察

取眼球模型或标本，可见到眼球近似球形，前部稍凸，后方连视神经。

2. 眼球壁的观察

取水平切面的眼球模型或标本，观察眼球壁的结构（图 5－1）。

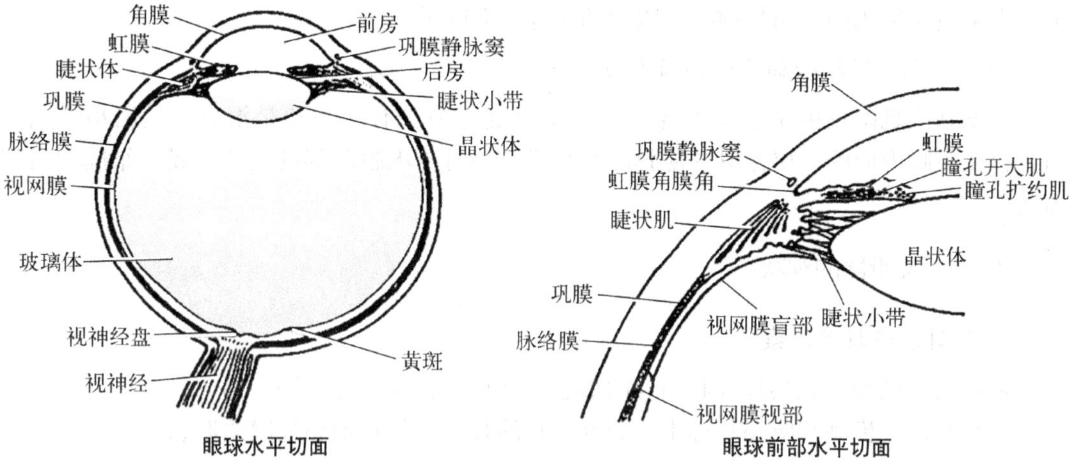

图 5－1　眼球

（1）纤维膜（外膜）的观察

在模型或标本上辨认前 1/6 圆凸、无色透明的角膜，即活体上称“黑眼球”的部分；而后 5/6 呈乳白色的部分为巩膜，即活体上称“白眼球”的部分。思考角膜与巩膜的功能。

（2）血管膜（中膜）的观察

在模型或标本上辨认角膜后方呈圆盘状棕褐色的虹膜，以及虹膜上放射状排列的瞳孔开大肌，虹膜后面可见染成黑色、由色素细胞构成的色素层。虹膜向后环形增厚的部分是睫状体，取眼球标本观察睫状体借睫状小带与晶状体相连。思考睫状肌舒缩对晶状体屈光度的调节功能。

脉络膜占血管膜的后 2/3，前接睫状体，后方有视神经穿过，外与巩膜疏松结合，内面紧贴视网膜色素层。

(3) 视网膜（内膜）的观察

在模型上辨认视网膜盲部和视部，以及视部后方的视神经盘、黄斑和中央凹。思考视网膜视部含哪些感光细胞？为什么盲部无感光作用？为什么中央凹感光最敏锐？

3. 眼球屈光装置的观察

取眼球模型下半部，观察、辨认角膜、前房水、后房水、晶状体和玻璃体。

4. 眼附属结构的观察

令学生相互间或自我（对照镜子）进行活体人眼的附属结构观察。

(1) 相互间观察眼睑与内眦

可见较大的上眼睑和较小的下眼睑。上、下眼睑间的裂隙是睑裂。眼睑的内侧端，上、下眼睑所形成的夹角是内眦。眼睑的边缘生有睫毛。

(2) 将上、下眼睑翻开观察泪点与结膜

可见到内眦附近的上、下睑缘上有一小突起，中央有一小孔是泪点，是泪小管的开口。衬在眼睑内面的一层光滑的薄膜即睑结膜，移行于巩膜前部的是球结膜。结膜内富有血管。

（二）位听器的观察

1. 外耳、中耳的观察

取耳放大模型，观察外耳和中耳的形态、结构（图5－2、图5－3）。

结合耳放大模型和听小骨标本，观察外耳的耳廓、外耳道和鼓膜的形态。

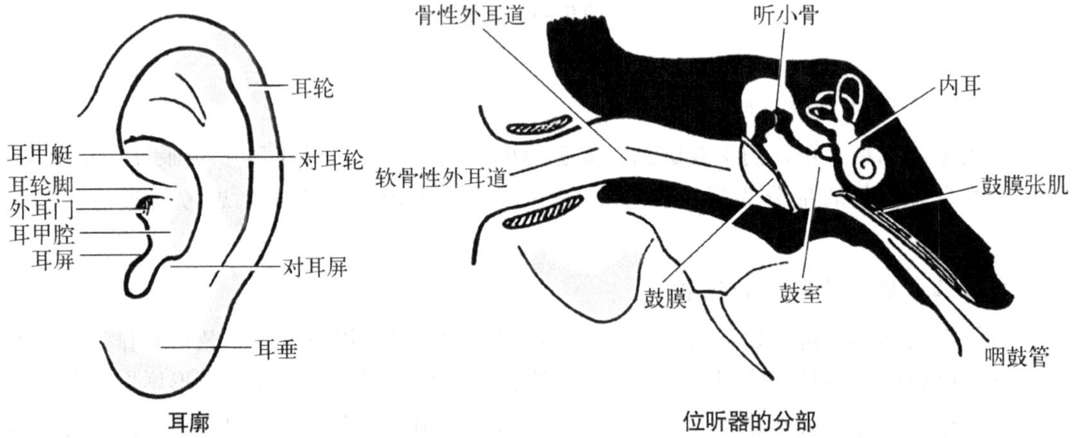

图5－2　耳廓和位听器概貌

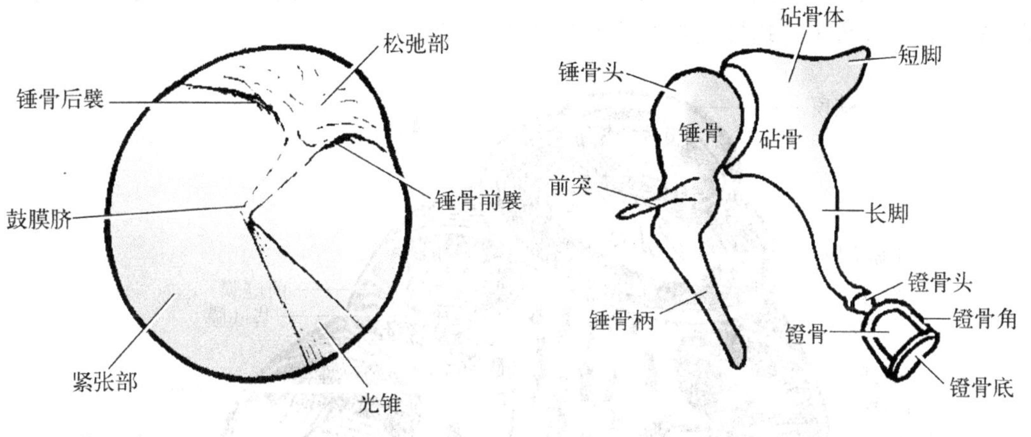

鼓膜（外侧面）　　　　听小骨

图5－3　鼓膜和听小骨

观察中耳各部的位置和毗邻关系。辨认鼓室的外侧壁——鼓膜；内侧壁上有两个孔，后上方为前庭窗，后下方为蜗窗；前壁的开口为咽鼓管。同时辨认鼓室内的3块听小骨及彼此连接成的听骨链，锤骨柄附着于鼓膜，镫骨底封闭前庭窗，砧骨在中间。思考鼓膜、3块听小骨在声波传导中所起的作用。

2. 内耳的观察

结合内耳放大模型，观察内耳中骨迷路和膜迷路的结构。

（1）骨迷路的观察

先在内耳放大模型上辨认骨半规管、前庭、耳蜗3部分，然后分别观察3部分的结构（图5－4）。

骨半规管　在模型上可见骨半规管位于前庭后方。根据方位分辨出前、后、外骨半规管，外半规管呈水平位，前半规管呈矢状位，后半规管呈冠状位，三者互相垂直。辨认每个骨半规管较细的单脚和一个膨大的脚，即骨壶腹。注意前、后骨半规管的单脚合成一个总脚。因此，3个骨半规管只有5个脚，即有5个孔开口于前庭。

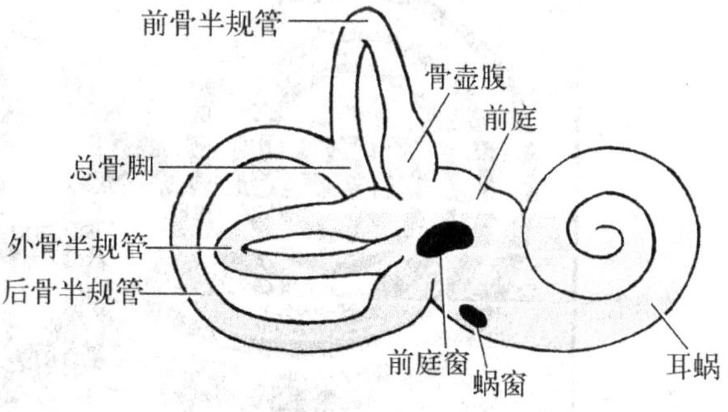

图5－4　右侧骨迷路前外侧面

前庭　位于骨迷路的中部，耳蜗的后方。在模型上辨认其外侧壁上的前庭窗和蜗窗。将模型上的骨半规管和前庭打开，可见其前下方有一孔通耳蜗，后上方有5个孔通向3个骨半规管。

耳蜗　为骨迷路的前部，形似蜗牛壳。在模型上可观察到蜗螺旋管绕圆锥形蜗轴盘旋两周半。将耳蜗模型从蜗顶至蜗底的切面打开观察，可见蜗轴向蜗螺旋管内伸出一骨板，即骨螺旋板，此板未达蜗螺旋管的外侧壁（图 5－5）。

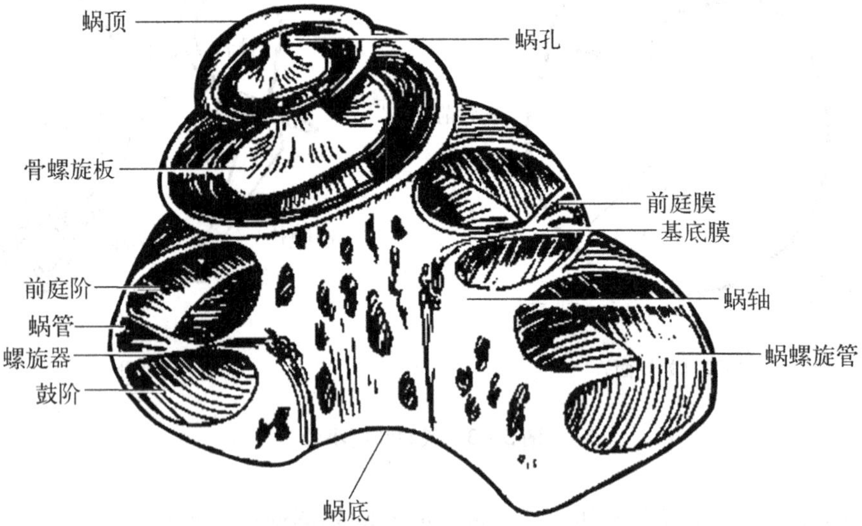

图 5－5　耳蜗纵切示意图

（2）膜迷路的观察

将内耳模型的骨迷路打开，可见膜迷路套在骨迷路管内，然后分别观察膜半规管、椭圆囊、球囊、蜗管（图 5－6）。

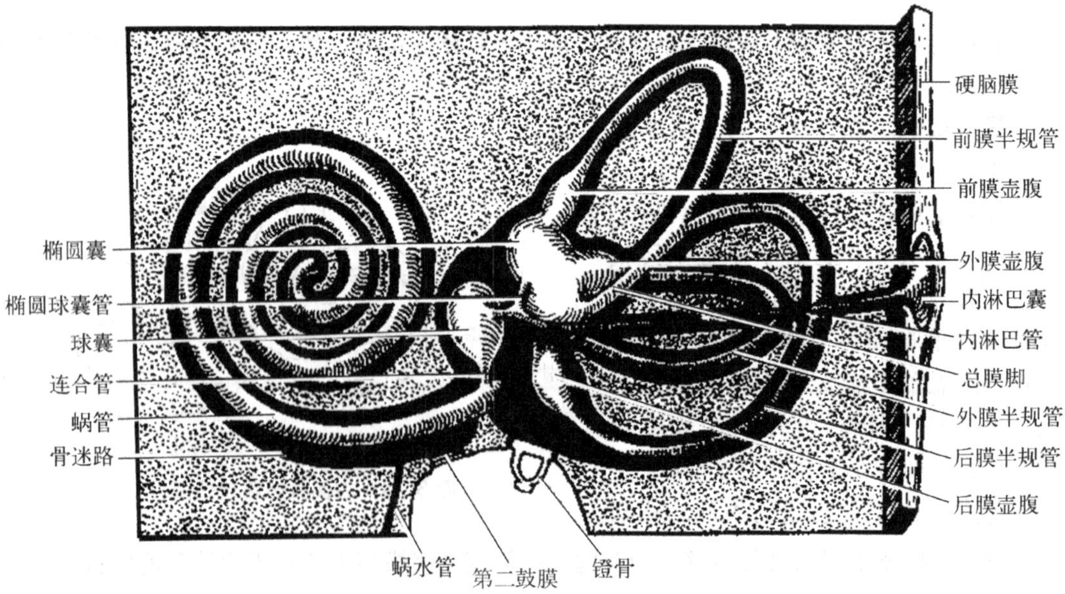

图 5－6　膜迷路模式图

膜半规管　取下模型上的骨半规管，可见膜半规管套在骨半规管内，骨壶腹部相应膜部也膨大，即膜壶腹。膜壶腹壁可见局部增厚的壶腹嵴。

椭圆囊斑和球囊斑　取下模型上的骨半规管和前庭部分，可见前庭内有两个膜性膨大结构，后上方的为椭圆囊，与膜半规管相通，前下方为球囊，借小管与蜗管相通。将两囊模型横切的上半部取下，可见囊壁均有局部增厚部分，分别为椭圆囊斑和球囊斑。

蜗　管　将模型的耳蜗纵切打开，在纵切面上可见蜗管呈三角形，底边为自骨螺旋板至外侧壁的一段膜性结构，即螺旋膜，膜上可见突出的部分为螺旋器。蜗管上壁为前庭膜，外侧壁与蜗管紧贴。

3. 壶腹嵴、椭圆囊斑、球囊斑和螺旋器微细结构的观察

在幻灯片或挂图示教上观察壶腹嵴微细结构（图 5 -7），可见壶腹嵴上有毛细胞，表面覆以终帽，毛细胞底部有前庭神经末梢分布，它们构成位觉感受器。思考其功能。

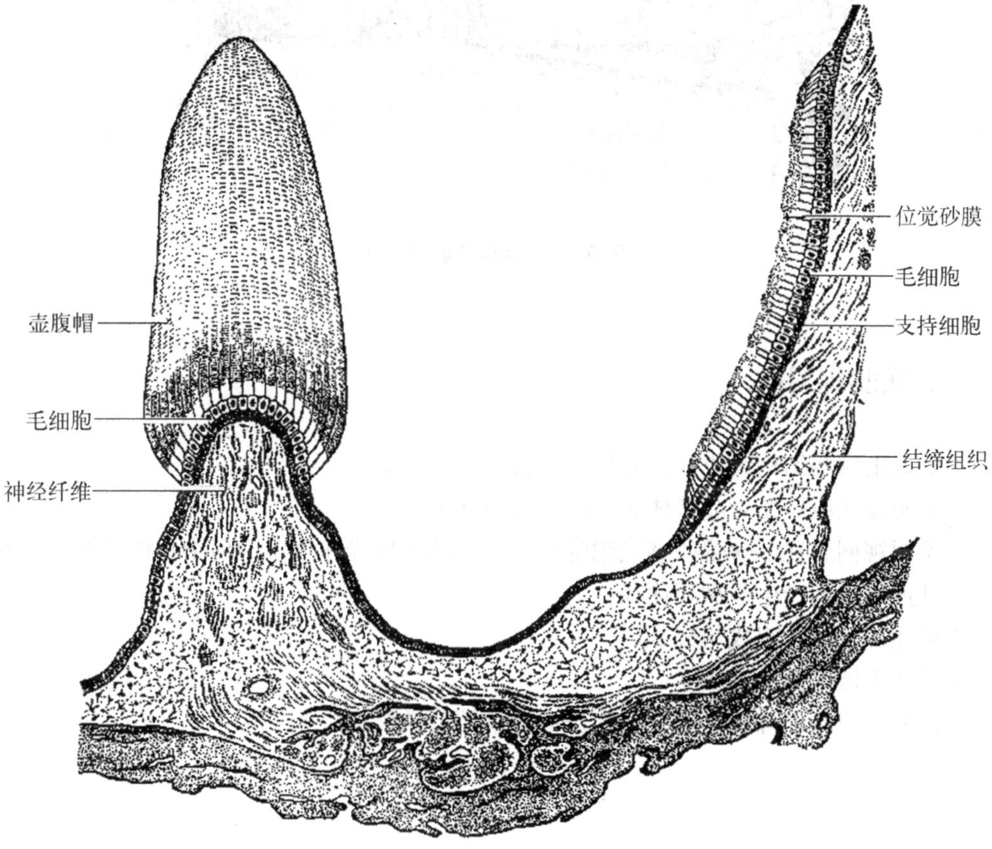

图 5 -7　壶腹嵴和囊斑显微模式

在幻灯片或挂图示教上观察椭圆囊斑和球囊斑微细结构，可见囊斑上皮层内高柱状的支持细胞和毛细胞，毛细胞位于支持细胞之间，毛细胞上有纤毛插入位觉砂膜内，细胞底部有前庭神经末梢分布，它们构成位觉感受器。思考其功能。

在幻灯片或挂图示教上观察螺旋器微细结构（图 5－8），可见螺旋器在螺旋膜上，内有支持细胞和毛细胞，毛细胞位于支持细胞之间，其上方有一胶质薄膜，即盖膜，毛细胞底部有蜗神经末梢分布，它们构成听觉感受器。思考其功能。

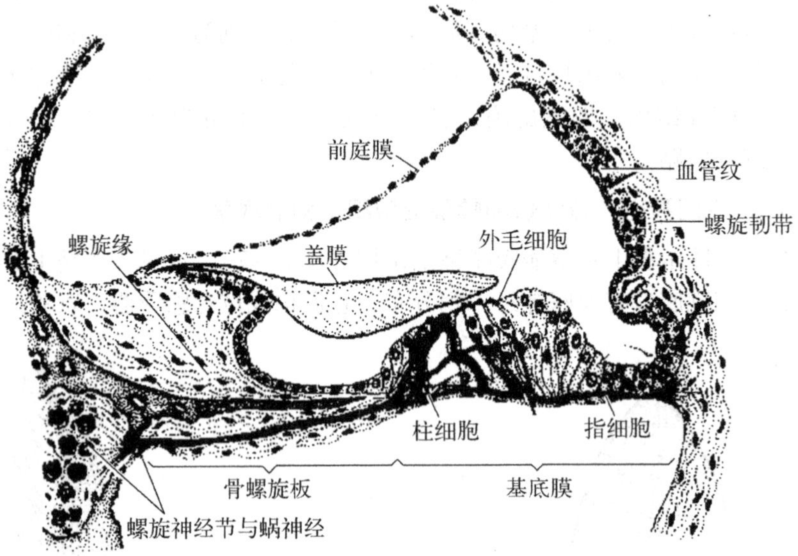

图 5－8　螺旋器显微模式

五、实验练习题

①眼球由哪些结构组成？各有何主要特点与功能。
②说明睫状肌舒缩对晶状体屈光度的调节功能。
③说明视网膜视部含哪些感光细胞？为何盲部无感光作用？为何中央凹感光最敏锐？
④试述房水的产生与循环途径。
⑤试述位听器的组成与分部。
⑥试述声波的传导途径。
⑦说明壶腹嵴、椭圆囊斑、球囊斑和螺旋器的功能。

实验二十二　中枢神经系统的观察

一、实验内容

①观察脊髓的位置、外形及与脊髓相关的脊神经、脊神经节等结构。
②观察脊髓的内部结构。
③观察脑干的组成、位置、外形及内部结构。
④观察间脑的位置、分部及主要结构。
⑤观察小脑的位置、形态及其内部结构。
⑥观察大脑半球的外形及其表面的主要沟、回及分叶。
⑦观察大脑皮质重要功能中枢的部位。
⑧观察大脑内部结构。
⑨观察躯干和四肢的一般感觉传导通路、意识性本体感觉传导通路和皮质脊髓束。

二、实验目的

①了解脊髓的外形及相关的结构。
②掌握脊髓内部灰质、白质的配布及主要结构。
③了解脑干的位置、形态、与脑干相连的脑神经及其内部的主要神经核。
④了解间脑的位置、分部及主要结构。
⑤了解小脑的位置、形态及其内部的主要神经核。
⑥掌握大脑半球的主要沟、回、分叶及大脑皮质重要机能中枢的所在部位。
⑦掌握大脑内部的结构。
⑧了解躯干和四肢的一般感觉传导通路、意识性本体感觉传导通路和锥体系。

三、实验材料与器具

人体半身模型、中枢神经系统标本或模型、脊髓横断面标本或模型、脊髓节段模型、全脑模型、脑干放大模型、透明脑干电动模型、小脑切面标本、一般感觉传导通路模型、本体感觉传导通路模型、锥体系模型，各相关内容挂图。

四、实验方法与步骤

（一）脊髓的观察

1. 脊髓位置和外形的观察

观察中枢神经系统整体标本或模型，可见脊髓位于椎管内，上端在枕骨大孔处与延髓相连，下端达第1腰椎下缘。脊髓呈前后稍扁的圆柱体，上部有颈膨大，下部有腰骶膨大，向下渐渐缩小为脊髓圆锥，再向下延伸为一根细长的终丝（图5-9）。

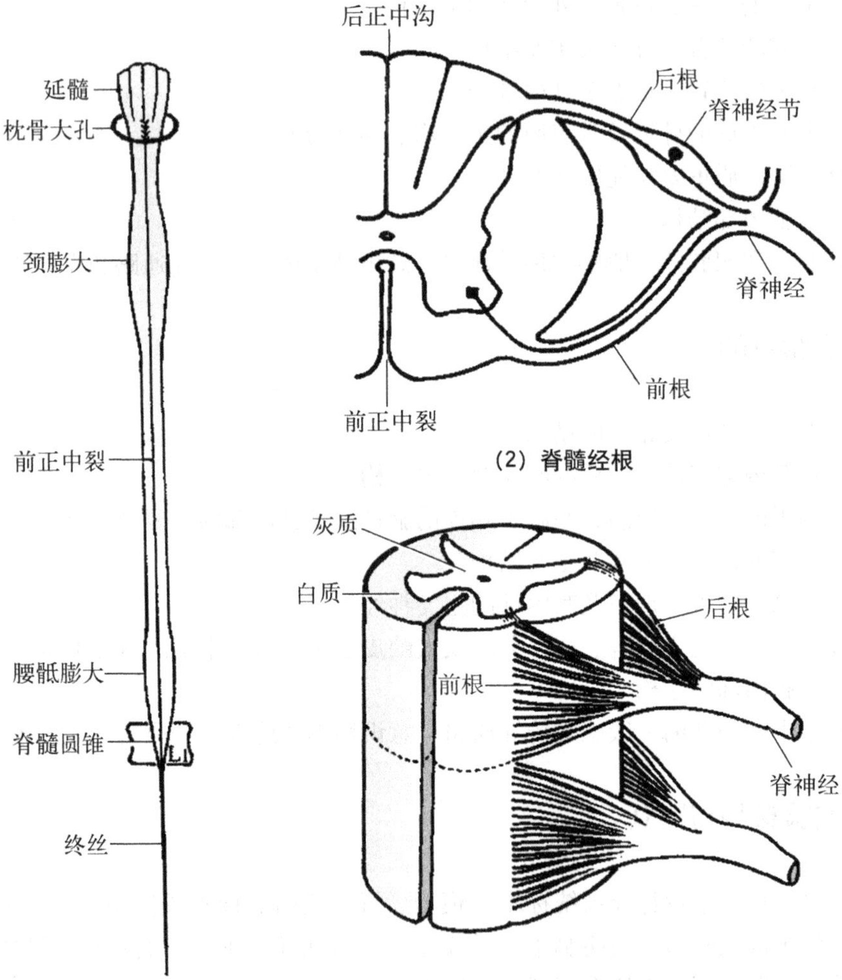

（1）脊髓外形（前面）　（2）脊髓经根　（3）脊髓节段（两个节段）

图5-9　脊髓外形

2. 脊髓表面沟裂及脊髓相关结构的观察

(1) 脊髓表面的沟裂

在脊髓解剖模型上，腹侧面可见正中较深的前正中裂及其两侧一对较浅的前外侧沟，背侧面可见正中较浅的后正中沟及其两侧一对较浅的后外侧沟。

(2) 与脊髓相关的结构

取脊髓节段解剖模型观察，可见自脊髓前外侧沟走出的前根，自后外侧沟进入的后根，同一节段的前根和后根在椎间孔处会合成脊神经（共有31对）。后根在与前根会合之前，于椎间孔处形成膨大的脊神经节。

与每对脊神经的前、后根相连的部分为一个脊髓节段（共有31节）。注意观察从脊髓各节段发出的脊神经根在椎管内不是平行地穿出相应的椎间孔，其中颈上段为横行，颈下段和胸段为斜下行，然后走向相应的椎间孔，而腰、骶、尾部的脊神经根在穿出相应椎间孔之前，先在椎管内向下行，围绕终丝集聚成马尾状。

3. 脊髓内部结构的观察

取脊髓横断面标本或模型进行观察，可见位于中央颜色较深、呈蝶形的部分即为灰质，它纵贯脊髓全长，中央有中央管。辨认每侧灰质前端膨大部分的前角、后端较窄细部分的后角及在脊髓胸腰段灰质的前后角之间向外突出的侧角（图5－10）。思考前角、后角和侧角内有什么性质的神经元。

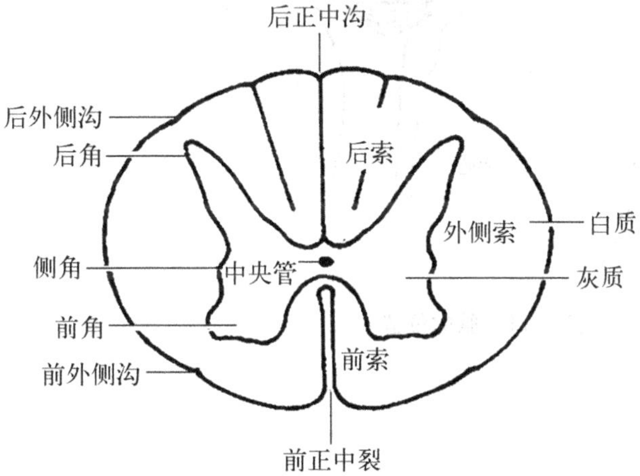

脊髓横断面

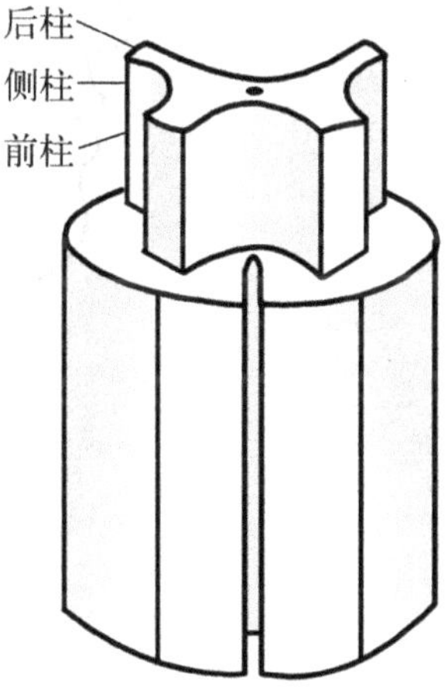

脊髓立体模式图

图5－10　脊髓内部结构

在脊髓横断面标本或模型上，可见位于灰质周围、颜色较浅的部分为白质，包括前正中裂与前外侧沟之间的前索、后正中沟与后外侧沟之间的后索和前、后外侧沟之间部分的外侧索。

在前索和外侧索中辨认出皮质脊髓前束和侧束，脊髓小脑前束和后束，脊髓丘脑前束和侧束。在后索中辨认出薄束和楔束。辨认出紧贴灰质表面的固有束等。思考上述各束属何性质的纤维束。

（二） 脑干、间脑和小脑的观察

1. 脑干、间脑和小脑位置的观察

取全脑模型，左、右两半分开，从内侧面观察，可见脑干呈柱状，上方为间脑，大部分被大脑半球覆盖，下方连脊髓，脑干的背侧、大脑后下方为小脑。脑干自下而上依次为延髓、脑桥、中脑（图 5－11）。

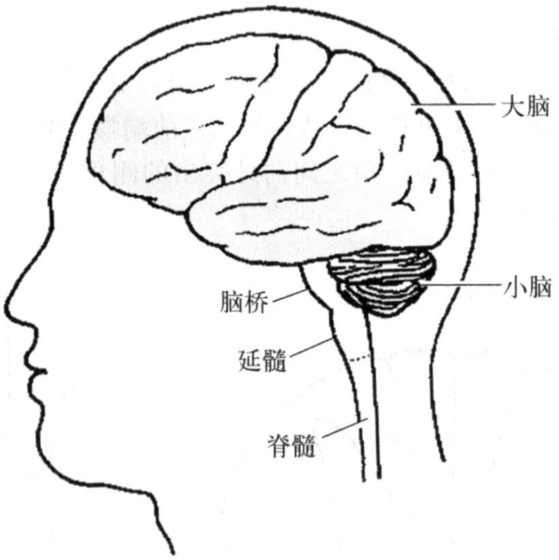

图 5－11 脑的位置

2. 脑干形态与结构的观察

脑干形态与结构的观察主要包括脑干的延髓段、脑桥段和中脑段的观察（图 5－12），以及与脑干相连的脑神经的观察（图 5－13）。

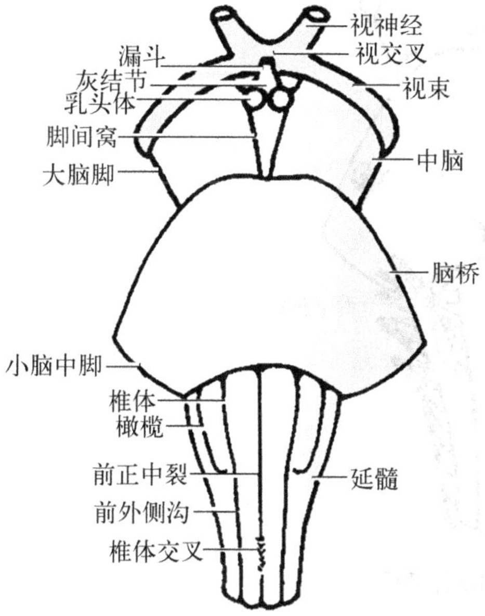

脑干前面观

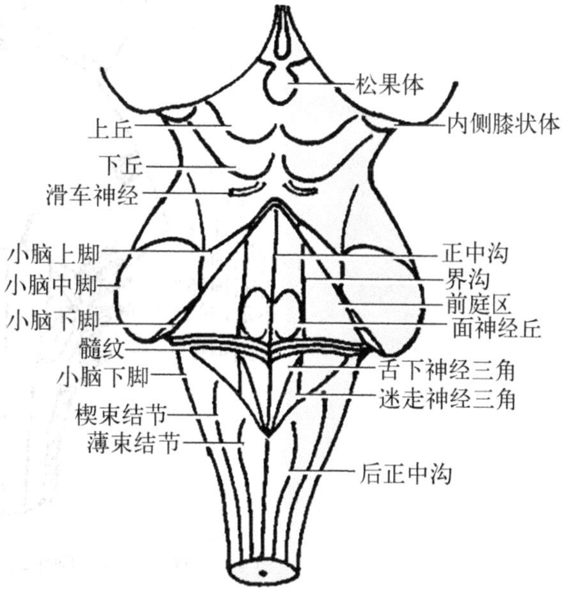

脑干后面观

图 5－12　脑干的外形

（1）脑干延髓段的观察

取脑干放大模型观察延髓段。腹侧面可见延髓上部正中裂两侧，有一对纵行隆起，为锥体，其下方可见锥体交叉。锥体外侧一对卵圆形隆起为橄榄。背面可见与脊髓相连的后正中沟两侧，有两对隆起，近中线的一对为薄束结节，外上方一对为楔束结节。还可观察到楔束结节外上方的小脑下脚，以及延髓与脑桥背侧面的菱形窝，即第四脑室底。

（2）脑干脑桥段的观察

取脑干放大模型观察脑桥段。腹侧面可见隆起的基底部，有横行粗大的纤维束，中央纵行的基底沟，下方为延髓与脑桥的界沟。背侧面可见菱形窝上半部及小脑中脚。

（3）脑干中脑段的观察

取脑干放大模型观察中脑段。腹侧面可见两条纵行的大脑脚，背面观可见小脑中脚内侧上方的小脑上脚，还可见两对圆形隆起，上方一对为上丘，下方一对为下丘。

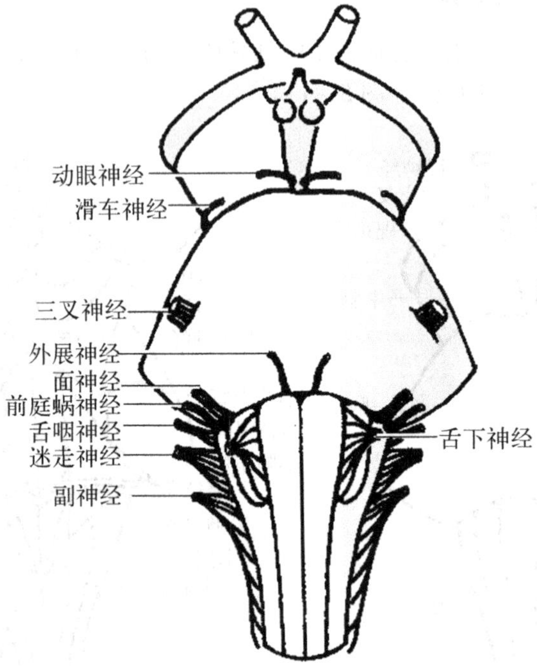

图 5-13 脑干上的脑神经根

(4) 与脑干相连的脑神经的观察

在延髓的前外侧沟中可见自上而下有舌咽神经（Ⅸ）、迷走神经（Ⅹ）、副神经（Ⅺ），锥体与橄榄之间有舌下神经（Ⅻ）。

在脑桥的小脑中脚根部可见三叉神经（Ⅴ），在延髓与脑桥界沟中从内向外依次可见外展神经（Ⅵ）、面神经（Ⅶ）和前庭蜗神经（Ⅷ）。

在中脑的大脑脚内侧可见动眼神经（Ⅲ），背侧下丘下方可见滑车神经（Ⅳ）。

(5) 脑干内部结构的观察

取透明脑干电动模型，观察辨认脑干的内部结构，可见延髓锥体内有许多纵行纤维束，橄榄内有橄榄核，在背侧的薄束结节和楔束结节内可见到薄束核和楔束核。在中脑靠背侧可见一对红色椭圆形的红核和其前方一对黑色板状的黑质。

分别按揿第Ⅲ至第Ⅻ对脑神经核按钮，可显示出第Ⅲ至第Ⅻ对脑神经核（图 5-14），其中红色为躯体运动核，蓝色为躯体感觉核，黄色为内脏运动核。

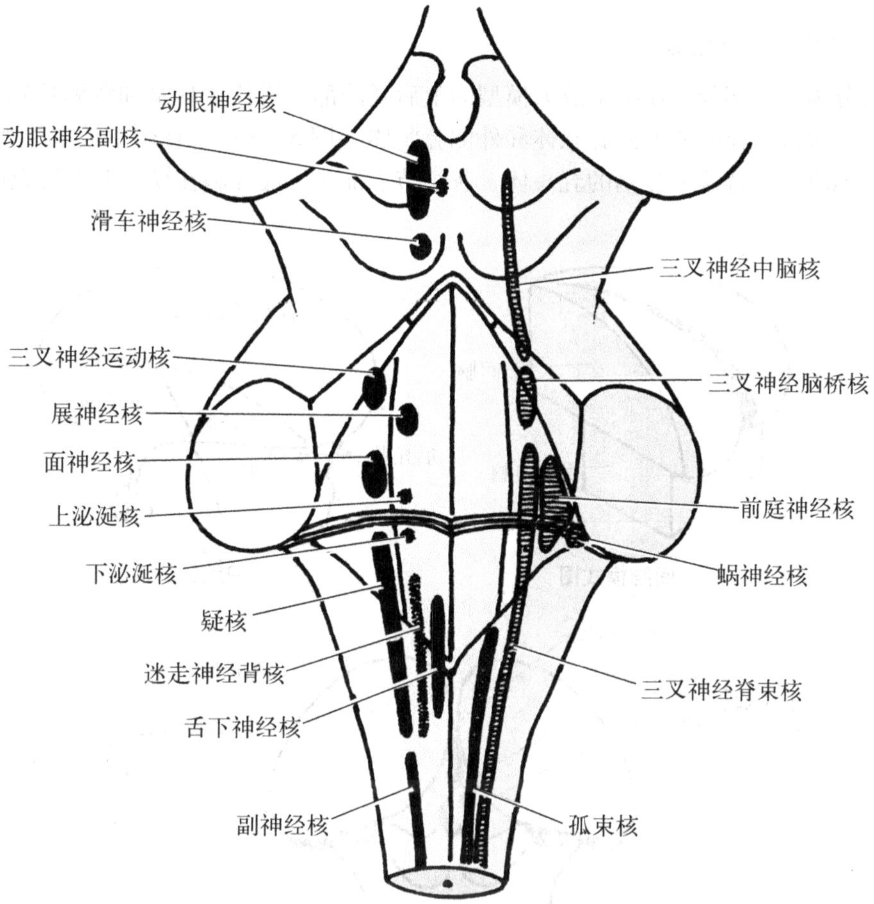

中线左侧为运动核，右侧为感觉核

图 5－14　脑神经核在脑干背面的投影

3. 间脑分部与结构的观察

（1）间脑分部的观察

间脑分为5个部分，在脑干放大模型的上后隆凸部，辨认上丘脑和背侧丘脑，在背侧丘脑后下方辨认后丘脑的内侧膝状体和外侧膝状体（图5－15）。在脑干放大模型的腹侧，中脑的大脑脚上方辨认下丘脑的乳头体、灰结节、漏斗。底丘脑在模型上不易观察到。

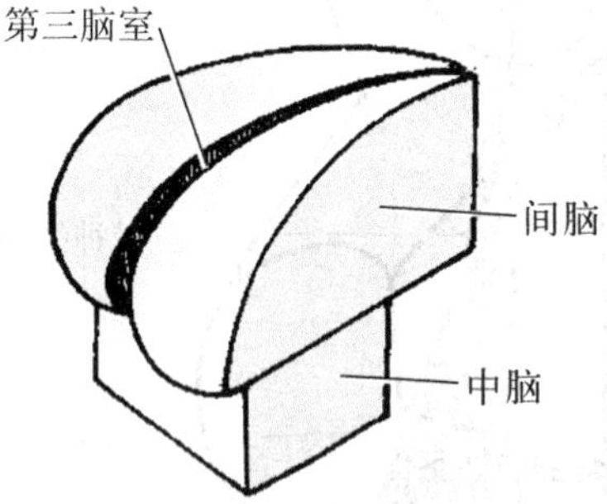

间脑模式图

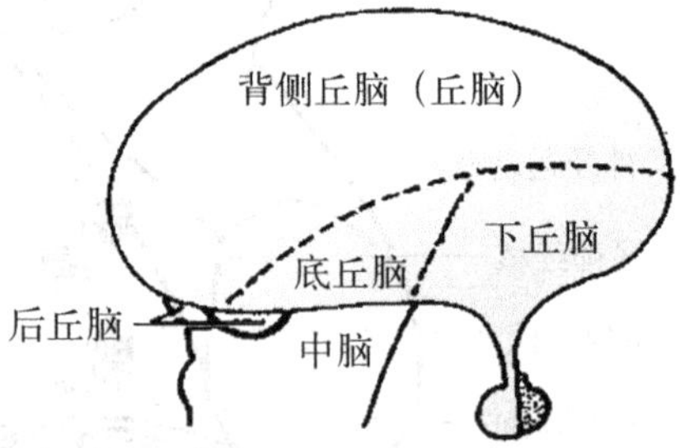

间脑的分部

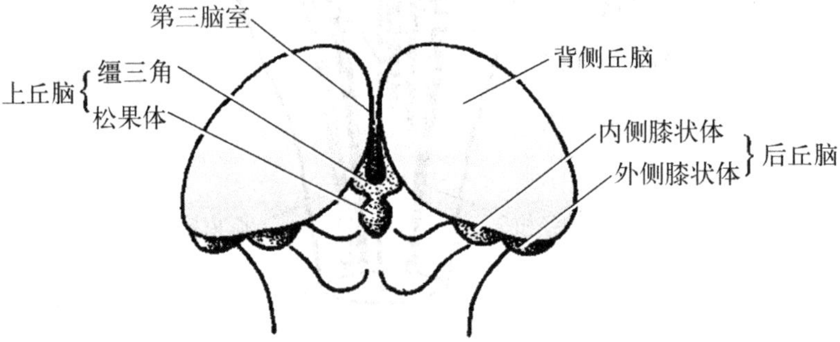

间脑后面观

图5－15　间脑

（2）间脑内部结构的观察

在透明脑干电动模型上，可观察到背侧丘脑内部有一对较大的卵圆形灰质块，此即丘脑核。模型上有不同染色，可辨认出其前核、内侧核和外侧核。同时可观察到内、外侧膝状体内部有相应的神经核（图5－16）。思考丘脑核和内、外膝状体核分别接受来自何处的纤维，属什么皮质下中枢。

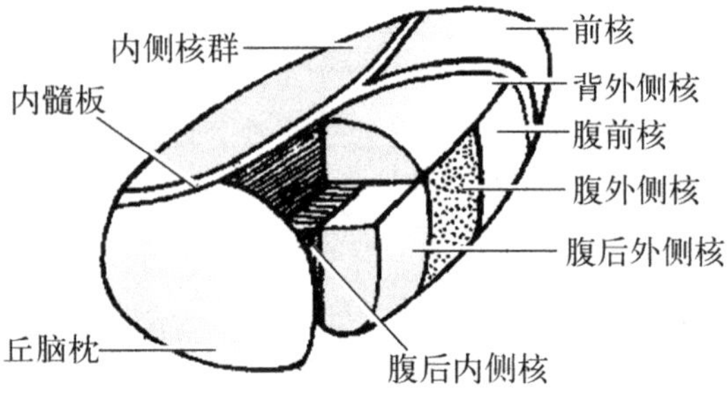

图5－16　背侧丘脑的核群

4. 小脑形态与内部结构的观察

取小脑模型，辨认小脑两半球、中间的蚓部及表面许多排列有序的沟回（图 5－17）。

取小脑切面标本或模型，可见小脑内部的表层颜色较深，为灰质，即小脑皮质。深部颜色较淡，为白质，即小脑髓质，以及白质中有 4 对颜色较深的小脑中央核。

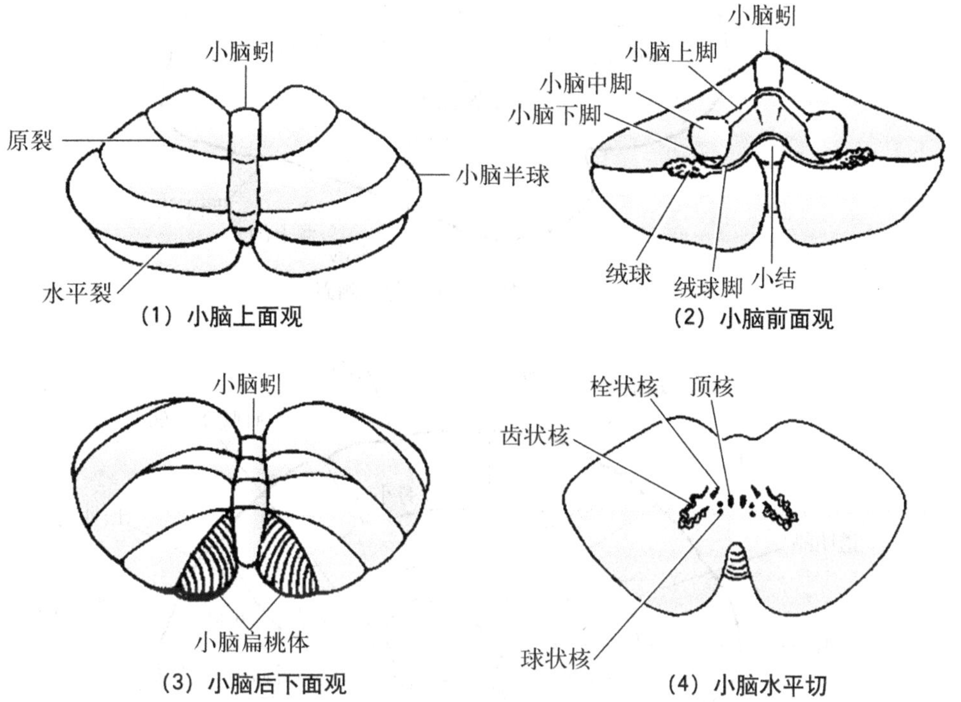

图 5－17　小脑

（三） 大脑的观察

1. 大脑位置与外形的观察

将人体半身模型的一侧头部取下，可见大脑位于颅腔内，其下方有间脑与脑干相连，后下方为小脑。

在全脑标本或模型上可观察到大脑由正中的大脑纵裂分为左、右两半球。沿大脑纵裂将大脑模型分成两半，取一侧半球模型可见有 3 个面，背外侧面为较为隆凸的面，内侧面是两半球相对较平坦的面，底面向下，为凹凸不平的面。内侧面可见呈弓形的胼胝体，它由连接两半球的横行纤维束构成（图 5－18）。

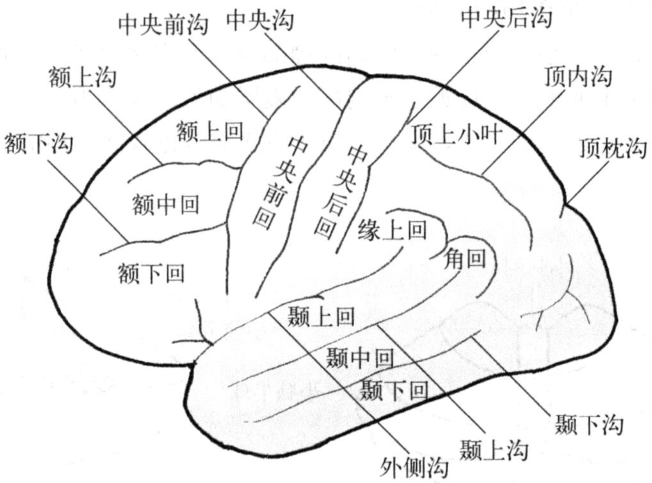

大脑半球的背外侧面

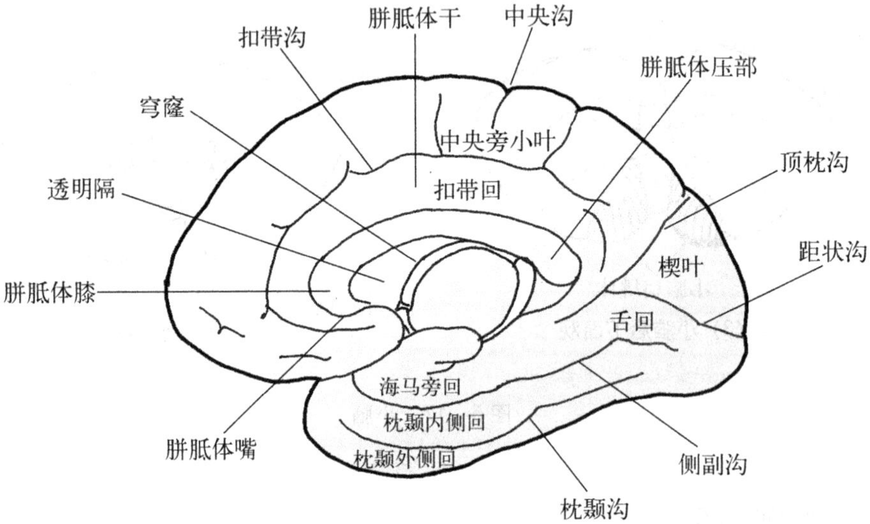

大脑半球的内侧面

图 5-18　大脑半球的外形

2. 大脑半球主要沟、回、分叶及功能中枢部位的观察

(1) 大脑半球主要沟裂的观察

取一侧大脑半球模型观察大脑半球的主要沟裂，辨认位于背外侧面，从前下向后上行的外侧沟。辨认位于背外侧面，半球上缘中点稍后方向前下斜行的中央沟。辨认位于内侧面后部，从前下向后上行，并略转至背外侧面的顶枕沟。

(2) 大脑半球分叶的观察

在大脑半球模型上观察大脑半球的 5 个分叶（图 5-19）。可见位于中央沟之前、外侧沟之上的为额叶。位于中央沟之后、外侧沟之上、顶枕沟之前的为顶叶。位于顶枕沟之后的为枕叶。位于外侧沟之下的为颞叶。位于外侧沟深部的为岛叶（脑岛）。

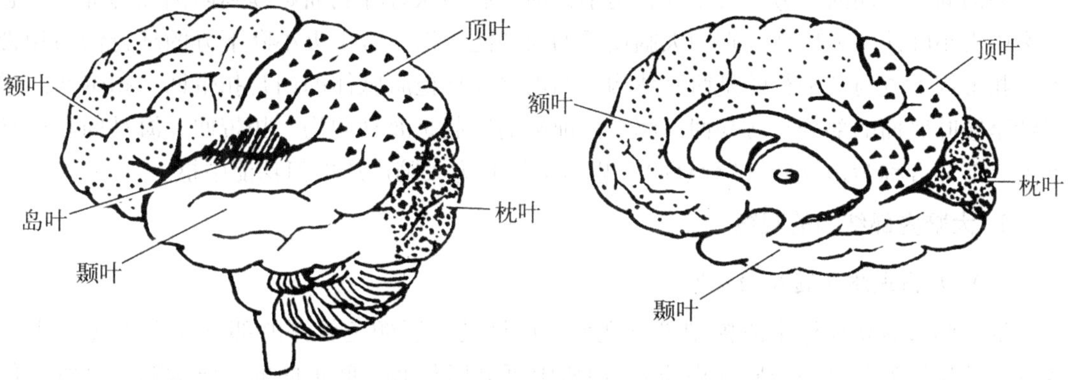

图5-19 大脑半球的分叶

（3）大脑半球主要沟、回及功能中枢部位的观察

在大脑半球模型上观察大脑半球的主要沟、回及大脑皮质功能中枢的部位（图5-20）。

额 叶 在额叶上的中央沟前方，有与其平行的中央前沟，两沟之间为中央前回。思考中央前回为大脑皮质的何功能中枢。额上沟和额下沟自中央前沟水平向前走出，将额叶前部分为额上、中、下回。思考额中、下回后部为大脑皮质的何功能中枢。

顶 叶 在顶叶上的中央沟的后方，有与其平行的中央后沟，两沟之间为中央后回。思考中央后回为大脑皮质的什么机能中枢。顶间沟在中央后沟之后，由前向后走行，将顶叶分为顶上、下小叶，顶下小叶的前部是缘上回，后部是角回。思考角回为大脑皮质的何功能中枢。

枕 叶 枕叶内侧面的距状沟与顶枕沟相交，此沟上方是楔回，下方是舌回。思考楔回和舌回为大脑皮质的何功能中枢。

颞 叶 在颞叶上的颞上、下沟是在外侧沟下方并与其平行的沟，此二沟将颞叶分为颞上、中、下回。思考颞上回后部为大脑皮质

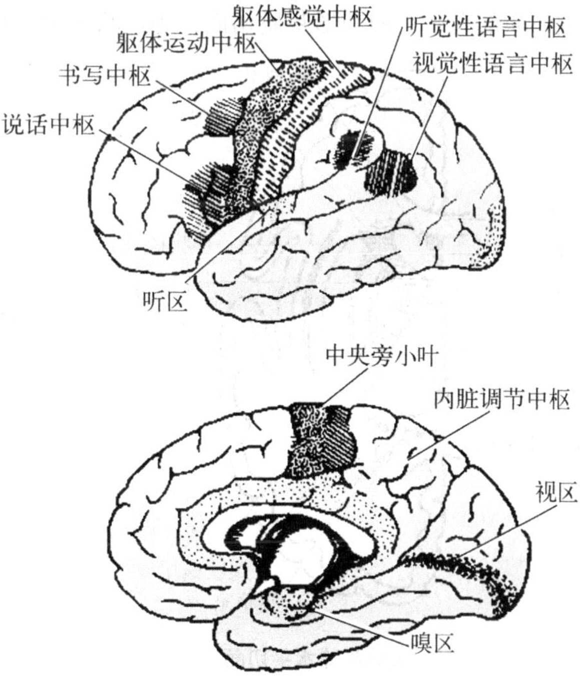

图5-20 大脑皮质的主要机能中枢

的何功能中枢。在外侧沟内有几条横行的小回是颞横回，思考颞横回为大脑皮质的何功能中枢。

内侧面 内侧面的旁中央小叶，是中央前、后回从背外侧面延续到内侧面的部分。思考旁中央小叶前部和后部分别为大脑皮质的何功能中枢。旁中央小叶下方的环行沟为扣带沟，扣带沟下方与其平行的是胼胝体沟，两沟之间环抱胼胝体的回是扣带回。扣带回向后延续至颞叶底面的部分是海马回。海马回前端的突起是海马回沟。扣带回、海马回和海马回沟3部分合称为边缘叶（穹窿回）。思考边缘叶为大脑皮质的何功能中枢。

3. 大脑内部结构的观察

（1）大脑皮质和髓质的观察

取大脑冠状切面标本或模型进行观察，可见其表层颜色较深的部分为皮质（灰质），深面颜色较淡的部分为髓质（白质）。白质中可见回与回之间走向的纤维为联络纤维，位于两半球之间弧形走向的纤维为连合纤维，也是构成胼胝体的纤维。从各回向下行走至脑干的纤维为投射纤维。

（2）基底核与内囊的观察

在白质中接近脑底部可见有灰质团块，此即基底核（图5－21）。在大脑半球中部水平切面上观察，可见在侧脑室前角切面的后外侧，有一大致卵圆形的灰质团块切面，为尾状核头的切面。在尾状核头切面的后外侧有一三角形的灰质切面为豆状核切面，此核中部由两纵行的白质分隔为3部。外侧部颜色较深，称为壳；内侧两部颜色较浅，称为苍白球。豆状核切面内后方的卵圆形灰质切面为背侧丘脑。背侧丘脑切面后外侧、侧脑室后角外侧壁前部有一小卵圆形灰质切面，为尾状核尾。尾状核与豆状核合称纹状体。

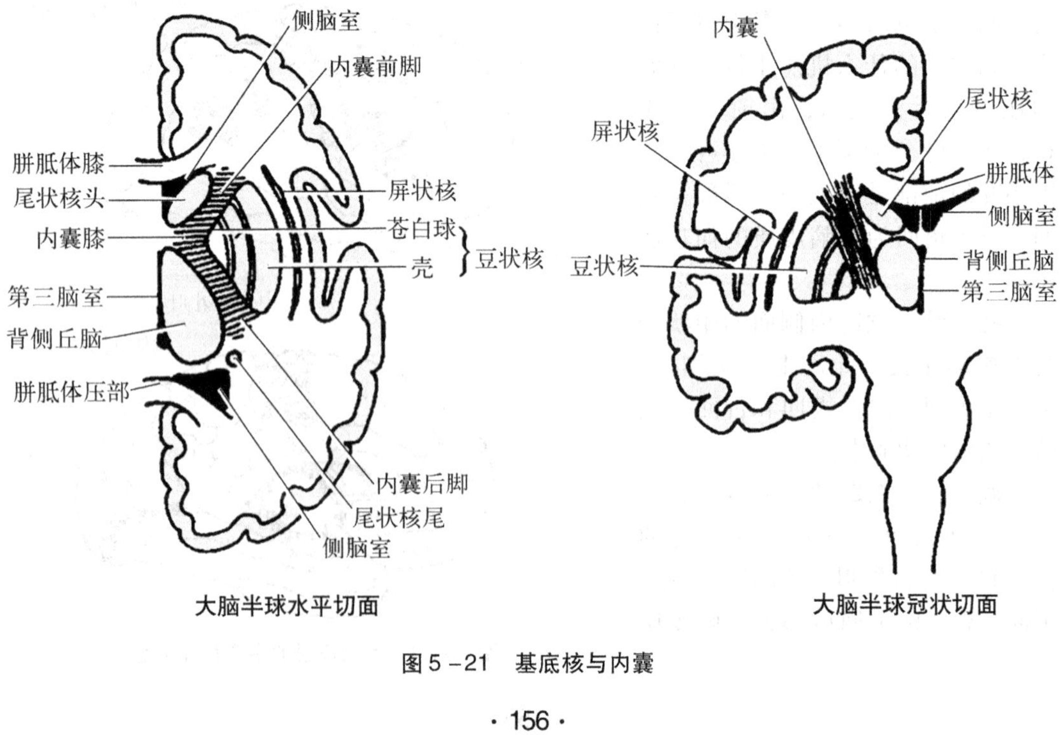

大脑半球水平切面　　大脑半球冠状切面

图5－21　基底核与内囊

在尾状核头与豆状核之间及豆状核与背侧丘脑之间，为一尖端向内侧“<”形的白质板层切面，即为内囊之切面；在尾状核头与豆状核之间的部分称为内囊的前脚，在豆状核和背侧丘脑之间的部分称为内囊的后脚；两足连接处，即“<”形的尖端称为内囊膝。在豆状核外侧，可见一呈锯齿状的狭窄灰质切面，即为屏状核的切面，屏状核与豆状核之间的窄白质带称为外囊。基底核除上述尾状核、豆状核、屏状核外，还有杏仁体，此体连于尾状核的末端，位于颞叶内，在标本上不易观察，可在模型上观察。

在透明脑干电动模型上辨认尾状核、豆状核、杏仁体等。

（四）脑室的观察

脑室包括位于大脑半球内的左、右侧脑室，位于间脑内的第三脑室及位于延髓、脑桥背面与小脑之间的第四脑室（图 5－22）。取脑室标本或模型观察各脑室的位置及连通情况。

侧脑室　左右各一，分别位于大脑半球内。两个侧脑室借室间孔与第三脑室相通。

第三脑室　位于两侧背侧丘脑及下丘脑之间的矢状裂隙。向上通侧脑室，向下通中脑水管。

第四脑室　位于延髓、脑桥与小脑之间。室底为菱形窝，室顶朝向小脑。脑脊液通过正中孔和两个外侧孔流入蛛网膜下隙。

（五）神经传导通路的观察

取躯干和四肢的一般感觉传导通路、意识性本体感觉传导通路和皮质脊髓束模型进行观察（图 5－23、图 5－24）。

注意观察各传导通路的组成，观察各级神经元（感觉传导路三级神经元、皮质脊髓束二级神经元）胞体所在部位及传导通路的交叉部位，思考各传导通路与感受器或效应器的关系。

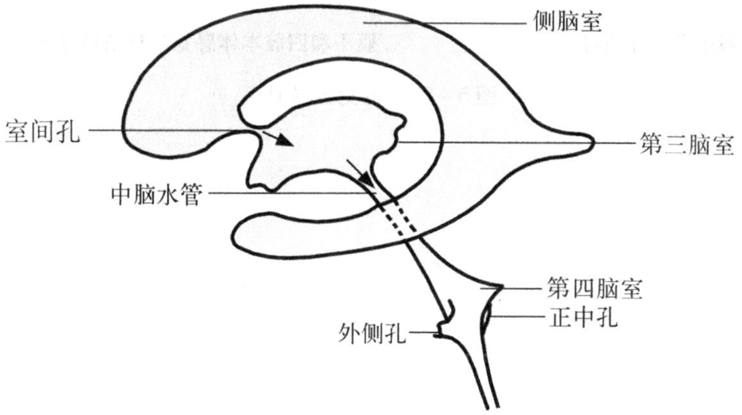

图 5－22　脑室

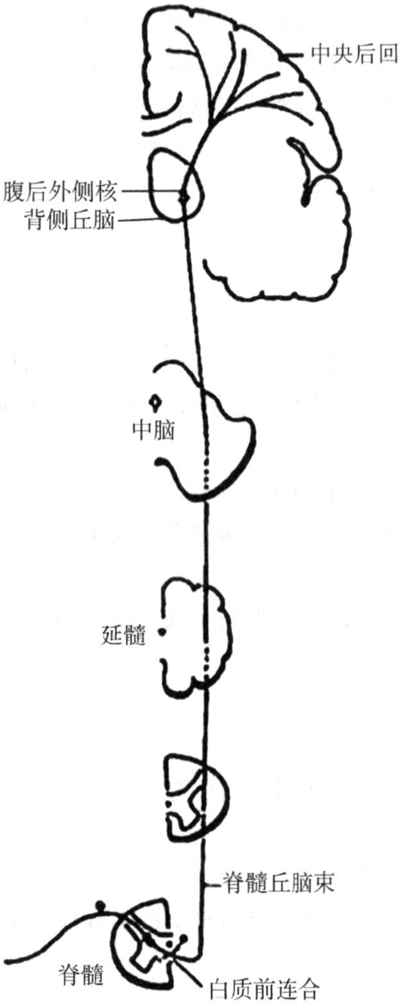

躯干和四肢一般感觉传导通路

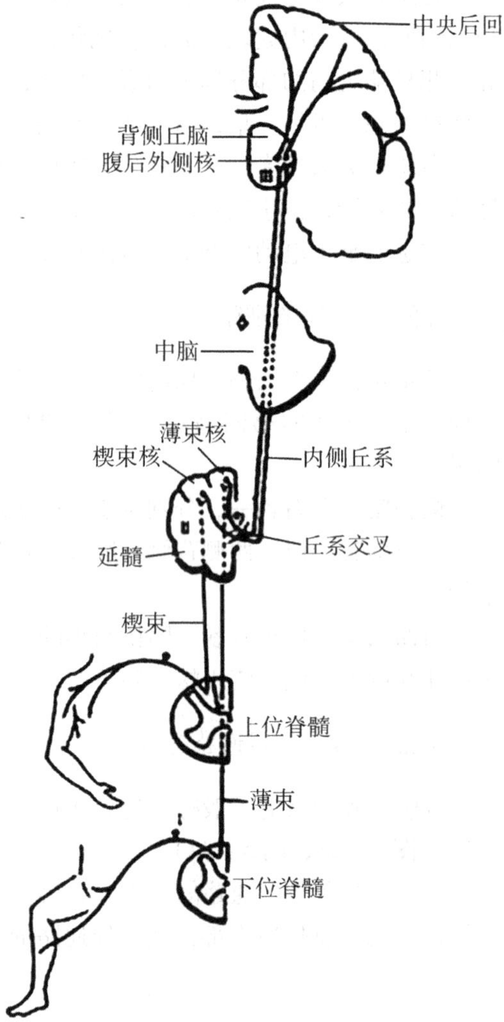

躯干和四肢本体感觉和精细传导通路

图 5－23　感觉传导通路

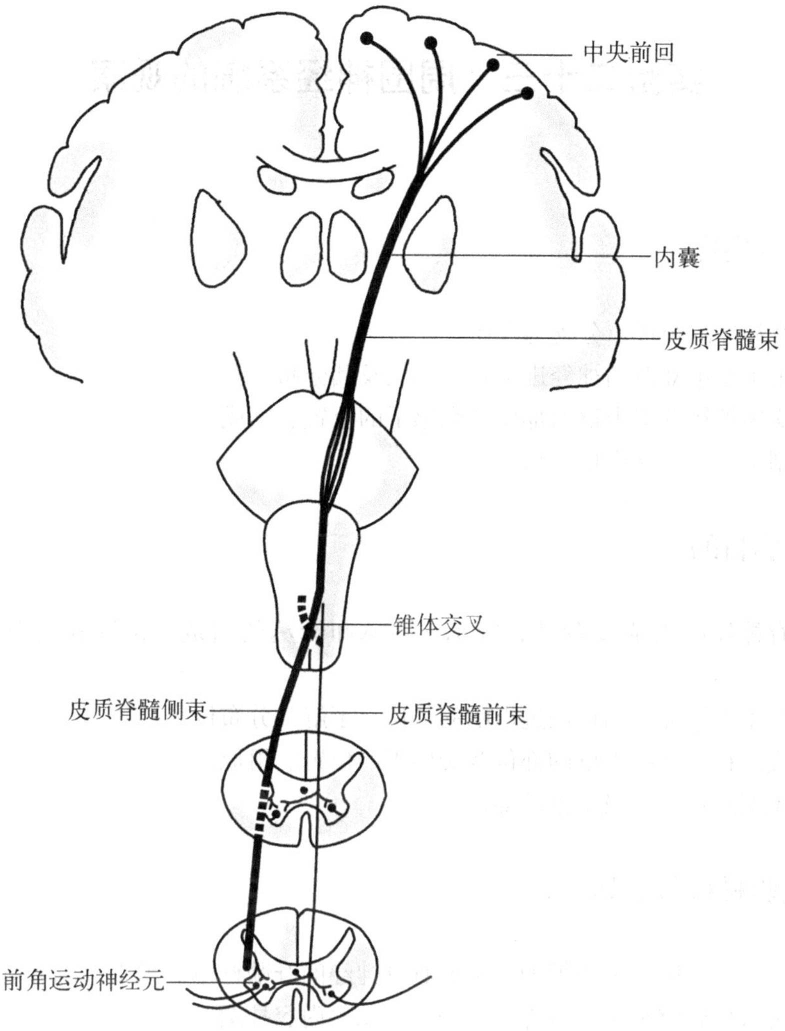

图 5－24　皮质脊髓束

五、实验练习题

①试述脊髓的内部结构，说明脊髓前、侧、后索中各纤维束的性质。
②说明脑干由哪几部分组成？各部有何重要结构？
③说明大脑半球外侧面、内侧面各有哪些重要的沟、回及叶？
④试述大脑半球有哪些重要的皮质功能中枢。

实验二十三　周围神经系统的观察

一、实验内容

①观察脊神经的组成、分支与分布。
②观察第Ⅰ至第Ⅻ对脑神经进出脑的部位及其分布。
③观察交感神经低级中枢的部位及交感干的位置、组成。
④观察副交感神低级中枢的部位。

二、实验目的

①掌握脊神经的组成及颈丛、臂丛、腰丛和骶丛的组成、位置和主要分支、分布概况。
②掌握第Ⅰ至第Ⅻ对脑神经进出脑的部位，了解其分布概况。
③了解交感神经低级中枢的部位及交感干的位置、组成。
④了解副交感神经低级中枢的部位。

三、实验材料与器具

附着有脑神经的脑标本或模型，附着有脊神经的脊髓标本或模型，脑和脑干模型，附神经、血管的人体骨骼模型，脊神经模型，各相关内容挂图。

四、实验方法与步骤

（一）脊神经的观察

1. 脊神经组成的观察

取附有脊神经的脊髓标本或模型观察脊神经的组成（图 5－25）。

可见每一脊髓节段的前、后外侧沟内，有脊神经根出入。辨认前根和后根，思考其内含神经纤维的性质。

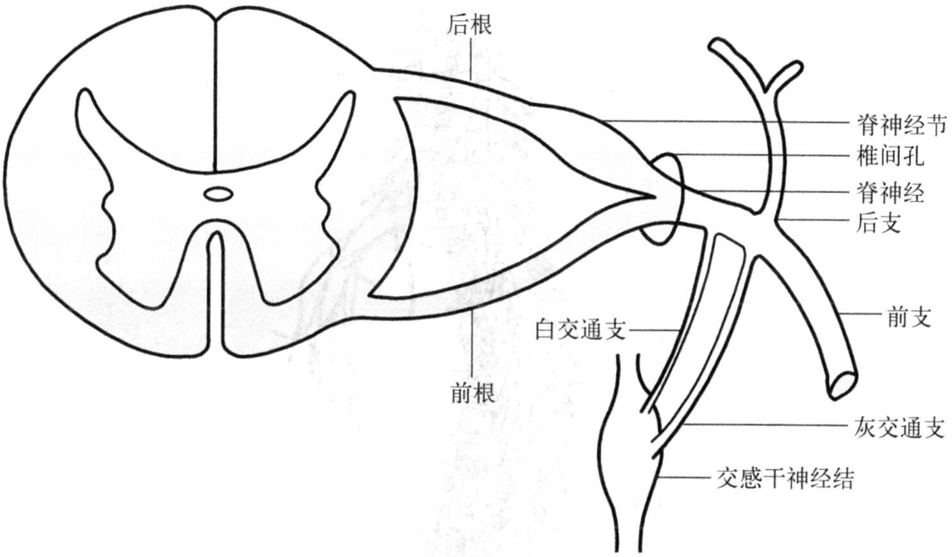

图 5－25　脊神经的组成和分支

后根在近椎间孔处可见一膨大的结节，即脊神经节，思考节内有何神经细胞体。

在椎间孔处可见由前根和后根会合而成的脊神经，出椎间孔后立即分为 4 支，即粗大的前支、细小的后支、返回椎管的脊膜支和连于脊神经和交感干之间的交通支。

2. 脊神经前支分布概况的观察

取附有神经和血管的骨骼模型观察脊神经前支的分布概况，可见除胸部的胸神经前支保持着明显的节段性外，其余的相邻脊神经前支均互相吻合交织成神经丛。在模型上分别辨认颈丛、臂丛、腰丛和骶丛的组成及其主要分支（图 5－26）。

颈　丛　在模型上可见由第 1～4 颈神经的前支组成的颈丛，其分支主要分布于颈肌、肩部。

臂　丛　在模型上可见由第 5～8 颈神经前支和第 1 胸神经前支的大部分组成的臂丛，辨认其主要分支腋神经、正中神经、肌皮神经、尺神经、桡神经。它们分布于上肢肌和上肢皮肤。

腰　丛　在模型上可见由第 12 胸神经前支的一部分和第 1～4 腰神经前支组成的腰丛，辨认其分支股神经和闭孔神经。股神经主要分布于股前群肌和股前面皮肤，闭孔神经主要分布于股内侧肌群和股内侧皮肤。

骶　丛　在模型上可见由第 4～5 腰神经前支、第 1～5 骶神经和尾神经前支组成的骶丛，辨认该丛发出的臀上神经、臀下神经和坐骨神经。臀上、下神经分布于臀部肌肉和皮肤。坐骨神经在大腿部的分支分布于股后肌群和股后面的皮肤。坐骨神经于腘窝处分支，在模型的腘部和小腿处辨认其分支胫前神经、胫后神经、腓神经等，它们分布于股后肌群、小腿肌、足底肌和小腿、足部皮肤。

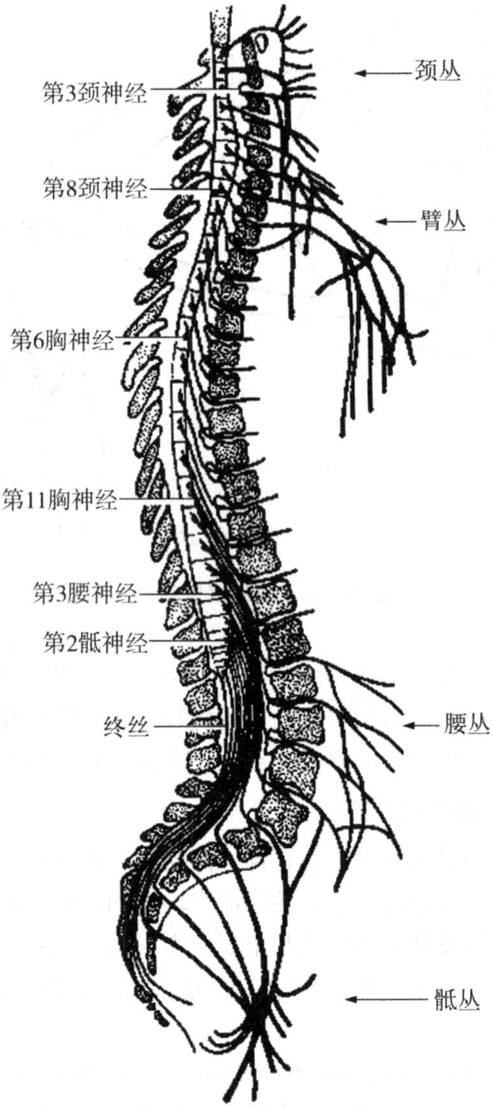

图5－26　脊神经丛示意图

（二） 脑神经的观察

取附有脑神经的脑标本或模型、脑和脑干模型，观察、辨认第Ⅰ～Ⅻ对脑神经的位置。以脑神经分布幻灯片或挂图进行示教，观察、辨认脑神经的分布概况（图5－27）。

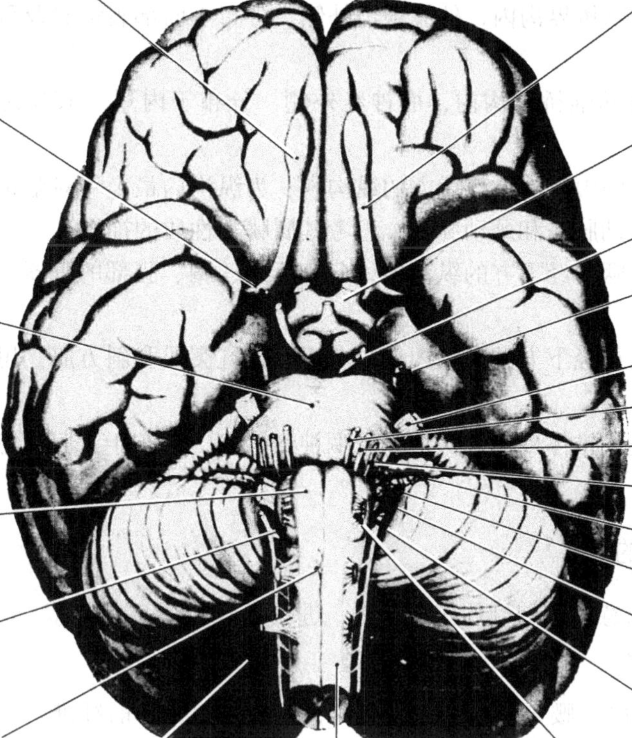

图5-27　脑神经出脑部位

嗅神经　自鼻黏膜处上行穿过筛孔，在额叶底面终于嗅球。思考其属哪类性质的神经。

视神经　自眼球的视网膜穿过视神经孔经视交叉、视束，终于外侧膝状体核。思考其属哪类性质的神经。

动眼神经　由中脑的大脑脚内侧出脑至眼眶，分布于眼肌。思考其属哪类性质的神经。

滑车神经　起于中脑背面、下丘上方，分布于眼外肌。思考其属哪类性质的神经。

三叉神经　位于脑桥腹侧小脑中脚根部，分布于咀嚼肌和面部皮肤。思考其属哪类性质的神经。

外展神经 是位于延髓脑桥界沟最内侧的一对脑神经，分布于眼肌。思考其属哪类性质的神经。

面神经 位于延髓脑桥界沟内，外展神经外侧，分布于面部表情肌及舌黏膜等。思考其属哪类性质的神经。

位听神经 位于延髓脑桥界沟内，面神经外侧，分布于内耳。思考其属哪类性质的神经。

舌咽神经 位于延髓腹侧面橄榄后方的纵沟内，为纵沟内最上一对脑神经，分布于咽部黏膜、舌后黏膜、颈动脉窦和颈动脉球。思考其属哪类性质的神经。

迷走神经 位于舌咽神经下方的纵沟内，分布于颈、胸、腹部的脏器。思考其属哪类性质的神经。

副神经 位于迷走神经下方的纵沟内，分布于胸锁乳突肌和斜方肌。思考其属哪类性质的神经。

舌下神经 位于延髓锥体外侧，橄榄和舌咽神经内侧，分布于舌肌。思考其属哪类性质的神经。

（三） 自主神经的观察

取自主神经概况示意图或幻灯片作为示教，进行观察（图 5－28）。

1. 交感神经的观察

中枢部位于脊髓胸 1～腰 3 节段灰质侧角内，周围部包括节前纤维、交感神经节（椎旁神经节和椎前神经节）及节后纤维。椎旁神经节位于脊柱两旁，共 22～24 对，借结间支连成纵行的左、右交感干。椎前神经节位于脊柱前方。

取胸腹后壁保留交感干的标本或模型，在椎体两侧寻找几个椎旁神经节观察其形态及与脊神经之间的关系。整体观察脊柱两侧呈长串珠状的结构即为交感干。

2. 副交感神经的观察

中枢部位于脑干的副交感神经核和脊髓骶部 2～4 节段灰质中。周围部包括节前纤维、副交感神经节（器官旁神经节和器官内神经节）及节后纤维。从脑干发出的节前纤维沿第Ⅲ、Ⅶ、Ⅸ、Ⅹ对脑神经走行和分布，从脊髓骶段发出的节前纤维沿骶神经前根走行。

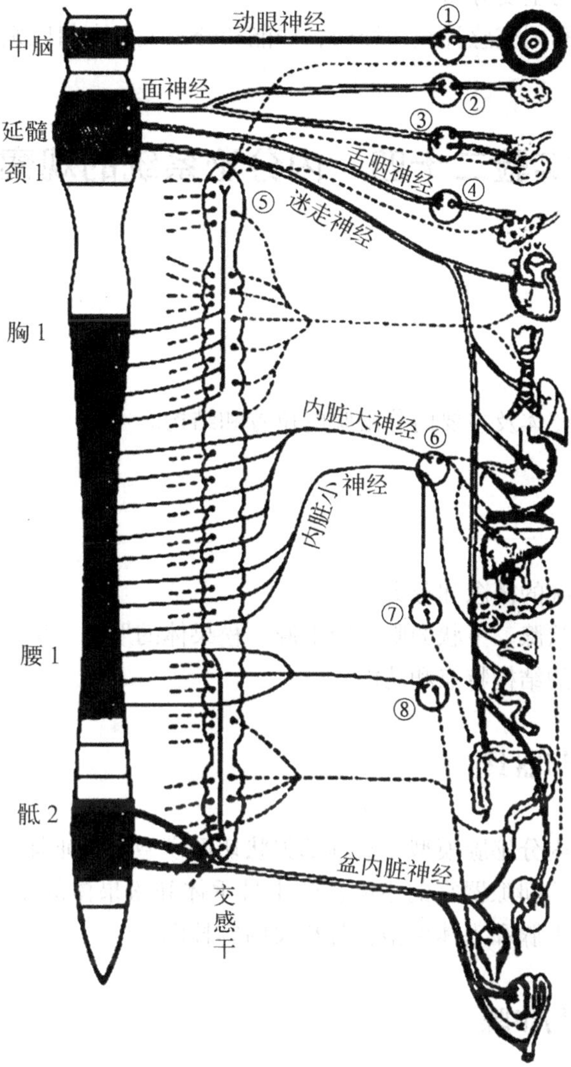

①—睫状神经节；②—翼腭神经节；③—下颌下神经节；④—耳神经节；
⑤—颈上神经节；⑥—腹腔神经节；⑦—肠系膜上神经节；⑧—肠系膜下神经节。

图 5 -28　自主神经示意图

五、实验练习题

①说明脊神经各丛的组成和分布区域。
②分布到舌的神经有哪些？它们各执行什么功能？
③分布到眼球的神经有哪些？它们各执行什么功能？

④试述迷走神经的主要分布。
⑤试述交感神经和副交感神经在结构、功能和分布上各有何区别?

实验二十四　内分泌系统的观察

一、实验内容

观察内分泌系统整体及主要内分泌腺的位置和结构。

二、实验目的

①掌握内分泌系统的概念和分类。
②了解垂体、甲状腺、甲状旁腺、肾上腺、松果体的形态、位置。
③了解内分泌腺的结构特点和功能。

三、实验材料与器具

新生儿显示全身内分泌腺模型，头颈部矢状切面模型（示垂体）和头颈部示甲状腺与甲状旁腺模型，腹膜后间隙器官的模型，脑干带垂体和松果体的模型，颅底内面观标本，示胸腺、甲状腺、肾上腺和垂体模型，各相关内容挂图。

四、实验方法与步骤

（一）内分泌系统整体构成的观察

首先利用新生儿显示全身内分泌腺的模型，结合相关内容挂图对全身内分泌腺进行观察，形成一个对全身内分泌腺的总体了解（图5－29）。

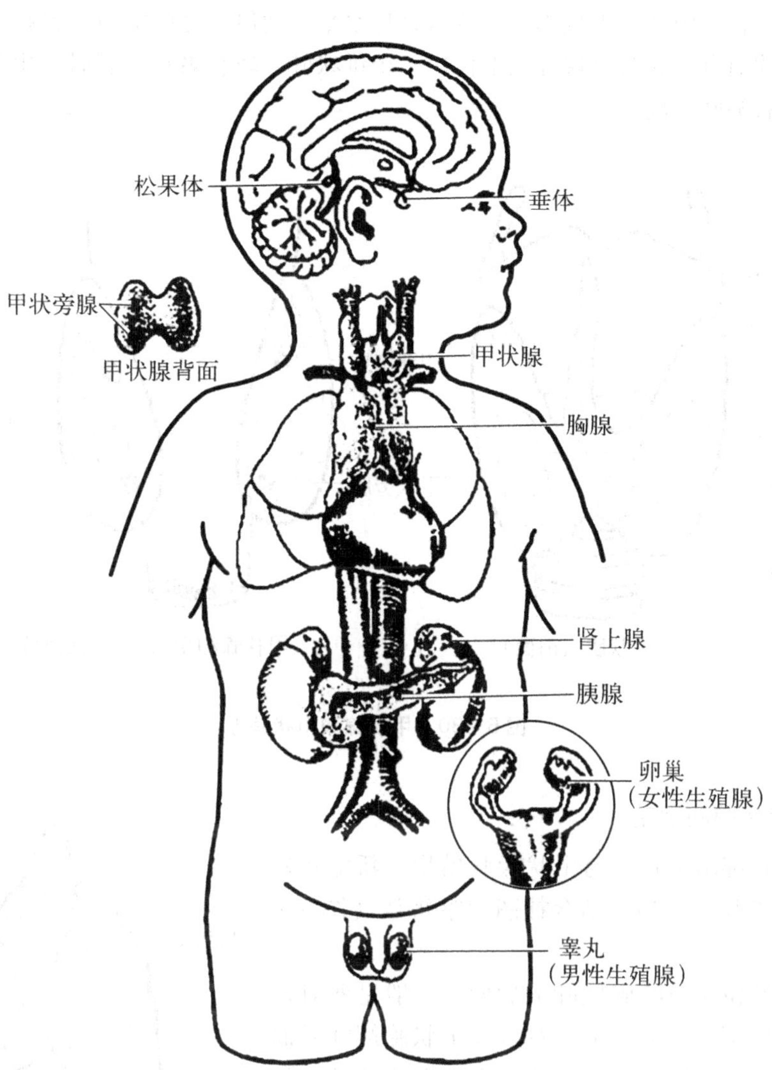

图 5－29　内分泌腺的分布

内分泌系统由全身各部的内分泌腺组成，按其存在的形式可分为两大类：即内分泌器官（包括甲状腺、甲状旁腺、肾上腺、垂体、松果体、胸腺）和内分泌组织（胰腺内的胰岛、睾丸内的间质细胞、卵巢内的卵泡和黄体等）。

（二）主要内分泌腺的观察

1. 甲状腺的观察

利用头颈部示甲状腺与甲状旁腺模型、新生儿显示全身内分泌腺的模型观察辨认（图 5－30）。

甲状腺位于颈前部，贴附于喉下部、气管上部的两侧和前方，呈“H”形。左、右侧叶上达甲状软骨的中部，下抵第6气管软骨环水平。两侧叶之间的甲状腺峡，位于第2～4气管软骨环的前方，有时自峡部向上伸出一个锥状叶，较长者可达舌骨。甲状腺峡有时缺如，使左、右侧叶分离。

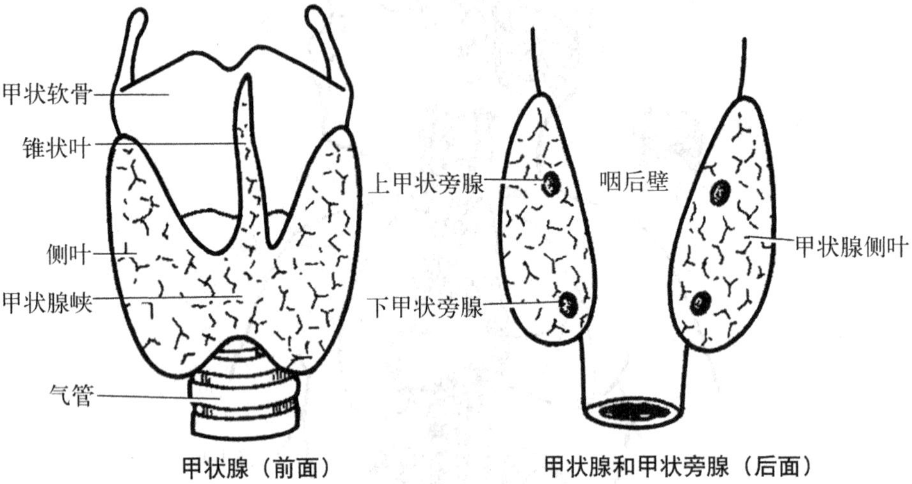

图5－30　甲状腺和甲状旁腺

2. 甲状旁腺的观察

利用头颈部示甲状腺与甲状旁腺模型、新生儿显示全身内分泌腺的模型，结合挂图观察辨认（图5－30）。

甲状旁腺位于甲状腺侧叶的后面，一般是两对黄豆大小的扁椭圆形小体。上一对多在甲状腺侧叶后面的中、上1/3交界处，下一对常在甲状腺侧叶后面的下部、甲状腺下动脉附近。要注意的是甲状旁腺的数目和位置变化较大，有时埋入甲状腺实质内，寻找、辨认困难。

3. 胸腺的观察

利用新生儿显示全身内分泌腺的模型、独立示胸腺模型观察辨认（图5－31）。

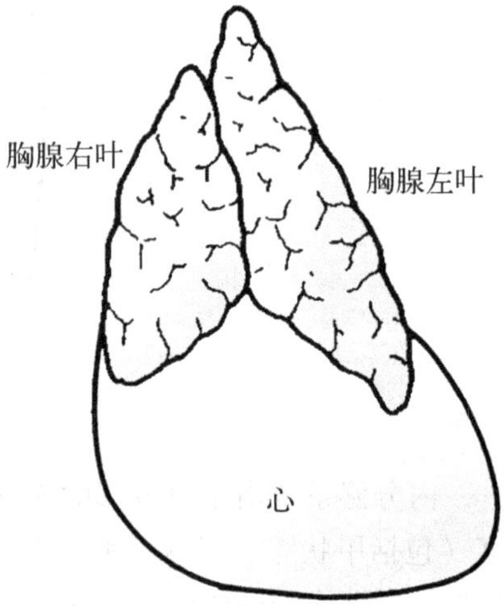

图5－31　胸腺

胸腺位于胸骨柄后方、上纵隔前部、心包的上方及出入心脏的大血管前面，有时可向上凸至颈根部。胸腺的左、右两叶常不对称，每叶呈上窄下宽的扁条形。新生儿及幼儿时期胸腺的体积较大，随着年龄的增长继续发育至青春期，性成熟后最大，而后逐渐萎缩退化，成年后腺组织被结缔组织、脂肪等替代。

4. 垂体的观察

利用头部正中矢状切面模型、颅底内面观标本、脑干带垂体和松果体的模型观察辨认（图5－32）。

垂体呈椭圆形，位于颅中窝、蝶骨体上面的垂体窝内，硬脑膜形成的鞍隔下方。垂体借其上方的漏斗穿过鞍隔连于下丘脑，分为前方的腺垂体和后方的神经垂体两部分。

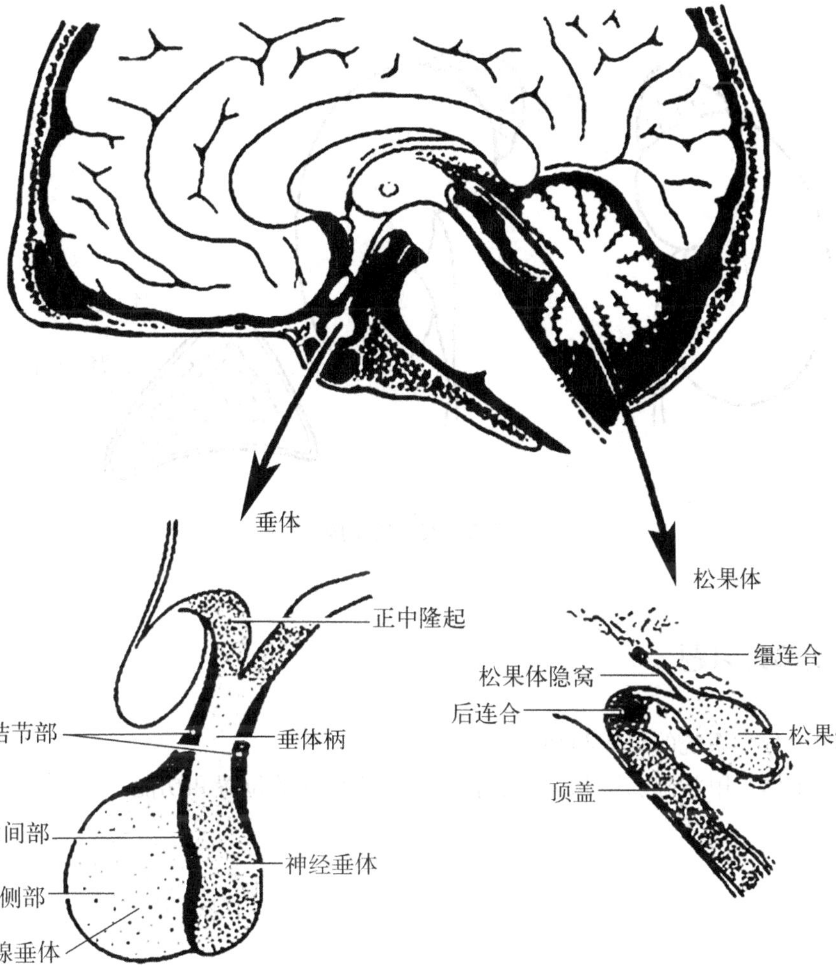

图5－32　垂体和松果体

5. 松果体的观察

利用头部正中矢状切面模型、脑干带垂体和松果体的模型观察辨认（图5－32）。

松果体是形似松果状的椭圆形小体，位于背侧丘脑后上方，上丘之间的浅凹内，并借其柄连于第三脑室顶的后部。

6. 肾上腺的观察

利用腹膜后间隙器官的模型、新生儿显示全身内分泌腺的模型观察辨认（图 5 – 33）。

肾上腺在腹膜之后，是成对的腹膜外位器官，位于肾的上内方。肾上腺与肾共同包被在肾筋膜内，但有单独的纤维囊和脂肪囊，肾下垂时，肾上腺不随之下降。肾上腺左侧较大，近似半月形，右侧稍小，呈三角形。肾上腺前面有不太明显的门，是血管、神经、淋巴管等出入之处。

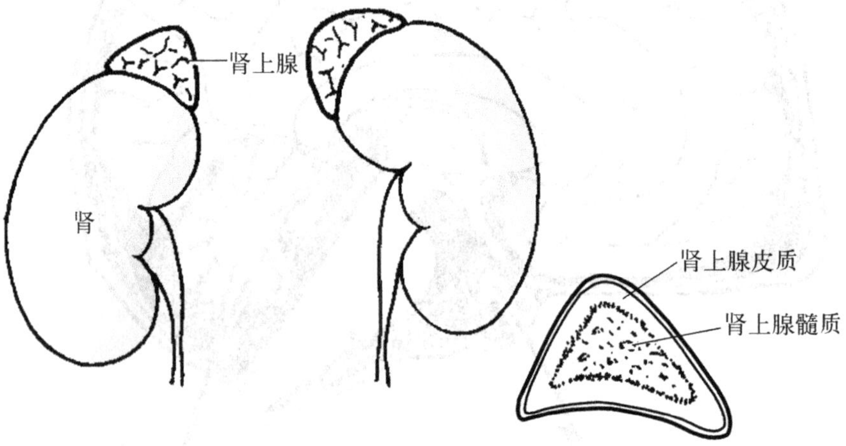

图 5 – 33　肾上腺

五、实验练习题

①说明内分泌系统的组成与功能。
②说明垂体、甲状腺、甲状旁腺、肾上腺、松果体的位置和功能。

第六章　运动解剖学应用技能的实验

实验二十五　细胞形态计量参数的测算

一、实验内容

对细胞及其结构成分的形态计量参数进行测算。

二、实验目的

①本实验了解细胞形态定量分析的目的是从二维图像推导出三维结构参数。
②掌握常用的细胞形态计量参数的测算方法。

三、实验材料与器具

显微玻片标本或电镜照片、透明胶片、测微尺、三角尺、绘图纸、绘图笔、计算器、显微镜。

四、实验方法与步骤

（一）测试样本的准备

可用显微玻片标本或电镜标本分别进行光镜和电镜下细胞结构成分的细胞形态计量参数的测算。

测试样本的取样，要保证被测试的样本来自测试对象的不同个体、不同组织块，并且随机取样。一般测试的样本数至少要在 25 个以上。可采用以下方法取样：取 5 个不同动物个体的某一组织为材料，经制片得到 5 个组织包埋块，每个组织包埋块随机取 5 片切片制成待测标本，再对每个待测标本随机选取 1 个含欲测算结构的视野，直接观察或拍成照片作为测试的样本，这样可得到 25 个测试样本。要增加样本数一般应尽量增加个体数，增加同一个体的视野数意义不大。对每个样本的观察或摄影要保证在相同的放大倍数下进行。

显微玻片标本可在显微镜下直接测算，也可拍成照片测算。电镜标本一般用照片进行测算。对观察标本放大倍数的选择要能充分显示欲测算结构。

（二）测试格

形态计量学参数的测算是建立在测试点、线、面与结构之间相互关系的基础上，根据相应形态计量学参数测算公式的要求，利用测试格来获取测算的基本要素。测试格按不同的测算需要，可设计制作成多种形式，常用的主要有正方测试格和短线测试格两种。

1. 正方测试格

正方测试格（图 6－1）是将一个大正方形的区域作为测试范围，四周的虚线即为测试格的边线，所围成的正方形就是测试面积。正方形中部是小正方格，四周是半个小正方格，四角是 1/4 个小正方格。纵、横实线是测试线，纵线的总长与横线的总长相等。纵、横实线的交点是测试点（图 6－1 中共有 100 个测试点）。若小正方格的边长为 d，则每个测试点相关连的测试线长为 $2d$，测试面积为 d^2（图 6－1 中斜线阴影部分）。设正方测试格的总测试点为 P_T（图 6－1 中 $P_T = 100$），则正方测试格的总测试线长度 $L_T = 2dP_T$，总测试面积 $A_T = d^2P_T$。

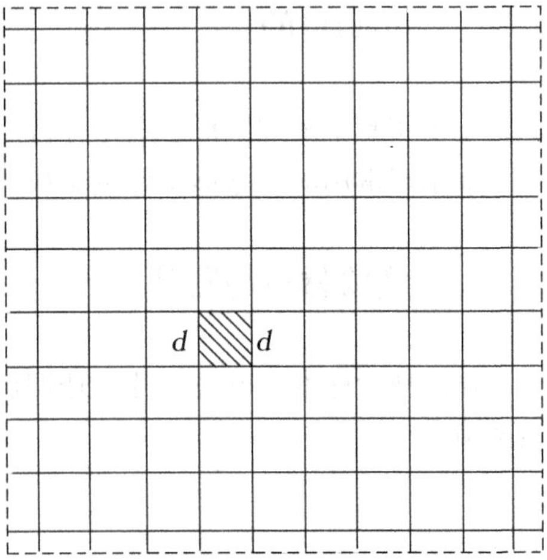

图 6－1　正方测试格

2. 短线测试格

短线测试格（图6－2），也称多能测试格。短线测试格四周虚线包围的是测试面积，其内分布有按一定规律排列的长度为 d 的测试短线。短线测试格内的全部短线都是测试线，每个短线的两个端点都是测试点。测试点按六角点阵排布，每个测试点周围有6个距离相等的测试点。测试格中上下相邻的3个短线端点的连线构成一个内角为60度的等边三角形。水平相邻的两个短线相邻端点的间隔为 d，上下相邻短线间的垂直距离为 $\sqrt{3}d/2$。最上、下两行测试线与上、下虚线边界间的垂直距离为 $\sqrt{3}d/4$。由上至下，单行最左侧的短线左端点与左虚线边界的间距为 $d/4$，最右侧的短线右段端点与右虚线边界的间距为 $3d/4$，双行则恰好相反。短线测试格每个测试点相关连的测试线长为 $d/2$，相关连的测试面积为上下相邻短线及其端点连线构成的一个等边平行四边形（图6－2中斜线阴影部分），为 $\sqrt{3}d^2/2$。设短线测试格的总测试点为 P_T（图6－2中 $P_T=36$），则短线测试格的总测试线长度 $L_T=P_Td/2$，总测试面积 $A_T=P_T\sqrt{3}d^2/2$。

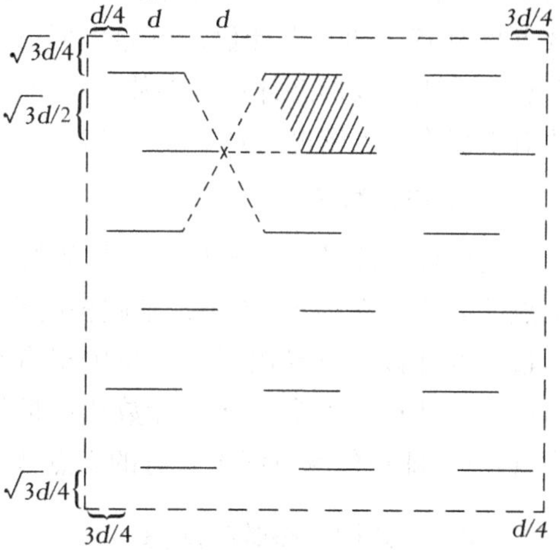

图6－2　短线测试格

3. 测试格的制作

测试格的制作根据测试样本的不同而有差异。

在显微镜下直接测试的测试格的制作：

这种测试格是把测试格制成目镜测微尺的形式，放在目镜的视场光阑处，经物镜测微尺标定其测试线表示的数值大小后，即可用于测试。这种测试格可在市场上购买现成的，也可自己动手制作。方法是在一张白纸上，绘制好所需的测试格，然后根据目镜光阑直径的大小，选择合适的缩放比例，将绘制在白纸上的测试格以一定的比例翻拍至照相机底片上，冲洗底片后再用正片拷贝一次，经冲洗即可得到透明的测试格。按目镜光阑的大小剪下测试格，放入目镜视场光阑处即可。

在照片上直接测试的测试格的制作：

这种测试格可用于光镜和电镜照片的测试，制作简单。方法是将所需的测试格，按测试照片的大小或略小于测试照片的大小，绘在一张白纸上，然后把绘好的测试格复制在透明胶片上，即得到透明的测试格，测试时将其叠放在需测试的照片上即可。

（三）测试的基本方法

细胞形态计量测试的基本方法比较简单，根据不同形态计量体视学参数测算的要求，所需用到的基本方法也不相同，这里介绍点计数法和交点计数法两种基本方法。

1. **点计数法**

点计数法就是计算测试对象上的测试点数。如图 6－3 所示，胞核中的测试点数为 4，细胞中的测试点数为 19。通过点计数法可导出形态计量中很多有意义的比值或形态计量学参数，在图 6－3 中，胞核对于细胞的点密度（P_p）为 4/19。

2. **交点计数法**

交点计数法是计算测试对象周界线与测试线相交点的数值。在图 6－3 中，细胞核的交点数为 16。通过交点计数法可导出形态计量中很多有意义的比值或形态计量学参数，交点计数法可推导出交点密度（I_L），即单位测试线上具有的交点数。

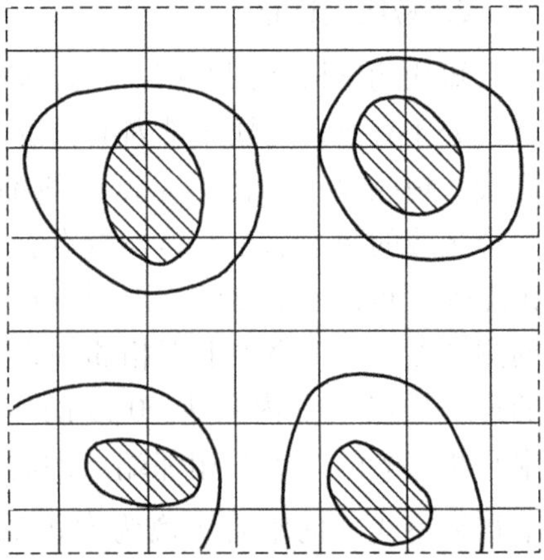

图 6－3　正方测试格中的测试对象

（四）体视学参数的测算

体视学参数包括的范围较广，本书只介绍体积密度（V_v）和表面积密度（S_v）两个密度参数的测算方法，以了解体视学参数测算的基本原理与方法。

体视学参数测算的基本原理是形态结构的空间分布与其平面的图形特征密切相关，通过平面图形上面积、长度或数目的测算与计数，然后根据相应的数学关系式进行推导，可以得出形态结构的空间分布的参数值。这种方法虽不能得出形态结构的具体形态，但可推导出较多定量的结构信息，并且是用数学方法推算，可避免传统的形态学描述的主观性。

1. **体积密度的测算**

体积密度是指在单位参照体积中，某结构平均所占的体积，用公式表示为：

$$V_v = V_x / V_c$$

上式中，V_x 为某结构的体积，V_c 为测算范围的体积。

测算范围也称参照系，参照系的选择视具体情况而定。例如，对于胞核与胞质的测算，可取细胞为参照系。对于胞核内各结构成分（如核仁等）的测算，可取胞核为参照系。

要直接测量 V_x 和 V_c 是难以做到的，但根据体视学的德莱斯（*Delesse*）原理及相关的推算，可以得出：

$$V_v = A_A = P_p$$

上式中，$A_A = A_x / A_c$，为面积密度；$P_P = P_x / P_c$，为点密度。所以体积密度可通过测量或计数某结构和参照系的截面面积或测试点数得到。这种测算是在多个随机取样的样本上进行的，若用 n 表示样本数（视野或照片数），第 i 幅图像上某结构的截面面积为 A_{xi}，参照系的截面面积为 A_{ci}，某结构的测试点为 P_{xi}，参照系的测试点数为 P_{ci}，所以：

$$V_v = \frac{\sum_{i=1}^{n} A_{xi}}{\sum_{i=1}^{n} A_{ci}} = \frac{\sum_{i=1}^{n} P_{xi}}{\sum_{i=1}^{n} P_{ci}}$$

上式中，截面面积用手工方法，也不易测得，而测试点数通过测试格是较易获得的，故体积密度的手工测算最常用的方式就是利用下式进行：

$$V_v = \frac{\sum_{i=1}^{n} P_{xi}}{\sum_{i=1}^{n} P_{ci}} = \frac{P_{x1} + P_{x2} + \cdots P_{xn}}{P_{c1} + P_{c2} + \cdots P_{cn}}$$

上式中，P_{x1}、P_{x2}和P_{xi}分别为1号、2号和n号样本（视野或照片）中某结构的测试点数，P_{c1}、P_{c2}和P_{ci}分别为1号、2号和n号样本中参照系的测试点数。

体积密度由两个体积比构成，没有单位，其大小可用百分数或小数表示。

2. 表面积密度的测算

表面积密度是指单位参照体积中，某结构所占表面积的多少，用公式表示为：

$$S_v = S_x / V_c$$

上式中，S_x为某结构的表面积，V_c为参照系的体积。根据体视学的有关推算，可得出表面积密度与交点密度间的关系式：

$$S_v = 2I_L$$

上式中，I_L为交点密度。$I_L = I_x / L_c$，I_x为某结构的交点数，L_c为参照系中测试线的总长，$L_c = ZP_c$，Z为参照系中每个测试点代表的长度，P_c为参照系中的测试点数。因此可得出表面积密度与参照系的测试点数和某结构的交点数之间的关系：

$$S_v = 2I_L = 2I_x / L_c = 2I_x / ZP_c$$

由上式可知，通过计数某结构的交点数和参照系的测试点数，即可推算出表面积密度。与体积密度测算一样，表面积密度的测算也是在n个样本中进行的，故：

$$S_v = \frac{2\sum_{i=1}^{n} I_{xi}}{Z\sum_{i=1}^{n} P_{ci}} = \frac{2\ (I_{x1} + I_{x2} + \cdots I_{xn})}{2\ (P_{c1} + P_{c2} + \cdots P_{cn})}$$

上式中，I_{x1}、I_{x2}和I_{xn}分别为1号、2号和n号样本中某结构的交点数，P_{c1}、P_{c2}和P_{cx}分别为1号、2号和n号样本中参照系中的测试点数。

表面积密度的单位为面积单位与体积单位之比。如采用的度量单位是微米，表面积密度的单位则为平方微米/立方微米。

表面积密度测算时，要特别注意其推算公式中的Z，其代表的是每个测试点代表的长度（如正方测试格Z等于测试线长的2倍，短线测试格Z等于测试线长的1/2）。若用照片作为样本要注意此时的Z值为测试格上测试线的长度除以照片的放大倍数，即测试线所代表的实际长度。

请按上述体积密度和表面积密度的测算公式和测算方法，测算出本次实验所提供样本的体积密度和表面积密度。

五、实验练习题

①形态计量体视学参数测算的基本原理是什么?

②列表表示你所测算的各个样本的 P_x、P_c、I_x 和 Z 的数值，并用相应公式推算出 V_v 和 S_v 的值。

实验二十六　体育运动实践中常用体表标志的活体辨识

一、实验内容

在活体上观察体育运动实践中常用的全身各个部位的体表标志。

二、实验目的

①了解在体育运动实践中常用的全身各个部位的骨性、肌性及皮肤标志点。

②对重要的骨性、肌性及皮肤标志点在活体上进行观察和扪触。

三、实验材料与器具

以肌肉线条较清晰、皮脂较薄的男性学生作为活体观察对象，人体骨架，各相关内容挂图。

四、实验方法与步骤

将全班学生分为 2 ~3 组，每组选取一名肌肉线条较清晰、皮脂较薄的男性学生，令其身着泳裤作为活体观察对象，结合人体骨架及各相关内容挂图进行观察扪触。

（一） 躯干部常用体表标志的观察

1. 项、背、腰部的骨性和肌性标志观察

背纵沟　为背部正中纵行的浅沟，在沟底可触及各椎骨的棘突。头前屈时，平肩处可摸到显著突起的第 7 颈椎棘突；脊柱下端可摸到尾骨尖和骶骨。

第 7 颈椎棘突　位于项部，头前屈时明显隆起于皮下，转头时可移动。

竖脊肌　在背纵沟的两侧，呈纵行隆起。

肩胛骨的肩胛冈和下角　三角形的肩胛骨位于皮下，在背上部两侧可摸到其后面的肩胛冈及下角，其中肩胛冈内侧端平第3胸椎棘突，下角对第7肋或平第7肋间隙。

肩胛骨的肩峰　在肩部可摸到明显隆起的肩峰。用食指和中指沿肩胛冈从后内方向前外方触摸，即容易找到此测量点。

髂　嵴　为髂骨的上缘，其最高点约平第4腰椎棘突。

髂后上棘　为髂嵴的后端，体形较瘦的人为一骨性突起，皮下脂肪较多时为一皮肤凹陷。平对第2骶椎棘突。

斜方肌　此肌自项部正中线及胸椎棘突向肩峰伸展，呈三角形的轮廓，一般不明显，令观察对象进行抬头挺胸运动时略可辨认。

背阔肌　为覆盖腰部及胸部下部分扁而阔的肌，令观察对象进行伸位内收肩关节运动时可辨认其轮廓。

2. 胸、腹部的骨性和肌性标志观察

锁　骨　全长均可摸到，内侧2/3凸向前，外侧1/3凸向后。内侧端膨大，突出于胸骨颈静脉切迹的两侧。

喙　突　在锁骨中、外1/3交界处的下方一横指处，向后深按即能触及。

颈静脉切迹　胸骨柄上缘正中，平齐第2胸椎体下缘，向下深按即能触及。

胸骨角　胸骨柄与胸骨体相接处形成突向前方的横行隆起，两侧接第2肋软骨，可依次计数肋和肋间隙。它相当于第4胸椎体下缘水平。

剑　突　在胸骨体的下方，两肋弓的夹角形成的三角形凹陷处可扪触到。

肋　弓　由剑突向外下方可扪触到。

胸上点　胸骨柄上缘的颈动脉切迹与正中矢状面的交点。

胸中点　左右第4胸肋关节上缘的连线与正中矢状面的交点。

胸下点　胸骨下缘（和剑突相连的地方）与正中矢状面的交点。

乳头点　乳头的中心点。此点对乳房下垂的女性不能使用。

脐　点　脐部中心点。

胸大肌　为胸前壁上部的肌性隆起。

前锯肌　在胸部外侧壁，发达者可见其肌齿。

腹直肌　位于腹前壁正中线两侧，被3～4条横沟分成多个肌腹，这些横沟即腱划，肌收缩时在脐以上可见到。该肌外缘呈半月形的弧线，自第9肋软骨开始，下延至耻骨，称为半月线，它与右侧肋弓相交处，相当于胆囊底的体表投影点，临床常以此部位作为胆囊炎的压痛点。

腹外斜肌　在腹外侧，以肌齿起于下数肋，其轮廓较为清晰。

髂前上棘　是髂嵴的前端。令受试者弯曲大腿。在腹股沟线上方用拇指从下向上按，即可找到此测量点。

耻骨联合上缘　在两侧腹股沟内侧端之间可摸到的骨性横嵴，为耻骨联合上缘与正中矢状面的交点。其下有外生殖器。

耻骨结节 为耻骨联合外上方的骨性隆起。

（二）头颈部常用体表标志的观察

1. 头颈部常用骨性和肌性标志的观察

枕外隆突 为头后正中线处的骨性隆起。

头顶点 头固定于眼耳平面上，头顶在人体正中线上。眼耳平面的确定是根据 1884 年在法兰克福的国际人类学会上确认的标准平面（也称法兰克福平面）来确定的，由头部 3 点，即左右侧耳屏点和右侧眶下点所确定的平面。

头后点 头后部正中矢状面上最向后突出的一点，离眉间点最远的一点。

头侧点 头两侧最向外突出的点。

乳　突 为耳廓后方的骨性突起，属于颞骨。

颧　弓 位于耳前方的骨性突起。

眶上缘、眶下缘 为眶口上、下的骨性边界。

眶上切迹 位于眶上缘内、中 1/3 交界处。

眉　弓 为眶上缘上方的横行隆起。

眉间点 左右侧眉毛间的隆起部在正中矢状面上最向前突出的地方。确定此点时，受试者头部必须保持耳眼水平位。

耳屏点 外耳道前方耳屏软骨上缘的起点。

下颌头 位于耳廓前方，张口、闭口运动时可移动。

下颌角 为下颌体下缘的后端。

颏下点 头部保持耳眼水平时，颏部在正中矢状面上最低的一点。

颈　点 第 7 颈椎棘突尖端的点，低头时颈部正中矢状面上最突出的一点。

舌　骨 在颈前部正中，甲状软骨的上方。

喉结节点 正中矢状面上，喉结节最镶嵌突出的一点。

咬　肌 咬紧牙关时，在下颌角前上方的肌性隆起。

颞　肌 在颧弓上方的颞窝内。

胸锁乳突肌 头转向对侧时，在颈部可明显看到的自后上斜向前下的长条状肌性隆起。

2. 头颈部常用皮肤标志的观察

人　中 为上唇外面中线上的一纵行浅沟。

鼻唇沟 在颊和上唇分界处的斜行浅沟。

（三）上肢常用体表标志的观察

1. 上肢常用骨性和肌性标志的观察

肱骨大结节 在肩峰的下方，为三角肌所覆盖，向下深按即能触及。

肱骨小结节 在肩胛骨喙突的稍外方，向下深按即能触及。

肱骨内、外上髁　在肘关节两侧的稍上方，内上髁突出较明显。

尺骨鹰嘴　在肘后方极易摸到。

桡骨头　在肱骨外上髁下方，伸肘时在肘后方容易摸到。在上肢下垂、手掌向内侧的姿势中，肘关节背面的外侧有一个小凹，在此凹中易找到肱桡关节。确定桡骨头上沿的最高点即为桡骨点。

桡骨茎突　位于腕桡侧，为桡骨下端外侧部分的骨性隆起，一般比尺骨茎突低。拇指用力外展时，在拇指展肌腱、拇指伸肌腱和拇长伸肌腱之间形成一个三角形的深窝，在此窝的底部，用拇指向近侧压摸，容易找到此点。

尺骨茎突　位于腕尺侧，在尺骨头后内侧，前臂旋前时，可在尺骨头下方摸到。

豌豆骨　位于腕前尺侧的皮下，向深按即能触及。

桡侧掌骨点　第 2 掌骨小头向桡侧最突出的一点。

尺侧掌骨点　第 5 掌骨小头向尺侧最突出的点。

指尖点　中指尖端最向下的一点。

三角肌　从前、外、后侧包绕肱骨的上端，形成肩部圆隆状的外形。

肱二头肌及肌腱　在上臂前面，其内、外侧各有一纵行的浅沟，内侧沟较明显。当屈肘握拳时，此肌收缩可明显在上臂前面见到膨隆的肌腹；肌腱可在肘窝中央处扪触到。

肱三头肌　在上臂的后面、三角肌后缘的下方可见到肱三头肌长头。

肱桡肌　当握拳用力屈肘时，在肘部可见到肱桡肌的膨隆肌腹。

腕掌侧的肌腱　握拳屈腕时，在腕掌侧可见到 3 条肌腱，位于中间者即掌长肌腱，位于桡侧者为桡侧腕屈肌腱，位于尺侧者为尺侧腕屈肌腱。

腕背侧的肌腱　拇指伸直、外展时，在腕背桡侧可看到 3 条肌腱，自桡侧向尺侧依次为拇长展肌腱、拇短伸肌腱和拇长伸肌腱；在拇长伸肌腱的尺侧可看到 4 条指伸肌腱。

2. 上肢常用皮肤标志的观察

腋前、后襞　上肢下垂时，在腋窝前、后面见到的皮肤皱襞。

肘窝横纹　屈肘时，现于肘窝处。

腕掌侧横纹　屈腕时，在腕掌侧出现 2 ~ 3 条横行的皮肤皱纹，分别称为近侧横纹（不甚恒定）和远侧横纹。

（四）下肢常用体表标志的观察

1. 下肢常用骨性和肌性标志的观察

坐骨结节　为坐骨最低点，取坐位时与凳子相接触。

股骨大转子　为股骨颈与体交界处向上外侧的方形隆起，构成髋部最外侧的骨性边界，令观察对象进行屈伸髋关节运动时，可扪触到其伴随转动。或令受试者大腿外展，此时在大转子部位形成一个凹窝，由此易找到测量点。

股骨内、外侧髁和胫骨内、外侧髁　都在膝关节两侧皮下。

髌　骨　在膝关节前面的皮下。髌骨底最高点与髌骨尖最下端连线的中点的测量点为髌骨中点。

髌韧带 为髌骨下方的纵行粗索，为临床上膝跳反射叩击部位。

胫骨粗隆 为胫骨内、外侧髁间前下方的骨性隆起，向下续于胫骨前缘。

胫骨点 胫骨内侧髁内侧缘上最高点。令受试者膝部弯曲，在膝部髌韧带的内侧，探得股、胫两骨之间的凹窝，再用手指触摸胫骨内侧髁上缘，易找到此测量点。

胫骨内侧面 位于皮下，向下可延至内踝。

腓骨头 位于胫骨外侧髁的后外方，位置稍高于胫骨粗隆。

外 踝 为腓骨下端一窄长的隆起，比内踝低。腓骨外髁最下端的测量点为外髁点。

内 踝 为胫骨下端内侧面的隆凸。胫骨内髁尖端最下方的测量点为内髁点。

跟 点 直立时足跟最向后突出的一点。

外侧跖骨点 第5跖骨小头向外侧最突出的点。

内侧跖骨点 第1跖骨小头向内侧最突出的点。

趾尖点 直立时足趾尖最向前突出的一点，多在踇趾或第2趾上。

臀大肌 形成臀部圆隆的外形。

股四头肌 形成大腿前面的肌性隆起，肌腱经膝关节前面向下延伸为髌韧带，止于胫骨粗隆。

半腱肌腱、半膜肌腱 附于胫骨上端的内侧，构成腘窝的上内界。

股二头肌腱 为一粗索，附着于腓骨头，构成腘窝的上外界。

腓肠肌 肌腹形成小腿后面的肌性隆起，俗称“小腿肚”。其内、外两个头构成腘窝的下外界。

跟 腱 在踝关节后方，呈粗索状，向下止于跟骨结节。

胫骨前肌 在踝关节的前方，踇伸肌腱的内侧可摸到此肌的肌腱。

踇长伸肌 当用力伸踇趾时，在踝关节前方和足背可摸到此肌的肌腱。

趾长伸肌 当背屈时，在踝关节前方，踇长伸肌腱的外侧可摸到此肌的肌腱。在伸趾时，在足背可清晰地见到至各趾的肌腱。

2. 下肢常用皮肤标志的观察

腹股沟 为腹部与股前部分界的沟，由髂前上棘至耻骨结节。

臀 沟 为一横行的沟，界于臀部与大腿后面之间。

腘窝横纹 在腘窝内呈横行的皱纹。

五、实验练习题

在自己的身体上扪触观察主要的体表标志点。

实验二十七　人体不同部位肌肉力量和肌耐力的测量与评价

一、实验内容

测试人体不同部位肌肉力量和肌耐力，并分别对其进行评价。

二、实验目的

①掌握身体不同部位肌肉力量和肌耐力的相应测量方法。
②掌握对身体不同部位肌肉力量和肌耐力进行评价的方法。

三、实验材料与器具

握力计、背肌拉力计、电子纵跳仪、地垫、单杠、秒表、皮尺、桌子和测试记录表格，同一实验组选取数名学生作为受试对象。

四、实验方法与步骤

将全班学生分为2～3组，每组选取数名学生，令其身着运动服装作为受试对象，测量并评价其身体不同部位的肌肉力量。

（一）前臂、手部肌肉力量的测量与评价

1. 测量方法

使用握力计进行测量。

握力计指针调至零点。受试者手持握力计，转动握距，调整螺丝，使中指第2关节屈呈90度时为最佳握距。测试时，受试者两足自然分开（约一脚距离），身体直立，两臂自然下垂，用力手持握力计，手掌心向内，握力计的指针向外。用全力握握力计的内、外柄。测试两次，取最大值，记录以千克为单位，保留小数点后一位。

用力时，禁止摆臂、下蹲或将握力计接触身体。如果受试者分不出有力手，双手各测试两次。

2. 评价方法

测量结束后，将所得数值与表 6－1 比对，分析评价代表人体前臂和手部肌肉力量的握力指标的状况。

表 6－1 成年人握力评价标准 单位：千克

年龄/岁	性别	不合格	合格	良好	较好	优秀
20～24	男	29.6～36.9	37.0～43.5	43.6～49.2	49.3～56.3	>56.3
25～29	男	32.6～38.3	38.4～44.8	44.9～50.4	50.5～57.6	>57.6
30～34	男	32.2～38.0	38.1～44.9	45.0～50.6	50.7～57.6	>57.6
35～39	男	31.3～37.2	37.3～44.4	44.5～50.2	50.3～57.7	>57.7
40～44	男	30.0～36.4	36.5～43.4	43.5～49.5	49.6～56.7	>56.7
45～49	男	29.2～35.4	35.5～42.4	42.5～48.5	48.6～55.4	>55.4
50～54	男	27.2～32.7	32.8～40.3	40.4～46.3	46.4～53.2	>53.2
55～59	男	25.9～31.4	31.5～38.5	38.6～43.9	44.0～50.7	>50.7
20～24	女	18.6～21.1	21.2～25.7	25.8～29.8	29.9～35.0	>35.0
25～29	女	19.2～21.7	21.8～26.1	26.2～30.1	30.2～35.3	>35.3
30～34	女	19.8～22.3	22.4～26.9	27.0～30.9	31.0～36.1	>36.1
35～39	女	19.6～22.3	22.4～27.0	27.1～31.2	31.3～36.4	>36.4
40～44	女	19.1～22.0	22.1～26.9	27.0～31.0	31.1～36.5	>36.5
45～49	女	18.1～21.2	21.3～26.0	26.1～30.3	30.4～35.7	>35.7
50～54	女	17.1～20.1	20.2～24.8	24.9～28.9	29.0～34.2	>34.2
55～59	女	16.3～19.2	19.3～23.5	23.6～27.6	27.7～32.7	>32.7

资料来源：国家体育总局编. 国民体质测定标准手册（成年人部分）［M］. 北：人民体育出版社，2003.

（二）背部肌肉力量的测量与评价

1. 测量方法

使用背肌拉力计进行测量。

背肌拉力计指针调至零点。受试者两足站在背肌拉力计的底盘上，调节拉杆高度（握杆高度与受试者膝盖上缘平齐）。

受试者上体前倾，双手掌心向后握住拉杆，身体用力上抬。注意拉时膝关节保持伸直，不要猛然用力，测两次，取最佳成绩（千克）记录，然后使指针回零。

2. 评价方法

测量结束后，将所得数值换算为拉力指数进行评定：

$$拉力指数 = 拉力（千克）/体重（千克）\times 100$$

与表 6－2 比对，分析评价代表人体背部肌肉力量的背力指标的状况。

表 6－2　成年人背力拉力指数评价标准

性别	较差	正常	优秀
男	<150	150～200	>200
女	<100	100～150	>150

资料来源：南登崑．康复医学（第 3 版）［M］．北京：人民卫生出版社，2004.

此方法易引起腰痛病人症状加重或复发，一般不用于腰痛患者。

（三）腹部肌肉力量/肌耐力的测量与评价

1. 测量方法

使用秒表进行 1 分钟仰卧起坐次数的测量。

受试者全身仰卧于垫上，两腿屈膝呈 90 度，两手手指交叉贴于脑后，同伴压住其两足踝，以固定其身体，并记录次数。起坐时，以双肘触及同侧两膝为成功一次。仰卧时，两肩胛骨必须触垫。测试时，测试者发出“开始”口令同时开始计时，并记录 1 分钟所完成的次数；受试者听到口令后开始做起。

2. 评价方法

测量结束后，将所得数值与表 6－3 比对，分析评价代表人体腹部肌肉力量和肌耐力的 1 分钟仰卧起坐次数的状况。

表 6－3　1 分钟仰卧起坐评价标准　　单位：次

年龄/岁	性别	欠佳	尚可	一般	良好	优秀
12～14	男	≤14	15～26	27～35	36～42	≥43
15～17		≤15	16～27	28～37	38～47	≥48
18～29		≤16	17～28	29～40	41～50	≥51
30～39		≤12	13～23	24～32	33～43	≥44
40～49		≤10	11～22	23～27	28～38	≥39
50～59		≤7	8～16	17～21	22～33	≥34
60 及以上		≤5	6～12	13～17	18～30	≥31

续表

年龄/岁	性别	欠佳	尚可	一般	良好	优秀
12～14	女	≤32	33～37	38～39	40～41	≥42
15～17		≤28	29～34	35～37	38～41	≥42
18～29		≤26	27～32	33～35	36～39	≥40
30～39		≤23	24～29	30～32	33～36	≥37
40～49		≤22	23～29	30～32	33～35	≥36
50～59		≤18	19～25	26～28	29～32	≥33
60 及以上		≤32	33～37	38～39	40～41	≥42

资料来源：方进隆．健康体能的理论与实际［M］．台北：汉文书店，1993.

在 1 分钟内的完成次数越高，腹肌力量越强、耐力越持久，更易于维持身体正确的坐、立、行姿态，患腰背痛及脊柱变形的概率也可降低。

（四）上肢屈肌力量/肌耐力的测量与评价

1. 测量方法

使用单杠和秒表进行测量。男性受试者进行引体向上测试，女性受试者进行屈臂悬垂测试。

在引体向上测试时，测试者帮助受试者以正手握稳单杠，两手握距与肩同宽，两臂伸直，身体悬垂。测试者在正确准备动作完成后发出“开始”口令。受试者屈肘提升身体，直至下颌超越杠面，然后慢慢下降至原来位置，再重复进行，直至不能继续为止。记录最终完成的次数。注意在做动作过程中，不可有多余的摆动动作，否则该次不计。

在屈臂悬垂测试时，测试者帮助受试者上杠维持在屈肘状态，受试者两手握距与肩同宽，下颌保持过杠面的位置（但不可触杠）。受试者准备好后，示意测试者放手。测试者放手时便按动秒表开始计时。受试者努力维持，直至其下颌低于杠面水平，测试者便停表，记录最终维持时间（秒）。

2. 评价方法

测量结束后，将所得数值与表 6－4 比对，分析评价上肢屈肌力量和肌耐力的状况。

表 6－4　引体向上/屈臂悬垂测试健康标准

年龄/岁	男：引体向上/次	女：屈臂悬垂/秒
5～6	1～2	2～8
7～8	1～2	3～10
9～10	1～2	4～10

续表

年龄/岁	男：引体向上/次	女：屈臂悬垂/秒
11	1 ~ 3	6 ~ 12
12	1 ~ 3	7 ~ 12
13	1 ~ 4	8 ~ 12
14 ~ 15	2 ~ 7	8 ~ 12
16 及以上	5 ~ 8	8 ~ 12

资料来源：方进隆．健康体能的理论与实际［M］．台北：汉文书店，1993.

（五）上肢伸肌力量/肌耐力的测量与评价

1. 测量方法

采用俯卧撑进行上肢伸肌力量/肌耐力的测量。

受试者俯撑于地上，两手分开，与肩同宽，男性受试者以前脚掌触地支撑，而女性受试者以膝部触地支撑，躯干与大腿在完成整个动作过程中都要呈一条直线。测试者发令后，便开始计数。受试者在每次动作中肘关节屈曲最少 90 度，然后伸直肘关节才算一次。若中途有停顿，便立刻终止测试。记录最终完成次数。

2. 评价方法

测量结束后，将所得数值与表 6－5 比对，分析评价上肢伸肌力量和肌耐力的状况。

表 6－5　俯卧撑评价标准　　单位：次

年龄/岁	性别	欠佳	尚可	一般	良好	优秀
10 ~ 11	男	≤3	4 ~ 10	11 ~ 12	21 ~ 29	≥30
12 ~ 14	男	≤5	6 ~ 15	16 ~ 26	27 ~ 34	≥35
15 ~ 17	男	≤8	9 ~ 18	19 ~ 28	29 ~ 39	≥40
18 ~ 29	男	≤14	15 ~ 24	25 ~ 39	40 ~ 49	≥50
10 ~ 11	女	≤3	4 ~ 9	10 ~ 20	21 ~ 30	≥31
12 ~ 14	女	≤4	5 ~ 11	12 ~ 24	25 ~ 35	≥36
15 ~ 17	女	≤4	5 ~ 12	13 ~ 25	25 ~ 37	≥38
18 ~ 29	女	≤4	5 ~ 14	15 ~ 26	27 ~ 39	≥40

资料来源：方进隆．健康体能的理论与实际［M］．台北：汉文书店，1993.

（六）下肢肌肉力量/爆发力的测量与评价

1. 测量方法

采用原地纵跳进行下肢肌肉力量/爆发力的测量。

使用以人体滞空时间计算高度式电子纵跳仪进行测试。受试者站在纵跳仪踏板上，上体略前倾，两臂自然下垂于体侧，两足左右开立与肩同宽，两膝微屈呈稍蹲姿势，身体重心落在两足之间。起跳前，两臂可以前后预摆两三次。两腿配合手臂摆动做屈伸；起跳时，两臂由后向体前上方屈臂摆动，以有力地摆臂配合提踵、伸膝动作，使身体尽力垂直向上跳起。测试两次，取最大值记录，以厘米为单位，保留小数点后一位。

2. 评价方法

测量结束后，将所得数值与表 6 -6 比对，分析评价下肢肌肉力量和爆发力的状况。

表 6 -6 成年人原地纵跳评价标准 单位：厘米

年龄/岁	性别	不合格	合格	良好	较好	优秀
20 ~ 24	男	19.9 ~ 24.8	24.9 ~ 32.3	32.4 ~ 38.4	38.5 ~ 45.8	>45.8
25 ~ 29	男	19.6 ~ 23.9	24.0 ~ 31.3	31.4 ~ 36.8	36.9 ~ 43.6	>43.6
30 ~ 34	男	18.4 ~ 22.3	22.4 ~ 29.3	29.4 ~ 34.7	34.8 ~ 41.1	>41.1
35 ~ 39	男	17.8 ~ 21.4	21.5 ~ 27.9	28.0 ~ 33.0	33.1 ~ 39.5	>39.5
20 ~ 24	女	12.7 ~ 15.8	15.9 ~ 20.5	20.6 ~ 24.7	24.8 ~ 30.0	>30.3
25 ~ 29	女	12.4 ~ 15.0	15.1 ~ 19.7	19.8 ~ 23.4	23.5 ~ 28.5	>28.5
30 ~ 34	女	12.0 ~ 14.5	14.6 ~ 18.7	18.8 ~ 22.6	22.7 ~ 27.7	>27.7
35 ~ 39	女	11.5 ~ 13.7	13.8 ~ 17.8	17.9 ~ 21.3	21.4 ~ 26.1	>26.1

资料来源：国家体育总局编. 国民体质测定标准手册（成年人部分）[M]. 北京：人民体育出版社，2003.

五、实验练习题

①试述身体不同部位肌肉力量和肌耐力的测试方法和注意事项。

②将全实验组学生所测的数据，按不同的性别、专项特长和训练程度进行统计，评价肌肉力量和肌耐力。

实验二十八 人体不同部位活动幅度及柔韧度的测量与评价

一、实验内容

测试人体不同部位的活动幅度及柔韧度，并分别对其进行评价。

二、实验目的

①掌握身体不同部位活动幅度及柔韧度的相应测量方法。
②掌握对身体不同部位活动幅度及柔韧度进行评价的方法。

三、实验材料与器具

坐位体前屈检测计、关节量角器、圆柱形标杆和测试记录表格，同一实验组选取数名学生作为受试对象。

四、实验方法与步骤

将全班学生分为2~3组，每组选取数名学生，令其身着运动服装作为受试对象，测量并评价其身体不同部位的活动幅度及柔韧度。

（一）人体主要关节活动幅度的测量与评价

1. 测量方法

使用关节量角器进行测量（图6-4）。

图 6－4　关节量角器

量角器用两根直尺连接一个半圆量角器或全圆量角器制成，手指关节用小型半圆量角器测量。测试者将量角器的中心点准确对到受试者关节活动轴中心（参照一定的骨性标志），两尺的远端分别放到或指向关节两端肢体上的骨性标志或与肢体长轴相平行。随着关节远端肢体的移动，在量角器刻度盘上读出关节活动度。各关节测量的具体操作方法见表 6－7。

表 6－7　人体主要关节活动幅度测量标准

关节	运动	测量姿位	量角器放置标志			0 点
			中心	近端	远端	
肩	屈、伸	解剖位，背贴立柱站立	肩峰	腋中线（铅垂线）	肱肌外上髁	两尺相重
	外展	同上	同上	同上	同上	同上
	内、外旋	仰卧，肩外展肘屈 90°	鹰嘴	铅垂线	尺骨茎突	同上
肘	屈、伸	解剖位	肱骨外上髁	肩峰	尺骨茎突	两尺呈一直线
腕	屈、伸	解剖位	桡骨茎突	前臂纵轴	第 2 掌骨头	两尺呈一直线
	内收、外展	解剖位	腕关节中点	同上	第 3 掌骨头	同上
髋	屈	仰卧，对侧髋过伸	股骨大转子	水平线	股骨外上髁	两尺呈一直线
	伸	仰卧，对侧髋屈曲	同上	同上	同上	同上
	内收、外展	仰卧，避免大腿旋转	髂前上棘	对侧髂前上棘	髌骨中心	两尺呈直角
	内外旋	仰卧、两小腿桌缘外下垂	髌骨下端	铅垂线	胫骨前缘	两尺相重
膝	屈、伸	仰卧	股骨上踝	股骨大转子	外踝	两尺呈一直线
踝	屈、伸	仰卧	内踝	胫骨内侧髁	第 1 跖骨头	两尺呈直角
	内、外翻	俯卧	踝后方两踝中点	小腿后纵轴	足跟中点	两尺呈一直线

资料来源：南登崑．康复医学（第 3 版）［M］．北京：人民卫生出版社，2004.

2. 评价方法

测量结束后，将所得数值与表6－8比对，分析评价人体主要关节活动幅度的状况。

表6－8 人体主要关节活动幅度正常值

关节	运动	正常值
肩	屈、伸	屈180度，伸50度
	外展	180度
	内、外旋	各90度
肘	屈、伸	屈150度，伸0度
腕	屈、伸	各90度
	内收、外展	内收25度，外展65度
髋	屈	125度
	伸	15度
	内收、外展	各45度
	内外旋	各45度
膝	屈、伸	屈150度，伸0度
踝	屈、伸	屈150度，伸0度
	内、外翻	内翻35度，外翻25度

资料来源：南登崑．康复医学（第3版）［M］．北京：人民卫生出版社，2004.

（二）腰背和大腿后部柔韧度的测量与评价

1. 测量方法

采用坐位体前屈进行测量。

测试时，受试者坐在垫上，两腿伸直，足跟并拢，脚尖自然分开，全脚掌蹬在测试仪平板上；然后掌心向下，两臂并拢平伸，上体前屈，用双手中指指尖推动游标平滑前移，直至不能移动为止。测试两次，取最大值，记录以厘米为单位，保留小数点后一位。

注意事项：测试前，受试者应做准备活动，以防肌肉拉伤；测试时，膝关节不得屈曲，不得有突然前振的动作；记录时正确填写正、负号。

2. 评价方法

测量结束后，将所得数值与表6－9比对，分析评价代表人体腰背和大腿后部柔韧度的坐位体前屈指标的状况。

表 6-9 成年人坐位体前屈评价标准

单位：厘米

年龄/岁	性别	不合格	合格	良好	较好	优秀
20~24	男	-3.5~1.7	1.8~8.9	9.0~14.1	14.2~20.1	>20.1
25~29	男	-5.5~0.9	1.0~7.8	7.9~13.4	13.5~19.7	>19.7
30~34	男	-7.0~0.1	0.0~6.4	6.5~11.9	12.0~18.3	>18.3
35~39	男	-8.7~2.4	-2.3~4.9	5.0~10.7	10.8~17.1	>17.1
40~44	男	-9.4~3.8	-3.7~3.9	4.0~9.9	10.0~16.2	>16.2
45~49	男	-10.0~4.4	-4.3~3.2	3.3~9.1	9.2~15.9	>15.9
50~54	男	-10.7~5.6	-5.5~2.1	2.2~7.9	8.0~14.8	>14.8
55~59	男	-11.2~6.3	-6.2~1.7	1.8~7.2	7.3~13.8	>13.8
20~24	女	-2.1~2.8	2.9~9.4	9.5~14.3	14.4~20.2	>20.2
25~29	女	-3.5~1.9	2.0~8.2	8.3~13.9	14.0~19.7	>19.7
30~34	女	-4.0~1.6	1.7~7.9	8.0~13.3	13.4~19.2	>19.2
35~39	女	-8.7~2.4	-2.3~4.9	5.0~10.7	10.8~17.1	>17.1
40~44	女	-5.9~0.1	0.2~6.5	6.6~11.9	12.0~17.9	>17.9
45~49	女	-6.3~0.1	0.0~6.1	6.2~11.8	11.9~17.9	>17.9
50~54	女	-6.5~0.6	0.5~5.9	6.0~11.4	11.5~17.9	>17.9
55~59	女	-6.6~0.8	0.7~5.7	5.8~11.1	11.2~17.7	>17.7

资料来源：国家体育总局编. 国民体质测定标准手册（成年人部分）［M］. 北京：人民体育出版社，2003.

（三）肩部柔韧度的测量与评价

1. 测量方法

使用长度 1.5 米左右、直径 2~2.5 厘米的圆柱形标杆，以持杆转肩的方法进行测量。

受试者身体直立，两足分开，与肩同宽，两臂向前伸直，双手虎口相对在体前握横杆；然后直臂上抬至头顶，从头顶处开始向体后下方做翻转动作，保持两臂自然伸直状态至体后，呈体后握杆姿势。在完成整个动作过程中，肘关节始终保持自然伸直状态。测量完成转肩后两手虎口间的最小握距。记录以厘米为单位，精确到 0.1 厘米。

注意事项：测试前做好肩部的准备活动。

2. 评价方法

测量结束后，将所得数值与表 6-10 比对，分析评价代表人体肩部柔韧度的持杆转肩指标的状况。

表 6-10　成年人持杆转肩评价标准　　单位：厘米

年龄/岁	性别	不合格	合格	良好	较好	优秀
20～24	男	124.0～110.0	109.9～95.0	94.9～79.0	78.9～64.0	63.9 及以下
25～29		125.0～113.0	112.9～98.0	97.9～82.0	81.9～70.0	69.9 及以下
30～34		127.0～115.0	114.9～102.0	101.9～87.0	86.9～74.0	73.9 及以下
35～39		130.0～120.0	119.9～106.0	105.9～90.0	89.9～76.0	75.9 及以下
20～24	女	105.0～95.0	94.9～82.0	81.9～64.0	63.9～52.0	51.9 及以下
25～29		110.0～100.0	99.9～89.0	88.9～68.0	67.9～56.0	55.9 及以下
30～34		116.0～107.0	106.9～95.0	94.9～72.0	71.9～62.0	61.9 及以下
35～39		120.0～110.0	109.9～99.0	98.9～75.0	74.9～65.0	64.9 及以下

资料来源：国家体育总局. 普通人群体育锻炼标准［M］. 北京：高等教育出版社，2003.

（四）腰部柔韧度的测量与评价

1. 测量方法

使用长度 1.5 米左右、直径 2～2.5 厘米的圆柱型标杆，以臂夹杆转体的方法进行测量。

在硬质平地上，画一直径 1.5 米标有角度刻度（最小刻度为 5 度）、圆心和直径的圆圈。具体画法：用米尺画一条直线，以直线中点为圆心画一个圆圈，再过圆心画一个垂直线。用量角器每 5 度 1 格标定角度刻度。

受试者自然直立，两足分开，与肩同宽，站在一圆圈中央，身体垂直轴位于圆圈的圆心上，双肘关节弯曲将杆夹于体后，使杆保持与地面平行且两端长短一致，身体沿垂直轴尽量做转体动作，脚不能转动，膝关节不能弯曲。测量夹杆转过的角度。记录以度为单位。

2. 评价方法

测量结束后，将所得数值与表 6-11 比对，分析评价代表人体腰部柔韧度的臂夹杆转体的状况。

表6－11 成年人臂夹杆转体评价标准

单位：度

年龄/岁	性别	不合格	合格	良好	较好	优秀
20～24	男	85～95	96～110	111～125	126～135	136及以上
25～29	男	80～90	91～110	111～120	121～130	131及以上
30～34	男	75～85	86～105	106～120	121～130	131及以上
35～39	男	70～80	81～100	101～110	111～120	121及以上
40～44	男	65～75	76～90	91～105	106～115	116及以上
45～49	男	60～70	71～90	91～105	106～115	116及以上
50～54	男	55～65	66～85	86～100	101～110	111及以上
55～59	男	50～55	56～80	81～100	101～110	111及以上
20～24	女	90～100	101～115	116～125	126～140	141及以上
25～29	女	90～100	101～115	116～125	126～135	135及以上
30～34	女	85～95	96～110	111～120	121～130	131及以上
35～39	女	85～95	96～110	111～120	121～130	131及以上
40～44	女	80～90	91～100	101～115	166～125	126及以上
45～49	女	80～90	91～100	101～115	166～125	126及以上
50～54	女	75～85	86～95	96～110	111～120	121及以上
55～59	女	75～85	86～95	96～105	106～120	121及以上

资料来源：国家体育总局. 普通人群体育锻炼标准［M］. 北京：高等教育出版社，2003.

五、实验练习题

①试述身体不同部位活动幅度及柔韧度的测量方法和注意事项。

②将全实验组学生所测的数据，按不同的性别、专项特长和训练程度进行统计，评价活动幅度及柔韧度。

实验二十九　人体形态整体指标的测量

一、实验内容

在活体上测量体育运动实践中常用的人体形态整体指标。

二、实验目的

①掌握在体育运动实践中常用的人体形态整体指标的测量方法。
②了解在进行人体形态整体指标测量时的注意事项。

三、实验材料与器具

身高坐高计、杠杆秤、衬有尼龙丝的塑料带尺，同一实验组选取数名学生作为受试对象。

四、实验方法与步骤

将全班学生分为2~3组，每组选取数名学生，令其身着运动背心和短裤作为受试对象，对其进行形态整体指标的测量。

（一）身高的测量

1. 仪器校定

校对身高坐高计0点，并用钢尺测量基准板平面红色刻线的高度是否为10.0厘米，误差不得大于0.1厘米。同时应检查立柱是否垂直，连接处是否紧密，有无晃动，零件有无松脱等情况，若有则应及时加以纠正。

2. 测量方法

受试对象赤足，以立正姿势站在身高坐高计的底板上。上肢自然下垂，足跟并拢，足尖分开呈60度角。足跟、骶骨部及两肩胛间区与立柱相接触，躯干自然挺直，头部正直，耳屏上缘与眼眶下缘呈水平位。测试者站在受试者右侧，将水平压板轻轻沿立柱下滑，轻压至受试者头顶。测试者读数时，双眼应与压板平面等高进行读数。记录人员复诵后记录之。以厘米为单位，精确到小数点后一位，测试误差不得超过0.1厘米。

3. 注意事项

①身高坐高计的生产厂家应有国家计量局颁发的质量论证合格书；所用身高坐高计应有厂家出具的质量合格证明。

②身高坐高计应选择平坦靠墙的地方放置，立柱的刻度尺应面向光源。

③严格掌握“三点靠立柱”“两点呈水平”的测量姿势要求。测试者读数时，两眼一定要与压板等高。两眼高于压板时要下蹲，低于压板时应提踵或在脚下垫物。

④水平压板与头部接触时，松紧要适度，头发蓬松者要压实，头顶的发辫、发结要放开，饰物要取下。

⑤读数完毕，立即将水平压板轻轻推向安全高度，以防碰坏。

⑥测量身高前，受试者不应进行体育活动和体力劳动。

⑦测试记录取一位小数。第二位小数按“四舍五入”原则取舍。

（二） 坐高的测量

1. 仪器校定

测试前用三角尺校正身高坐高计0点。尺的一边平放于坐板上，尖端指向坐高标尺的0点，误差不大于0.1厘米。

2. 测量方法

受试者坐在身高坐高计的坐板上，使骶骨部、两肩胛间区靠立柱，躯干自然挺直，头部正直，两眼平视前方，以保持耳屏的上缘与眼眶下缘呈水平位。两腿并拢，大腿与地面平行并与小腿呈直角。上肢自然下垂，双手不得支撑坐板，两足平踏在地面上。如受试者小腿较短，可适当调节踏板高度（或在足底垫若干板块）以维持正确的检测姿势。测试者站在受试者右侧，将水平压板轻轻沿立柱下滑，轻压受试者头顶。测试者两眼与压板呈水平位进行读数，精确到小数点后一位。测试误差不超过0.1厘米。

3. 注意事项

①测量时，受试者应先弯腰，使骶骨部紧靠立柱坐下，以保证测量姿势正确。

②较小儿童应选择宽度适宜的坐板和合适的足踏板高度，以免测量时向前滑动，影响测量值的准确性。

③其他注意事项与身高测量相同。

④测试记录取一位小数。第二位小数按“四舍五入”原则取舍。

（三） 体重的测量

1. 仪器校定

使用前须检验杠杆秤的准确度和灵敏度。

准确度要求误差不超过0.1%，即每100千克误差小于0.1千克。检验方法是：以备用的10千克、20千克、30千克标准砝码（或用等重的标定重物代替）分别进行称量，检查指示读数与标准砝码误差是否在允许范围。

灵敏度的检验方法是：置100克重的砝码，观察刻度尺变化。如果刻度尺抬高了3毫米，或游标向远移动0.1千克而刻度尺仍维持水平位时，说明达到要求。

2. 测量方法

测试时，杠杆秤应放在平坦地面上，调整0点至刻度尺呈水平位。男生只着短裤，女生着短裤、短袖衫，站立在秤台中央。测试者放置适当砝码并移动游码至刻度尺平衡。读数以千克为单位，精确到小数点后一位，记录人员复诵后将读数填入方格内。测试误差不得超过0.1千克。

3. 注意事项

①测量体重前，应让受试者排空大小便。不要大量喝水，也不要进行剧烈的体育活动

和体力劳动。

②受试者应站在秤台中央，上、下杠杆秤时动作要轻。

③每次使用杠杆秤前，均须进行校正。测试者每次读数前都应校对砝码重量，避免差错。

④不得使用弹簧秤，以免产生系统误差或影响测试精度，使前后数据无法比较。

⑤测试记录取一位小数。第二位小数按“四舍五入”原则取舍。

（四） 胸围的测量

1. 仪器校定

衬有尼龙丝的塑料带尺在使用前必须经钢卷尺校对，每米误差不得超过0.2厘米。

2. 测量方法

受试者自然站立，两足分开，与肩同宽，双肩放松，上肢自然下垂，平静呼吸。两名测试者分别站在受试者的面前和背后，将带尺上缘经背部肩胛下角下缘向胸前围绕一周。男生及未发育女生，带尺下缘在胸前沿乳头上缘；已发育女生，带尺在乳头上方与第4肋骨平齐。带尺围绕胸部的松紧度应适宜，以对皮肤不产生明显压迫为度。应在受试者平静呼气末，吸气尚未开始时读取数值。带尺上与0点相交的数值即为胸围值。以厘米为单位，精确到小数点后一位。测量误差不超过1厘米。

3. 注意事项

①两名测试者应明确分工，密切合作。站在受试者面前的测试者进行测量，受试者背侧的测试者协助找好背部测量标准点，帮助平整带尺，并注意受试者的姿势是否正确，有无低头、耸肩、挺胸、驼背等动作，如有，应及时纠正。

②测试者应注意掌握带尺的松紧度，做到检测全过程一致，力争最大限度地减少误差。

③肩胛下角如摸不清，可令受试者挺胸，摸清后受试者应恢复正确测量姿势。

④两肩胛下角高低不一时，以低侧为准；若两侧肩胛下角的高低相差过大，视为非正常，应予以剔除。

⑤测试记录取一位小数。第二位小数按“四舍五入”原则取舍。

五、实验练习题

试述身高、坐高、体重和胸围的测试方法和注意事项。

实验三十　人体形态长度指标的测量

一、实验内容

在活体上测量体育运动实践中常用的人体形态长度指标。

二、实验目的

①掌握在体育运动实践中常用的人体形态长度指标的测量方法。
②了解进行人体形态长度指标测量时的注意事项。

三、实验材料与器具

直立标尺或电子摸高仪、指距测量尺、马丁小弯角规、肢体长度测量尺或马丁氏尺、游标卡尺、足长足高测量器，同一实验组选取数名学生作为受试对象。

四、实验方法与步骤

将全班学生分为2～3组，每组选取数名学生，令其身着运动背心和短裤作为受试对象，对其进行形态长度指标的测量。

（一）手足间距（站立摸高）的测量

1. 测量方法

令受试者直立于直立标尺或电子摸高仪的一侧，以右上肢尺侧贴近测量尺并尽量上举，此时两足并拢，不得提踵。量取中指指尖至地面的最大垂直距离。

测量误差不得超过0.5厘米。

2. 注意事项

①测量时被测者右上肢伸直高举，同侧身体应尽量贴近测试仪器站立。
②不得提踵。

（二）指距（肩臂长）的测量

1. 测量方法

将测量尺固定在平台上。受测者两足分开，两臂左、右侧平举，上体伏在测量尺上，一手中指固定在标尺零位，上肢尽量向另一侧伸展，两臂呈一条直线。测试者面对受测者，测量其两个指尖之间的距离。

测量误差不得超过 0.5 厘米。

2. 注意事项

测量时胸骨柄上缘与测量尺上缘平齐并贴紧。

（三）全头高的测量

1. 测量方法

受试者坐于凳上，头部正直，两眼平视。耳屏的上缘与眼眶下缘最低点等高。测试者使用马丁小弯角规或肢体长度测量尺，立于受试者右侧，两手各持弯角规一触角，测头顶点至颏下点的直线距离。

2. 注意事项

测量时注意受试者头部固定于眼耳平面。

（四）上肢全长的测量

1. 测量方法

使用肢体长度测量尺或马丁氏尺进行测量。受试者两足分开，与肩同宽，自然站立。上肢自然下垂，手指并拢伸直，手掌、前臂、上臂呈一条直线（手指不能翘起）。测试者站于受试者左侧后方。测量尺固定端对准肩峰外侧端，测量左肩峰外侧端下缘至中指端的直线距离。

测量误差不得超过 0.5 厘米。

2. 注意事项

①受试者不得耸肩缩颈，两肩应保持在同一水平线上，指甲不超过指尖。

②测量尺长轴应与上臂长轴保持平行。

（五）上臂长的测量

1. 测量方法

使用肢体长度测量尺或马丁氏尺进行测量。受试者两足分开，与肩同宽，自然站立。上肢自然下垂，手指并拢伸直，手掌、前臂、上臂呈一条直线。测试者站于受试者左侧后方，用右手拇指在肘关节后方桡窝内找到桡骨头上缘，并做标志。用测量尺固定端对准左侧肩峰外侧端，测量左肩峰外侧端下缘至桡骨头上缘的直线距离。

测量误差不得超过 0.5 厘米。

2. 注意事项

①受测者不得耸肩缩颈，两肩应保持在同一水平线上，不得屈肘。

②测量尺长轴应与上臂长轴保持平行。

（六） 前臂长的测量

1. 测量方法

使用肢体长度测量尺或马丁氏尺进行测量。受试者两足分开，与肩同宽，自然站立。上肢自然下垂，手指并拢伸直，手掌、前臂、上臂呈一条直线。测试者站于受试者左侧后方，用右手拇指在肘关节后方桡窝内找到桡骨头上缘，并做标志。用测量尺固定端对准左侧桡骨头上缘，测量桡骨头上缘至桡骨茎突尖的直线距离。

测量误差不得超过 0.5 厘米。

2. 注意事项

①测量时腕部不能屈和伸，肘部不能随意改变角度，不得屈肘。

②测量尺长轴应与前臂长轴保持平行。

（七） 手长的测量

1. 测量方法

使用游标卡尺或带滑板的短钢板尺进行测量。受试者直立，左手前伸，五指并拢，掌心向上。测试者站在受测者左前方，测量腕部远端腕横纹至中指之间的直线距离。

测量误差不得超过 0.2 厘米。

2. 注意事项

①手要自然伸直，手指不能翘起。指甲不得超过指尖。

②测量尺长轴应与被试者手部长轴保持平行。

（八） 下肢全长的测量

1. 测量方法

使用肢体长度测量尺或马丁氏尺进行测量。受试者两足自然分开，与肩同宽，头部正直，两眼平视，自然站立于平台上，下肢保持直立状态。测试者面对受试者左侧肢体测试部位站立，用测量尺垂直于站立平台台面，按要求测试下面 4 个部位的肢体长度。

下肢长 H 测量左侧下肢的腋中线与髂嵴上缘交点至足底的直线距离。

下肢长 A 测量左侧下肢的髂前上嵴至足底的直线距离。

下肢长 B 测量左侧下肢的股骨大转子尖至足底的直线距离。

下肢长 C 测量左侧下肢的臀纹线至足底的直线距离。

测量误差不得超过 0.5 厘米。

2. 注意事项

①站立时下肢肌肉要放松，体重应均匀落在两腿上。

②测量尺长轴应与站立平面保持垂直。

③各测试部位应定位准确，并做标志。

④测试时应注意受试者体位与姿势的变化。

（九）大腿长的测量

1. 测量方法

使用肢体长度测量尺或马丁氏尺进行测量。受试者两足自然分开，与肩同宽，头部正直，两眼平视，自然站立于一平台上，膝关节伸直。测试者面对受试者左侧肢体测试部位站立，用测量尺测量左侧股骨大转子尖至膝关节间隙胫骨外侧髁上缘的直线距离。

测量误差不得超过0.5厘米。

2. 注意事项

①站立时下肢肌肉要放松，体重应均匀落在两腿上。

②测量尺长轴应与大腿长轴保持平行。

③各测试部位应定位准确，并做标志。

④测试时应注意受试者体位与姿势的变化。

（十）小腿长A（小腿加足高）的测量

1. 测量方法

使用肢体长度测量尺或马丁氏尺进行测量。受试者面对矮凳站立，左腿抬起，屈膝，将脚踏于凳面上。全脚掌贴于凳面上，小腿与凳面垂直。测量尺垂直立于测量腿内侧凳面上。测试者蹲于测量腿的左前侧，测量胫骨内侧髁上缘的垂直高度。

测试误差不得超过0.5厘米。

2. 注意事项

①确定胫骨内上髁上缘点要正确。测试者用左手拇指外侧自受试者髌腱内侧沿膝关节缝向内侧触摸，即可摸准测点。

②小腿要与地面垂直，测量尺要与小腿长轴平行。

（十一）小腿长B的测量

1. 测量方法

使用肢体长度测量尺或马丁氏尺进行测量。受试者面对矮凳站立，左腿抬起，屈膝，将脚踏于凳面上。全脚掌贴于凳面上，小腿与凳面垂直。测量尺垂直立于测量腿内侧凳面上，测试者蹲于测量腿的左前侧，测量胫骨内踝尖最低点至胫骨内侧髁上缘的直线距离。

测试误差不得超过0.5厘米。

2. 注意事项

①确定胫骨内上髁上缘点要正确。测试者用左手拇指外侧自受试者髌腱内侧沿膝关节缝向内侧触摸，即可摸准测点。

②确定内踝尖要准确。

③小腿要与地面垂直，测量尺要与小腿长轴平行。

（十二）足长的测量

1. 测量方法

使用足长足高测量器进行测量。将足长足高测量器置于矮凳上，受试者面对矮凳站立，左腿抬起，屈膝将脚踩于凳面上的足长足高测量器上。全脚掌贴于足长足高测量器，小腿与足长足高测量器垂直。测量尺与足纵轴平行，足跟后缘置于挡板，移动滑板至最长趾端，测足跟后缘至最长趾端间的最长距离。

测试误差不得超过0.2厘米。

2. 注意事项

①测量尺要严格与足纵轴平行。

②足跟后缘皮肤接触挡板即可。

③趾甲在测前应修剪，不得超过趾尖。

（十三）足高（足背高）的测量

1. 测量方法

使用足长足高测量器进行测量。将足长足高测量器置于矮凳上，受试者面对矮凳站立，左腿抬起，屈膝，将脚踩于凳面上的足长足高测量器上。全脚掌贴于足长足高测量器，小腿与足长足高测量器垂直。推动足高测量尺到舟骨的最高处，量足弓的最大高度。

测试误差不得超过0.2厘米。

2. 注意事项

①足自然踩在足高测量器上，防止勾脚趾。

②足部最高点找点要准确。

③滑板松紧要合适，接触皮肤即可。

（十四）跟腱长的测量

1. 测量方法

使用肢体长度测量尺或马丁氏尺进行测量。受试者面向墙，两足并拢，扶墙提踵使小腿三头肌充分收缩。测试者于腓肠肌内侧肌腹下缘画一测量标志，然后令受试者还原成站立姿势。量内侧肌腹缘到地面的垂直距离。

测试误差不得超过0.2厘米。

2. 注意事项

①小腿三头肌必须充分收缩，使腓肠肌外形充分显露。

②画标志时不得移动皮肤。

五、实验练习题

试述人体形态长度指标的测试方法和注意事项。

实验三十一　人体形态宽度指标的测量

一、实验内容

在活体上测量体育运动实践中常用的人体形态宽度指标。

二、实验目的

①掌握在体育运动实践中常用的人体形态宽度指标的测量方法。
②了解进行人体形态宽度指标测量时的注意事项。

三、实验材料与器具

马丁小弯角规或测径规（骨盆测量仪）、游标卡尺，同一实验组选取数名学生作为受试对象。

四、实验方法与步骤

将全班学生分为2~3组，每组选取数名学生，令其身着运动背心和短裤作为受试对象，对其进行形态宽度指标的测量。

（一）头横径（头宽）的测量

1. 测量方法

使用马丁小弯角规或测径规进行测量。受试者坐于凳上，头部正直，两眼平视。耳屏的上缘与眼眶下缘最低点等高。测试者在受试者的对面而立，两手各持弯角规一触角，测量其头部最宽两点间的距离。

2. 注意事项

测量头部最宽两点间的距离时，此两点的连线必须与人的正中面垂直。

（二） 肩宽的测量

1. 测量方法

使用测径规（骨盆测量仪）进行测量。使用前校正0点，即当两弯规触角相接时刻度尺读数应为0，误差不得大于0.1厘米。

受试者两足分开，与肩同宽，自然站立，两肩放松。测试者站在受试者背后，先用两食指分别沿其肩胛冈向外摸到肩峰外侧缘中点（肩峰中点），再用测径规测量两肩峰中点间的距离读数，记录人员复诵后记录之。以厘米为单位，精确到小数点后一位，测量误差不超过0.5厘米。

2. 注意事项

①测量时，受试者两肩必须自然放松，不要驼背、弯腰或耸肩。

②测试者应先检查受试者两肩是否齐平，摸清骨性标志点后再固定测径规，手法不宜过重或过轻。

③测试记录取一位小数。第二位小数按“四舍五入”原则取舍。

（三） 胸横径的测量

1. 测量方法

使用测径规（骨盆测量仪）进行测量。使用前校正0点，即当两弯规触角相接时刻度尺读数应为0，误差不得大于0.1厘米。

受试者两足分开，与肩同宽，自然站立，两肩放松。测试者面对受试者，先用两食指找其腋中线与第4肋或乳头线交点的位置。然后将测径规两触角至于测量点上，在平静呼吸末尾读取数据。

测量误差不得超过0.5厘米。

2. 注意事项

①测量时，受试者两肩必须自然放松，不要驼背、弯腰或耸肩，也不能低头、含胸。

②测径规两触角一定要位于同一水平面。

（四） 骨盆宽的测量

1. 测量方法

使用测径规（骨盆测量仪）进行测量。使用前校正0点，即当两弯规触角相接时刻度尺读数应为0，误差不得大于0.1厘米。

受试者取站立姿势。测试者站在受试者的背后或对面，用两食指向外摸其两髂嵴外缘最宽处（髂嵴中点），用测径规测量左、右两髂嵴中点间的直线距离并读数。记录人员复诵后记录之。

以厘米为单位，精确到小数点后一位，测量误差不超过0.5厘米。

2. 注意事项

①测量时，受试者站立时应自然放松，两足自然分开，与肩同宽，身体不要紧张、扭曲或耸肩。

②测试者应先检查受试者站位是否端正，两肩是否齐平。先摸清骨性标志点后再固定测径规，手法不宜过重或过轻。

③测试记录取一位小数。第二位小数按“四舍五入”原则取舍。

（五）髂宽的测量

1. 测量方法

使用测径规（骨盆测量仪）进行测量。使用前校正0点，即当两弯规触角相接时刻度尺读数应为0，误差不得大于0.1厘米。

受试者两足分开，与肩同宽，自然站立。测试者与受试者对面站立，先用两食指分别触摸其左、右髋骨髂前上棘，再用测径规测量左、右髋骨髂前上棘的直线距离读数，记录人员复诵后记录之。以厘米为单位，精确到小数点后一位，测量误差不超过0.5厘米。

2. 注意事项

①测量时，受试者站立时应自然放松，两足自然分开，与肩等宽，身体不要紧张、扭曲或耸肩。

②测试者应先检查受试者站位是否端正，两髋是否齐平。先触摸到骨性标志点后再固定测径规，手法不宜过重或过轻。

（六）股骨大转子间宽的测量

1. 测量方法

使用测径规（骨盆测量仪）进行测量。使用前校正0点，即当两弯规触角相接时刻度尺读数应为0，误差不得大于0.1厘米。

受试者两足分开，与肩同宽，自然站立。测试者站在受试者背后，先用两食指分别触摸其左右股骨大转子向外最突出点，再用测径规测量左右股骨大转子向外最突出点的直线距离读数，记录人员复诵后记录之。以厘米为单位，精确到小数点后一位，测量误差不超过0.5厘米。

2. 注意事项

①测量时，受试者站立时应自然放松，两足自然分开，与肩同宽，身体不要紧张、扭曲或耸肩。

②测试者应先检查受试者站位是否端正，两髋是否齐平。先触摸到骨性标志点后再固定测径规，手法不宜过重或过轻。

（七） 手宽的测量

1. 测量方法

使用游标卡尺进行测量。测试者站在受试者对面，令受试者将手水平置于桌面上，测量第 5 掌骨头和第 2 掌骨头之间的距离。

测量误差不得超过 0.2 厘米。

2. 注意事项

①测量时，受试者手部必须放平，不得屈指。

②测量尺与手部长轴垂直。

③测量点和游标卡尺触角接触一定要保持合适的力度。

（八） 足宽的测量

1. 测量方法

使用游标卡尺进行测量。测试者站在受试者对面，令受试者面对矮凳站立，左腿抬起，屈膝，将脚踩于凳面上。全脚掌贴于凳面上，小腿与凳面垂直。测量第 5 跖骨头至第 1 跖骨头之间的直线距离。

测量误差不得超过 0.2 厘米。

2. 注意事项

①测量时，受试者足部必须放平，不得屈趾。

②测量点和游标卡尺触角接触一定要保持合适的力度。

（九） 肘宽的测量

1. 测量方法

使用马丁小弯角规进行测量。受试者坐于凳上，右上臂前抬水平位并屈肘呈 90 度，测试者站于受试者前面，面对受试者右肘部，左、右手均用拇指和食指、中指各捏弯角规一触角，测量肱骨内上髁与外上髁突出点之间的距离。

测量误差不得超过 0.1 厘米。

2. 注意事项

在测量时一定要测量两点间的直线距离，松紧适宜。

（十） 膝宽的测量

1. 测量方法

使用马丁小弯角规进行测量。受试者坐于凳上，两腿自然分开，足自然落地，大小腿之间呈 90 度，测试者蹲于受试者前面，面对受试者右膝部，左、右手均用拇指、食指、中指各捏弯角规一触角，测量股骨内上髁与外上髁突出点之间的距离。

测量误差不得超过 0.1 厘米。

2. 注意事项

在测量时一定要测量两点间的直线距离，松紧适宜。

五、实验练习题

试述人体形态宽度指标的测试方法和注意事项。

实验三十二　人体形态围度指标的测量

一、实验内容

在活体上测量体育运动实践中常用的人体形态围度指标。

二、实验目的

①掌握在体育运动实践中常用的人体形态围度指标的测量方法。
②了解进行人体形态围度指标测量时的注意事项。

三、实验材料与器具

衬有尼龙丝的塑料带尺，同一实验组选取数名学生作为受试对象。

四、实验方法与步骤

将全班学生分为 2 ~3 组，每组选取数名学生，令其身着运动背心和短裤作为受试对象，对其进行形态围度指标的测量。

（一）头围的测量

1. 测量方法

使用衬有尼龙丝的塑料带尺进行测量。受试者坐于凳上，头部正直，两眼平视。耳屏的上缘与眼眶下缘最低点等高。测试者站于受试者右侧，用带尺沿前面的眉间点和后面的头后点绕头一周，测其围长。以厘米为单位，精确到小数点后一位，测量误差不超过 1 厘米。

2. 注意事项

受试者必须头部正直，两眼平视，耳屏与眼眶下缘最低点等高。

（二） 最大吸气时胸围的测量

1. 测量方法

使用衬有尼龙丝的塑料带尺进行测量。使用前必须经钢卷尺校对，每米误差不得超过0.2厘米。

受试者自然站立，两足分开，与肩同宽，双肩放松，两上肢自然下垂，平静呼吸。两名测试者分别站在受试者的面前和背后，将带尺上缘经背部肩胛下角下缘向胸前围绕一周。男生及未发育女生，带尺下缘在胸前沿乳头上缘；已发育女生，带尺在乳头上方与第4肋骨平齐。带尺围绕胸部的松紧度应适宜，以对皮肤不产生明显压迫为度。令受试者尽最大力量深吸气后，测量其最大吸气时的胸围。以厘米为单位，精确到小数点后一位，测量误差不超过1厘米。

2. 注意事项

①两名测试者应明确分工，密切合作。站在受试者面前的测试者进行测量，站在受试者背侧的测试者协助找好背部测量标准点，帮助平整带尺，并注意受试者的姿势是否正确，有无低头、耸肩、挺胸、驼背等动作，如有应及时纠正。

②测试者应注意掌握带尺的松紧度，做到检测全过程一致，力争最大限度地减少误差。

③肩胛下角如摸不清，可令受试者挺胸，摸清后受试者应恢复正确测量姿势。

④两肩胛下角高低不一时，以低侧为准；若两侧肩胛下角的高低相差过大，视为非正常，予以剔除。

⑤测试记录取一位小数。第二位小数按“四舍五入”原则取舍。

（三） 最大呼气时胸围的测量

1. 测量方法

使用衬有尼龙丝的塑料带尺进行测量。使用前必须经钢卷尺校对，每米误差不得超过0.2厘米。

在测试完最大吸气时胸围后，体位及带尺放在相同的位置，令受试者尽最大力量深呼气后，测量其最大呼气时的胸围。以厘米为单位，精确到小数点后一位，测量误差不超过1厘米。

2. 注意事项

①两名测试者应明确分工，密切合作。站在受试者面前的测试者进行测量，站在受试者背侧的测试者协助找好背部测量标准点，帮助平整带尺，并注意受试者的姿势是否正确，有无低头、耸肩、挺胸、驼背等动作，如有应及时纠正。

②测试者应注意掌握带尺的松紧度，做到检测全过程一致，力争最大限度地减少

误差。

③肩胛下角如摸不清，可令受试者挺胸，摸清后受试者应恢复正确测量姿势。

④两肩胛下角高低不一时，以低侧为准；若两侧肩胛下角的高低相差过大，视为非正常，予以剔除。

⑤测试记录取一位小数。第二位小数按“四舍五入”原则取舍。

（四） 腰围的测量

1. 测量方法

使用衬有尼龙丝的塑料带尺进行测量。使用前必须经钢卷尺校对，每米误差不得超过 0.2 厘米。

受试者自然站立，两足分开，与肩同宽，双肩放松，上肢自然下垂，平静呼吸。测试者站在受试者的侧面，将带尺放在髂前上嵴上方 3 ~ 4 横指的位置（相当于腰部最细处），带尺围绕腰部的松紧度应适宜，以对皮肤不产生明显压迫为度。应在受试者平静呼气末、吸气尚未开始时读取数值。

测量误差不得超过 1 厘米。

2. 注意事项

①受试者勿用力挺胸或缩腹，要保持自然呼吸状态。

②测试者应注意掌握带尺的松紧度，做到检测全过程一致，力争最大限度地减少误差。

（五） 腹围的测量

1. 测量方法

使用衬有尼龙丝的塑料带尺进行测量。使用前必须经钢卷尺校对，每米误差不得超过 0.2 厘米。

受试者自然站立，两足分开，与肩同宽，双肩放松，上肢自然下垂，平静呼吸。测试者站在受试者的侧面，将带尺置于脐上，以水平位绕腰腹一周，绕腹部的松紧度应适宜，以对皮肤不产生明显压迫为度。应在受试者平静呼气末、吸气尚未开始时读取数值。

测量误差不得超过 1 厘米。

2. 注意事项

带尺在测量时一定要保持测量平面与躯干长轴垂直，松紧适宜。

（六） 上臂紧张围的测量

1. 测量方法

使用衬有尼龙丝的塑料带尺进行测量。使用前必须经钢卷尺校对，每米误差不得超过 0.2 厘米。

受试者自然站立，两足分开，与肩同宽。右臂斜平举，掌心向上握拳并用力屈肘。测试者面对受试者右臂站立，用带尺绕肱二头肌最粗处，令受试者用力屈肘，测最粗处围度。

测量误差不得超过0.5厘米。

2. 注意事项

带尺在测量时一定要保持测量平面与上臂长轴垂直，松紧适宜。

（七）上臂放松围的测量

1. 测量方法

使用衬有尼龙丝的塑料带尺进行测量。使用前必须经钢卷尺校对，每米误差不得超过0.2厘米。

测量上臂紧张围后，带尺位置不动，受试者上臂不动，将前臂缓慢伸直并松拳，使上臂放松，测上臂放松围。

测量误差不得超过0.5厘米。

2. 注意事项

带尺在测量时一定要保持水平位，松紧适宜。

（八）前臂围的测量

1. 测量方法

使用衬有尼龙丝的塑料带尺进行测量。使用前必须经钢卷尺校对，每米误差不得超过0.2厘米。

受试者自然站立，两足分开，与肩同宽。右臂自然下垂。测试者面对受试者右臂站立，用带尺绕前臂最粗处，测最粗处围度。

测量误差不得超过0.5厘米。

2. 注意事项

带尺在测量时一定要保持水平位，松紧适宜。

（九）腕围的测量

1. 测量方法

使用衬有尼龙丝的塑料带尺进行测量。使用前必须经钢卷尺校对，每米误差不得超过0.2厘米。

受试者自然站立，两足分开，与肩同宽。右臂自然下垂。测试者面对受试者右臂站立，用带尺绕前臂远端最细处，测其围度。

测量误差不得超过0.5厘米。

2. 注意事项

带尺在测量时一定要保持水平位，松紧适宜。

（十）大腿围的测量

1. 测量方法

使用衬有尼龙丝的塑料带尺进行测量。使用前必须经钢卷尺校对，每米误差不得超过 0.2 厘米。

受试者自然站立，两足分开，与肩同宽，体重平均落于两足上，两臂自然下垂。测试者蹲在受试者右侧，将带尺上缘平齐远端臀横纹并贴在大腿上，经腿间水平绕一周，测量大腿此处的围度。

测量误差不得超过 0.5 厘米。

2. 注意事项

带尺在测量时一定要保持水平位，松紧适宜。

（十一）小腿围的测量

1. 测量方法

使用衬有尼龙丝的塑料带尺进行测量。使用前必须经钢卷尺校对，每米误差不得超过 0.2 厘米。

受试者自然站立，两足分开，与肩同宽，体重平均落于两足上，两臂自然下垂。测试者蹲在受试者右侧，用带尺测量小腿最粗处，测其围度。

测量误差不得超过 0.5 厘米。

2. 注意事项

带尺在测量时一定要保持水平位，松紧适宜。

（十二）踝围的测量

1. 测量方法

使用衬有尼龙丝的塑料带尺进行测量。使用前必须经钢卷尺校对，每米误差不得超过 0.2 厘米。

受试者自然站立，两足分开，与肩同宽，体重平均落于两足上，两臂自然下垂。测试者蹲在受试者右侧，用带尺测量小腿远侧端最细处，测其围度。

测量误差不得超过 0.5 厘米。

2. 注意事项

带尺在测量时一定要保持水平位，松紧适宜。

（十三）臀围的测量

1. 测量方法

使用衬有尼龙丝的塑料带尺进行测量。使用前必须经纲卷尺校对，每米误差不得超过

0.2 厘米。

受试者自然站立，两腿靠近，臀部放松。两臂交叉抱于胸前。测试者面对受试者，用带尺测量臀部向后最突出处的围度。

2. 注意事项

带尺在测量时一定要保持水平位，松紧适宜。

五、实验练习题

试述人体形态围度指标的测试方法和注意事项。

实验三十三　人体形态厚度指标的测量

一、实验内容

在活体上测量体育运动实践中常用的人体形态厚度指标。

二、实验目的

①掌握在体育运动实践中常用的人体形态厚度指标的测量方法。
②了解进行人体形态厚度指标测量时的注意事项。

三、实验材料与器具

测径规（骨盆测量仪）或马丁小弯角规，皮褶厚度测量计（皮褶卡钳），同一实验组选取数名学生作为受试对象。

四、实验方法与步骤

将全班学生分为 2 ~3 组，每组选取数名学生，令其身着运动背心和短裤作为受试对象，对其进行形态厚度指标的测量。

（一）臀厚的测量

1. 测量方法

使用测径规（骨盆测量仪）进行测量。使用前校正 0 点，即当两弯规触角相接时刻度尺读数应为0，误差不得大于0.1厘米。

受试者两足分开，与肩同宽，自然站立，两肩放松。测试者站在受试者右侧面，用测径规测量腹股沟韧带中点至臀部后突起处的直线距离。记录员复诵后记录之。以厘米为单位，精确到小数点后一位。

测量误差不得超过0.5厘米。

2. 注意事项

测量时，受试者两肩必须自然放松，不要驼背、弯腰或耸肩。

（二）头矢径的测量

1. 测量方法

使用马丁小弯角规或测径规（骨盆测量仪）进行测量。使用前校正0点，即当两弯规触角相接时刻度尺读数应为0，误差不得大于0.1厘米。

受试者坐于凳上，头部正直，两眼平视。耳屏的上缘与眼眶下缘最低点等高。测试者在受试者对面而立，两手各持弯角规一触角，测量头部眉间点至枕外隆凸两点间的直线距离。

2. 注意事项

枕外隆凸为头发所掩盖，测量时，对于有发结的受试者应分开头发测量。

（三）胸矢径的测量

1. 测量方法

使用测径规（骨盆测量仪）进行测量。使用前校正0点，即当两弯规触角相接时刻度尺读数应为0，误差不得大于0.1厘米。

受试者两足分开，与肩同宽，自然站立，两肩放松。测试者站在受试者侧面，用测径规测量受试者安静状态呼吸结束时胸骨中点至胸椎棘突的直线距离。记录人员复诵后记录。以厘米为单位，精确到小数点后一位。

测量误差不得超过0.5厘米。

2. 注意事项

①测量时，受试者两肩必须自然放松，不要驼背、弯腰或耸肩。

②在测量时，测径规保持水平位。

（四）皮褶厚度的测量

1. 测量方法

使用皮褶厚度测量计（皮褶卡钳）进行测量。技术指标要求为：钳头面积为15毫米×16毫米；钳头压力经常保持在10克/毫米^2；测量范围0～60克/毫米^2，最小读数1克/毫米^2。每次测量前后均应及时进行校正，以使卡钳的指针刻度保持在0位；校正压强，使之保持在 15 ~ 25 克/毫米^2 的刻度范围内，当压强过大或过小时，通过旋转压力调节按钮，使压强恢复到正常水平（图 6 -5）。

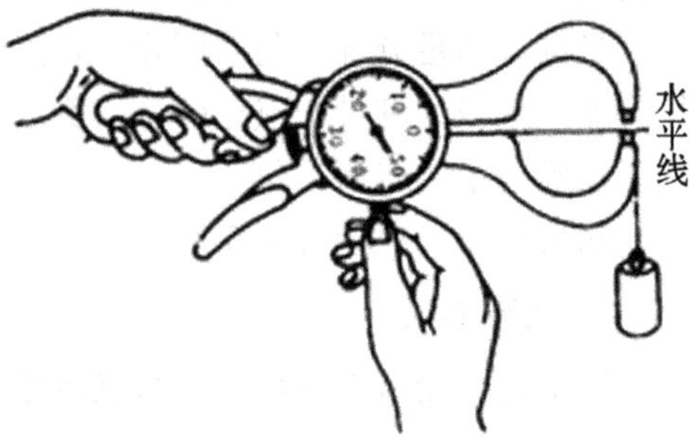

图 6 -5　皮褶厚度计压力较正示意图

受试者着短裤、背心，自然站立，使被测部位充分裸露。测试者右手紧握卡钳手柄，使其呈两半弓形臂张开；左手拇指和食指将被测部位的皮肤和皮下组织（皮褶）夹提起来，两指间相距 3 厘米左右（如果皮褶较厚，可适当放宽）。将张开的测量计在提起点的下方钳入，松开把柄，待指针停住后即读数并记录。每名受试者测量 3 次，各次间误差不超过 5%。取中间值或两次相同的值。记录以毫米为单位，精确到小数点后一位。

2. 测试部位

①上臂部（肱三头肌）皮褶厚度：在右上臂后面肩峰与鹰嘴连线的中点，夹取与上肢长轴平行的皮褶，纵向测量。

②肩胛下角皮褶厚度：在右肩胛下角下方 1 厘米处，夹取与脊柱成 45 度角的皮褶进行测量。

③腹部皮褶厚度：脐旁 2 ~3 厘米处，测纵向皮褶厚度。

④髂嵴上皮褶厚度：髂前上棘上 1 厘米处。

⑤大腿部皮褶厚度：大腿后部正中远侧臀横纹下 1 厘米处。

⑥小腿部皮褶厚度：小腿三头肌中点。

3. 注意事项

①受试者自然站立，体重应均匀落在两腿上。

②测试者使用卡钳的方法要准确。

③为避免提起皮褶时连带夹起肌肉，可令受试者主动收缩该部位的肌肉，或将捏起的皮褶向上轻轻提两下，使被夹的肌肉滑脱。

④当将皮褶卡钳从测量部位钳入时，卡钳不要接近皮褶底部，也不要接近其顶部。要待停住后再读数。

⑤测试记录取一位小数。第二位小数按“四舍五入”原则取舍。

五、实验练习题

试述人体形态厚度指标的测试方法和注意事项。

实验三十四　希思—卡特（Heath－Carter）体型测定法的应用

一、实验内容

应用希思—卡特（Heath－Carter）体型测定法测量并评价人体体型。

二、实验目的

①掌握希思—卡特体型测定法中相应指标的测量方法。
②掌握应用希思—卡特模型进行人体体型评价的方法。

三、实验材料与器具

身高计、体重计、皮褶厚度测量计（皮褶卡钳）、镀铬游标卡尺、带尺，同一实验组选取数名具有不同体型特征的学生作为受试对象。

四、实验方法与步骤

将全班学生分为2~3组，每组选取数名具有不同体型特征的学生，令其身着运动背心和短裤作为受试对象，应用希思—卡特体型测定法对其测量并评价体型。

（一）测量项目及测量方法

1. 测量项目

身高（厘米）、体重（千克）、肱三头肌处皮褶（毫米）、肩胛下角皮褶（毫米）、髂嵴上皮褶（毫米）、小腿后皮褶（毫米）、上臂紧张围（厘米）、小腿围（厘米）、肱骨远端宽（厘米）、股骨远端宽（厘米）。

2. 测量方法

肱骨远端宽：受测者取坐位，前臂与上臂呈90度，测试者面对受测者，用游标卡尺轻轻卡住肱骨内、外上髁（即肱骨远端最宽处）进行测量。每处测两次，取平均值。

股骨远端宽：受测者取坐位，小腿与大腿呈90度，测试者面对受测者，用游标卡尺轻轻卡住股骨内、外上髁（即股骨远端最宽处）进行测量。每处测两次，取平均值。

其余指标测量方法见本章前述实验内容。

（二） 体型分值的计算

测出上述10个指标后，按照下述方法，就可确定内因子（第Ⅰ因子）、中因子（第Ⅱ因子）和外因子（第Ⅲ因子）的分值。

1. 内因子的计算

首先计算皮下脂肪量 T。

T（毫米）=肱三头肌皮褶厚（毫米）+肩胛下皮褶厚（毫米）+髂嵴上皮褶厚（毫米）

如果身高超过170.18（厘米），则须将 T 值进行修正。

修正后的 T 值 = 上述 T 值 ×170.18/身高。

确定 T 值后，第Ⅰ因子分值按下面公式计算：

$$第Ⅰ因子（分）= -0.7182 + 0.1451T - 0.00068T^2 + 0.0000014T^3$$

2. 中因子的计算

首先计算修正上臂围（厘米）和修正小腿围（厘米）。

修正上臂围（厘米）=上臂紧张围（厘米）－肱三头肌皮褶厚（毫米）/10

修正小腿围（厘米）=小腿围（厘米）－小腿后皮褶厚（毫米）/10

第Ⅱ因子分值按下述公式计算：

第Ⅱ因子（分）=（0.858×肱骨远端宽+0.601×股骨远端宽+0.188×修正上臂围+0.161×修正小腿围）－（0.131×身高）+4.50

3. 外因子的计算

首先计算身高体重指数（HWR）。

$$身高体重指数 = 身高/（体重）^{1/3}$$

当 $HWR \geq 40.75$ 时，

$$第Ⅲ因子（分）= HWR \times 0.732 - 28.58$$

当 $38.25 < HWR < 40.75$ 时，

$$第Ⅲ因子（分）= HWR \times 0.463 - 17.63$$

当 $HWR \leq 38.25$ 时，

$$第Ⅲ因子（分）=（HWR \times 0.732 - 28.58）+ 0.1$$

（三） 标出个体在体型图上的位置

图6－6是一个以二维构造表现的三角形坐标图。

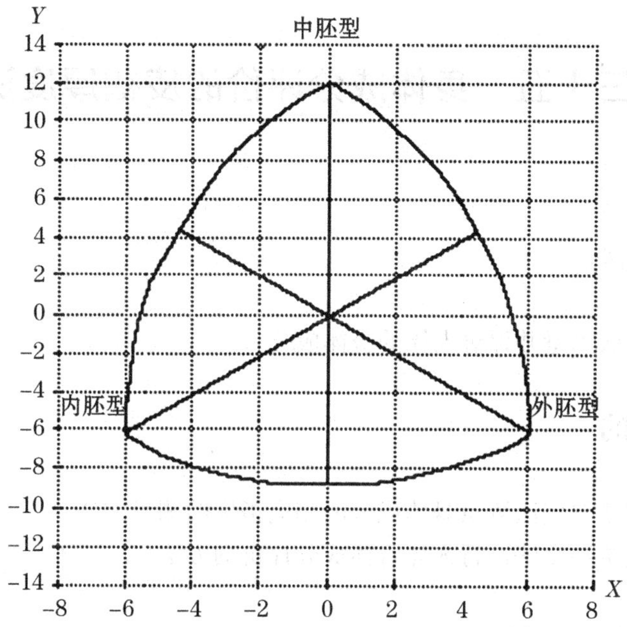

图 6-6　希思—卡特体型分布图

个体体型在体型图上的确切位置按下列公式计算：

$$X = 第Ⅲ因子（分） - 第Ⅰ因子（分）$$

$$Y = 2 \times 第Ⅱ因子（分） - [第Ⅰ因子（分） + 第Ⅲ因子（分）]$$

按照上述算法，(3，3，3)、(4，4，4) 都位于 X-Y 坐标的原点，即 (0，0)。3 个顶点 (7-1-1)、(1-7-1)、(1-1-7) 的 X，Y 坐标分别是 (-6，-6)、(0，12)、(6，-6)。每一个体型，用上述方法可算出它的 X、Y 坐标，从而可确定在体型图上的位置。个体在体型图上的位置越靠近这 3 个顶点中的一个，他就越偏向这种体型。例如体型分别为 2-6-1、5-3-3 和 2-3-4，则他们的体型分别为中胚型、内胚型和外胚型。

五、实验练习题

应用希思—卡特体型测定法，评价不同专项运动员的体型特征，并比较其差异。

实验三十五　身体成分评价的皮褶厚度法应用

一、实验内容

应用皮褶厚度法测量并评价人体的身体成分。

二、实验目的

①掌握应用皮褶厚度法测量身体成分的相应指标的测量方法。
②掌握应用皮褶厚度法进行人体身体成分评价的方法。

三、实验材料与器具

皮褶厚度测量计（皮褶卡钳），同一实验组选取数名具有不同体型特征的学生作为受试对象。

四、实验方法与步骤

将全班学生分为2～3组，每组选取数名具有不同体型特征的学生，令其身着运动背心和短裤作为受试对象，应用皮褶厚度法测量并评价其身体成分。

（一）测量方法及测量部位

1. 测量方法

使用皮褶厚度测量计（皮褶卡钳）进行测量。

技术指标要求为：钳头面积为15毫米×16毫米；钳头压力经常保持在10克/毫米^2；测量范围0～60克/毫米^2，最小读数1克/毫米^2。每次测量前后均应及时进行校正，以使卡钳的指针刻度保持在0位；校正压强，使之保持在15～25克/毫米^{2}的刻度范围内，当压强过大或过小时，通过旋转压力调节按钮，使压强恢复到正常水平。

受试者着短裤、背心，自然站立，使被测部位充分裸露。测试者右手紧握卡钳手柄，使其呈两半弓形臂张开；左手拇指和食指将被测部位的皮肤和皮下组织（皮褶）夹提起来，两指间相距3厘米左右（如果皮褶较厚，可适当放宽）。将张开的测量计在提起点的下方钳入，松开把柄，待指针停住后即读数并记录。每名受试者测量3次，各次间误差不超过5%。取中间值或两次相同的值。记录以毫米为单位，精确到小数点后一位。

2. 测试部位

①上臂部（肱三头肌）皮褶厚度：在右上臂后面肩峰与鹰嘴连线的中点，夹取与上肢长轴平行的皮褶，纵向测量。

②肩胛下角皮褶厚度：在右肩胛下角下方1厘米处，夹取与脊柱成45度角的皮褶进行测量。

③腹部皮褶厚度：脐旁2~3厘米处，测纵向皮褶厚度。

④大腿部皮褶厚度：大腿后部正中远侧臀横纹下1厘米处。

3. 注意事项

①受试者自然站立，体重应均匀落在两腿上。

②测试者使用卡钳的方法要准确。

③为避免提起皮褶时连带夹起肌肉，可令受试者主动收缩该部位的肌肉，或将捏起的皮褶向上轻轻提两下，使被夹的肌肉滑脱。

④当将皮褶卡钳从测量部位钳入时，卡钳不要接近皮褶底部，也不要接近其顶部。要待停住后再读数。

⑤测试记录取一位小数。第二位小数按“四舍五入”原则取舍。

（二）计算身体成分的参数

1. 身体密度（*Db*）的计算

将测得皮褶厚度数值代入相应体密度推算回归方程式即可计算出体密度。

(1) 中国人身体密度计算公式

张薇、徐冬青、赵斐（1999）对中国人的相关数据进行研究后，初步建立了中国人身体密度计算公式。

男子身体密度（Db）$=1.0991-0.0005\times$腹部皮褶$-0.0004\times$肩胛下角皮褶$-0.0005\times$大腿皮褶$-0.0003\times$年龄

女子身体密度（Db）$=1.0837-0.0004\times$上臂皮褶$-0.0004\times$腹部皮褶$-0.0004\times$大腿皮褶$-0.0003\times$年龄

(2) 日本人身体密度计算公式

日本人由皮褶厚度推测体密度的回归方程见表6－12。

表6－12 由皮褶厚度推测身体密度的回归方程

年龄/岁	男子	女子
9～11	$Db=1.0879-0.00151X$	$Db=1.0794-0.00142X$
12～14	$Db=1.0868-0.00133X$	$Db=1.0888-0.00153X$
15～18	$Db=1.0977-0.00146X$	$Db=1.0931-0.00160X$
成人	$Db=1.0913-0.00116X$	$Db=1.0897-0.00113X$

资料来源：日本铃木－长铃公式。

注：Db 为身体密度，X 为上臂皮褶厚度与肩胛下角皮褶厚度之和。

2. 体脂百分比（$F\%$）、体脂重（F）、瘦体重（LBW）的计算

根据 Brozek 等 1963 年制定的公式：

$$体脂百分比（F\%）=(4.57/Db-4.142)\times100\%$$

$$体脂重（F）=W（体重）\times F\%$$

$$瘦体重（LBW）=W（体重）-F$$

3. 理想体重的计算

据有关研究报道，我国青年男子标准体脂百分比一般在10%～15%，青年女子为20%～25%。计算体脂百分比后，可根据标准体脂百分比计算理想体重，即符合体脂百分比标准的体重。

计算公式为：

$$理想体重=实际体重-（测算体脂\%-标准体脂\%）\times实际体重$$

例：一名身高170厘米、体重72千克的男性青年，体脂为25%（标准体脂为15%），其理想体重为：72－（25%－15%）×72＝72－7.2＝64.8（千克）。

（三）身体成分的评价

测量计算后，将所得体脂%数值与表6－13和表6－14比对，可以分析评价个人和全体学生的身体成分状况和健康风险。

表 6－13 根据体脂% 划分的身体成分等级

性别	年龄/岁	体脂过少	非常好	很好	正常	体脂多	体脂过多
男	≤19	<3.0	12.0	12.1~17.0	17.1~22.0	22.1~27.0	≥27.1
	20~29	<3.0	13.0	13.1~18.0	18.1~23.0	23.1~28.0	≥28.1
	30~39	<3.0	14.0	14.1~19.0	19.1~24.0	24.1~29.0	≥29.1
	40~49	<3.0	15.0	15.1~20.0	20.1~25.0	25.1~30.0	≥30.1
	≥50	<3.0	16.0	16.1~21.0	21.1~26.0	26.1~31.0	≥31.1
女	≤19	<12.0	17.0	17.1~22.0	22.1~27.0	27.1~32.0	≥32.1
	20~29	<12.0	18.0	18.1~23.0	23.1~28.0	28.1~33.0	≥33.1
	30~39	<12.0	19.0	19.1~24.0	24.1~29.0	29.1~34.0	≥34.1
	40~49	<12.0	20.0	20.1~25.0	25.1~30.0	30.1~35.0	≥35.1
	≥50	<12.0	21.0	21.1~26.0	26.1~31.0	31.1~36.0	≥36.1

资料来源：Werner WK. 体适能与全人健康的理论与实务［M］. 李咏碧，编译. 台湾：艺轩图书出版社，2004.

表 6－14 超重、肥胖诊断的体脂% 标准及与疾病危险的关系

体重分级	肥胖分级	体脂%（Fat%）	疾病危险（腰围/厘米）	
			男≤102，女≤88	男>102，女>88
低体重		<20		
正常体重		20~25		
超重		26~31	有增加的趋势	高
肥胖	Ⅰ级（轻度肥胖）	32~37	高	很高
	Ⅱ级（中度肥胖）	38~45	很高	很高
	Ⅲ级（重度肥胖）	>45	非常高	非常高

资料来源：美国卫生与公众服务部，2000.

注：1. 疾病危险包括 2 型糖尿病、高血压、心血管疾病。

2. 表中空白处表示数据“不适用”。

五、实验练习题

①将全实验组学生所测的数据，按不同的性别、专项特长和训练程度进行统计，评价身体成分状况和健康风险。

②对皮脂厚度法进行讨论，对其测试内容和评价方法提出自己的见解。

③对一位女性进行身体成分评估，使用以下数据：

年龄 = 55 岁，身高 = 165 厘米，体重 = 77 千克，臀围 = 108 厘米，腰围 = 76 厘米，皮褶厚度分别为：肱三头肌后部 = 29 厘米，大腿前 = 50 厘米，髂部 = 28 厘米，腹部 = 35 厘米。

●计算她的腰臀比。

●计算她的体脂百分比以及瘦体重。

基于以上结果，假设她的目标是使体脂率达到 25%，计算她的目标体重。

实验三十六　自主设计及实施的实验

一、实验内容

学生在已掌握《运动解剖学》基础知识、基本理论和基本实验技能的基础上，根据实验室现有条件，完成选题、实验设计、实验准备、实验的实施和实验小结等全过程。

二、实验目的

①在演示、验证实验的基础上，训练学生查阅资料、发现问题的能力，并鼓励学生充分发挥实验小组团结、协作的精神，灵活运用所学知识和技能，进行小组设计实验、完成实验，培养学生验证或解决某一实际问题的能力，培养学生创造性思维和创新意识。

②检验运动解剖学课程的教学水平和学生的学习能力。

三、实验材料与器具

实验室现有的仪器设备，亦可设计自制简单的实验仪器。

四、实验方法与步骤

将全班学生分为 2 ~ 3 组，以小组为单位进行选题、实验设计、实验实施和实验小结等步骤。

（一）选　题

①教师讲解开展设计性实验的目的、意义、时间安排和现有的实验条件，明确选题范围，指导学生选题。

②教师可提供课题的思路及目前本学科涉及的研究领域中需要解决的问题，由学生自

已选定实验题目；或由学生查阅资料，自行选题，报教师审批。

（二）实验设计

①教师讲解设计实验的基本原理、注意事项和方法。

②学生进一步查阅资料，在小组内进行讨论，写出实验设计，交教师审阅、修改、完善。

③设计实验内容：

●课题名称。

●实验目的。

●基本原理。

●材料和实验设备。

●方法与步骤及时间安排。

（三）实验的实施

①进行实验准备，包括实验材料和实验器具的准备及实验试剂的配制。

②完成实验，按实验设计方法和步骤，完成实验全过程，做好实验记录，汇报实验完成情况，经教师批准后方可结束实验。

③整理实验室，清洗实验器皿，清理实验垃圾。

（四）实验小结

分析讨论实验结果，处理实验数据，设计数据表格。以小论文格式书写实验报告，内容包括题目、完成人姓名和班级、摘要、前言、材料与方法、实验结果、分析与讨论、小结或结论、参考文献等几部分。

五、实验练习题

总结设计实验的收获、体会，并提出改进的意见和建议。

参考文献

[1] 陈珑，邓道善. 运动解剖学运动系统实验指导（内部讲义）[Z]. 北京：北京体育大学，1995.

[2] 王同曾. 人体解剖学实验指导 [M]. 北京：人民军医出版社，2003.

[3] 胡声宇. 运动解剖学 [M]. 北京：人民体育出版社，2000.

[4] 陈珑，张一民. 运动解剖学习题集 [M]. 北京：人民体育出版社，2002.

[5] 顾德明，缪进昌. 运动解剖学图谱 [M]. 2 版. 北京：人民体育出版社，2006.

[6] 柏树令. 系统解剖学 [M]. 6 版. 北京：人民卫生出版社，2006.

[7] 舒先涛，曾祥宏. 人体解剖学简明图谱 [M]. 武汉：湖北科学技术出版社，2001.

[8] 杨振芳. 人体解剖学 [M]. 天津：天津大学出版社，2000.

[9] 张守信. 人体解剖学图谱 [M]. 北京：科学技术文献出版社，2003.

[10] 范学斌，薛黔. 人体解剖学 [M]. 2 版. 贵阳：贵州科技出版社，2002.

[11] 史学义. 人体组织学 [M]. 郑州：郑州大学出版社，2002.

[12] 保天然. 实用组织学彩色图谱 [M]. 成都：四川大学出版社，2002.

[13] 李文杰. 解剖学及组织胚胎学纲要 [M]. 海口：海南出版社，2001.

[14] 陈明达，于道中. 实用体质学 [M]. 北京：北京医科大学、中国协和医科大学联合出版社，1993.

[15] 曾凡辉. 运动员科学选材 [M]. 北京：人民体育出版社，1992.

[16] 丁玉兰. 人机工程学：修订版 [M]. 北京：北京理工大学出版社，2000.

[17] 郑富盛. 细胞形态立体计量学 [M]. 北京：北京医科大学、中国协和医科大学联合出版社，1990.

[18] 南登崑. 康复医学 [M]. 3 版. 北京：人民卫生出版社，2004.

[19] 方进隆. 健康体能的理论与实际. 台湾：汉文书店，1993.

[20] 中国国民体质监测系统课题组. 中国国民体质监测系统的研究 [M]. 北京：北京体育大学出版社，2000.

[21] 国家体育总局. 国民体质测定标准手册：成年人部分 [M]. 北京：人民体育出版社，2003.

[22] 国家体育总局. 普通人群体育锻炼标准 [M]. 北京：高等教育出版社，2003.